唐史並不如煙

參 武后當國

曲昌春◎著

目錄

二進宮

第一章

王皇后

永徽五年七月，有小鳥如雀，生大鳥如鳩於萬年宮皇帝舊宅，這一奇怪的現象意味著什麼呢？鳩佔鵲巢！

看到這個地方，熟悉中國歷史的人都知道，武則天要隆重出場了。

武則天其實早早地二進宮了，並沒有等到永徽五年，早在永徽元年，她就被皇帝李治接回了皇宮，從此開始了她二進宮的生活，而那雙在背後凝視長孫無忌的眼睛正是來自武則天。

為什麼說武則天是二進宮呢？

因為早在唐太宗貞觀十一年，武則天就進宮了。

那一年，李世民聽聞原荊州總管武士彠有一個貌美如花的女兒，遠近聞名。本著多多益善的原則，李世民這個合法的「採花大盜」一招手就把這位姓武的女孩招入宮中，從此開始了小女孩的宮廷生活，這一年小女孩十四歲。

小女孩在宮廷的起點很低，職稱為「才人」，「才人」在後宮中是什麼級別呢？

按照唐朝制度，皇帝的嫡妻叫皇后，在皇后之下為妃嬪，妃嬪也分等級，而且每個等級有編制限制。第一等叫妃，編制四人，一品；妃之下為嬪，編制九人，二品；嬪之下為婕妤，編制九人，三品；婕妤之下是美人，編制九人，四品；再往下為才人，編制九人，五品。才人與皇后差了整整五級。

小女孩在歷史上沒有留下最初的名字，她的名字都是後來取的，李世民叫她「武媚娘」，她自己稱自己「武曌」，她的兒子追認她為「則天大聖皇后」，因此後世的人們都叫她「武則天」。

唐太宗駕崩之後，所有曾經侍奉過唐太宗而又未生育過的嬪妃集體到感業寺出家，武則天也被迫出宮削髮為尼，跟隨大家一起過青燈黃卷的日子，如果沒有奇蹟發生，等待她的只是平淡如水的一生修行。

機會總是垂青有準備的人，武則天還是等到了機會。

這一切還得從那位賢淑的王皇后說起，正是這位王皇后被李治和武則天雙雙利用，進而鑄成了大錯。

王皇后出身并州（今山西太原）豪門望族，在講究門第的南北朝以及隋唐，王皇后出身的太原王姓是絕對的名門望族。北魏孝文帝時定下了四大姓，分別是「盧、崔、鄭、王」，這四姓是連皇帝都高看一眼的姓。這四大姓家族之間崇尚相互通婚，其他姓氏想要跟這四姓通婚，無論是嫁還是娶都需要交一筆不菲的「便交費」，人家也未必願意搭理你。王皇后就出自於這樣的名門望族。

王皇后能進入李世民的視線緣於一個人的引薦，這個人正是李世民的姑媽，高祖李淵的親妹妹，同安長公主。

同安長公主在隋朝時嫁到太原王家。李虎位列北周八柱國，以祖父李虎的聲望，孫女嫁太原王家應該是不需要繳納入會費的。許多年過去了，同安長公主多年媳婦熬成了婆，這時有一個小姑娘進入了她的視野，小姑娘就是日後的王皇后。

王姑娘長得很俊俏，而且知書達禮，跟同安長公主的關係也很近，王姑娘是同安長公主的侄孫女，換句話說，王姑娘的祖父跟同安長公主的丈夫是親兄弟，這樣王姑娘就跟大唐皇室扯上了關係。

後來同安長公主把王姑娘推薦給了李世民，李世民經過考察之後認定完全合格，由此王姑娘就成了晉王妃。

不知道是不是王姑娘給晉王李治帶來了好運，在王姑娘嫁給李治幾年後，李治出人意料地從儲位之爭中勝出。他的兩個哥哥李承乾和李泰因為爭儲雙雙被廢，長孫皇后一脈所出的嫡傳皇子只剩下李治一人。在舅舅長孫無忌的幫助下，李治得到了眾皇子都眼熱的太子之位，而王姑娘妻以夫貴，得立為太子妃。

如果按照童話的結尾，王姑娘從此與李治過上了幸福的生活，然而生活終究不是童話。

貞觀十七年，王姑娘成為太子妃。按說太子妃與母儀天下的皇后只有一步之遙，然而王姑娘知道，看似一步之遙，實則千里之外。要成為皇后，她要做的事還有很多。

首先，她得給李治生下一個兒子，沒有兒子一切都是白搭，儘管可以認養其他妃嬪的兒子，然而隔肚如隔山，還是有自己的兒子心裡才能踏實。

生兒子看起來簡單，做起來也難，儘管繁衍後代是人類的本能，然而能不能生出兒子還得看運氣，畢竟生男生女各有百分五十的機率。很不幸，王姑娘的機率為零。

從嫁給李治開始，王姑娘就開始為生兒子努力，但是努力歸努力，生兒子這種事情僅靠努力是不夠的，俗語說一分耕耘一分收穫，那說的是莊稼，不是生兒子。

一晃七八年過去了，王姑娘的肚子還是沒有反應，而在這期間李治卻已經到了豐收的季節。到貞觀二十三年，李治名下已有四個兒子：長子李忠，次子李孝，三子李上金，四子李素節，四位皇子每人對應一位母親，然而四位母親當中沒有王姑娘。

在四位母親之中，李治最寵愛的是蕭氏，蕭氏的兒子是四子李素節，另外蕭氏還包辦了兩位公主。終李治一生，名下只有三位公主，而另外一位是出自武則天的太平公主。

一男兩女，蕭氏一人就包辦了李治一半子女，由此就能看出蕭氏受恩寵的程度。一般而言受恩寵越多的，其名下的子女也相應較多，當然前提是要有生育能力。

那麼王姑娘究竟有沒有生育能力呢？史無明載。總之王姑娘沒有為李治生下一男半女。

對於一個皇后而言，沒有生育形同一顆定時炸彈，古往今來有多少皇后便是以「無子」之名被廢黜的。

貞觀二十三年，李治只有二十一歲，王姑娘也不過二十上下的年紀，二十上下正是充滿想像的年齡，而王姑娘卻被恐懼包圍了，因為那個為李治生下一男兩女的蕭氏已經呈現出咄咄逼人之勢。

一年後，也就是永徽元年，王姑娘被冊立為皇后，蕭氏則被冊立為淑妃。在唐代後宮中，皇后為第一，皇后之下有貴妃、淑妃、德妃、賢妃，四妃統稱為夫人，正一品。

從淑妃到皇后其實只有一步之遙，膝下無子的王皇后總感到芒刺在背，想起蕭淑妃眼中那道陰冷的寒光，王皇后不寒而慄。

不能讓蕭淑妃再受寵下去了，再這麼下去遲早要被她扳倒。

如果有這樣一個人，她既聽從我的指揮，又能把皇帝的恩寵從蕭淑妃那裡奪回來，這樣對於我是不是更好呢？至少不會讓姓蕭的那隻騷狐狸得逞。

又要到哪裡找那樣的一個人呢？

姐弟戀

就在王皇后苦苦尋覓自己的理想替身時，長安感業寺裡一位年輕俊俏的尼姑正在暗自神傷。一年來她一直在焦急地等待，她把今生的希望都寄託在那個人身上，如果那個人能把她從感業寺接走，或許她的今生還有意義，如果那個人已經將之前的感情拋諸腦後，那麼她的餘生就將在青燈黃卷中度過。

這個尼姑就是武則天，從太宗李世民駕崩後，她就跟其他未生育過的嬪妃一起來到了感業寺，如果沒有天大的意外發生，感業寺就是她們人生的歸宿。

武則天進入感業寺後，她在心中暗暗慶幸，幸虧自己預先埋下了伏筆，或許今生還有翻盤的機會。

武則天翻盤的機會來自哪裡呢？來自李治。

在遇到李治之前，武則天在後宮的境遇只能用「失敗」兩個字形容，從貞觀十一年進宮到貞觀二十三年太宗李世民駕崩，武則天始終沒有得到李世民的恩寵，她能用來向後人炫耀的只有「獅子驄事件」。

「獅子驄事件」的來龍去脈是這樣的：

李世民有一匹馬，鬃毛很長，像獅子一樣，由此得名「獅子驄」。獅子驄好是好，但是性格剛烈，不容易馴服，李世民想了很多方法，都沒有將它馴服。

一天，李世民又帶著諸多嬪妃來看獅子驄，看著看著不由歎息一聲：這麼好的馬，可惜無人能將她馴服。

這時身為才人的武則天站了出來，說道：「陛下，我有辦法。」

李世民聞言，看了看武則天，問道：「你有什麼辦法？」

武則天回應道：「請陛下賜予我三樣東西，有這三樣東西，我準保將它馴服。」

李世民問道：「哪三樣？」

「鐵鞭，鐵錘，匕首。」

「這三樣似乎不是馴馬的東西啊！」

「陛下，是這樣的，如果獅子驄不受管教，我先用鐵鞭抽它，如果它還不馴服，我就用鐵錘敲它的腦袋，如果到這時還不馴服，我就用匕首捅了它！」

武則天滿懷信心說完，李世民只回了一句：「你真了不起。」

從此再無下文。

無疑武則天的這次表現以失敗告終，貞觀十一年她進宮時是才人，正五品，苦苦奮鬥了十二年，到貞觀二十三年她還是才人，完全是原地踏步。

貞觀十一年，李世民聽說武則天貌美如花，將她召入宮中，此時的李世民剛剛喪妻一年（**長孫皇后在一年前去世**），他召武則天入宮是想填充後宮，應對寂寞，另外想找一個長孫皇后的替身。

然而長孫皇后留給李世民的印象太深刻了，用後來詩人元稹的話說，「曾經滄海難為水，除卻巫山不是雲。」後宮的嬪妃都生活在長孫皇后的陰影之下，剛剛十四歲的武則天想替代長孫皇后更是癡人說夢，因為李世民想要的感覺在武則天的身上永遠找不到。

李世民是一個雄才大略的人，一個真正的男人需要的女人既要聰明，又要有女人味，而武則天不是。「獅子驄事件」說明這個女人聰明有餘，但是女人味不足，尤其是居然想出用「鐵鞭、鐵錘、匕首」馴馬，可見她的心夠狠。

李世民在後宮需要的是溫柔鄉，而不是武則天的鐵石心腸。

如此一來，那個剛進宮時還能引起皇帝興趣的武媚娘被無情地拋棄了，在李世民的後宮，她只是一個可有可無的人。

隨著時間的推移，武則天漸漸想明白了，此生在李世民身上求富貴已經不可能了，因為李世民的年紀已經大了，而且又有病在身，即便為他生下一男半女又能怎樣，將來她也不過是一個親王或者公主的娘親，又有多大的意思呢？

前途似乎已無光亮，這與貞觀十一年進宮時大相逕庭，當初自己還安慰母親「得見天子，焉知非福」，然而十年過去了，自己還是牢牢定格在才人的位置上。

早知道這樣，或許就不應該入宮來。

在武則天漸漸心灰意冷時，太子李治出現在武則天的視線裡，這個太子與李承乾和李泰似乎不太一樣，李承乾和李泰已經是成人，李治卻還有些孩子氣，這與他的年齡有關，與他的性格有關，也與他的成長背景有關。

貞觀十年長孫皇后去世時李治只有八歲，從此母親就活在他的記憶裡。由於童年的經歷，李治可能是一個有「戀母」情結的人，他渴望得到別人的保護。

正是因為這些經歷，當李治遇見武則天時，他不可救藥地愛上了她，因為武則天身上有著其他女人沒有的東西。李治長於後宮，長於婦人之手，一路走來遇到的女人都是溫文爾雅的大家閨秀。

武則天卻與那些女人不同，她有著成熟女人獨有的氣質，更有一種李治無法抗拒的魅力。其他女人吸引李治的或許是美色，或許是知書達禮，而武則天吸引李治的則是她的睿智和成熟，同時還有豐富的社會閱歷。

武則天的父親是武士彠，武士彠曾經先後在利州、荊州為官，武則天跟隨父親不僅讀了「萬卷書」，而且行過「萬里路」，這些經歷增長了她的見識，拓寬了她的視野，這些都是王皇后那些大家閨秀永遠無法企及的。

武則天比李治足足大了五歲，又在人際關係複雜的後宮歷練了十餘年，年齡的優勢加上人情的練達，注定了武則天舉手投足之間有一種不同於別的女人的味道。

至於李治與武則天是否在貞觀年間就發生過關係，史無明載，駱賓王在《討武曌檄》中寫到「洎乎晚節，穢亂春宮」是不能作為發生關係依據的，檄文本來就是極盡罵人之能事，很多罵人的話並不可信。

拴住一個男人的心未必靠性，以武則天的睿智或許一個眼神就足夠了，生性感情細膩的李治或許就是被一個眼神輕輕擊倒。

感業寺

永徽元年五月二十六日，武則天迎來了一生的轉機。

這一天是唐太宗李世民的忌日，李治與王皇后一起前往感業寺上香，祭奠李世民。

上香儀式上，李治看到了已落髮為尼的武則天，武則天自然也看到了李治，四目相對，遙遙相望，此時無聲已勝有聲。

感懷身世，感慨一年來的遭遇，武則天止不住悲傷的淚水，皇帝李治遠遠地看著，揪心的感覺從心頭而起。雖然他與武則天從名分上是兒子與庶母的關係，然而從情分上卻是心心相印的愛人，難道就讓這位愛人長久地留在感業寺自己卻無動於衷嗎？

李治輕微地搖了一下頭，暫時沒有答案。

感業寺相遇讓李治動了心，同時也讓王皇后看到了希望，原來她也注意到了李治與武則天的四目相對，莫非這兩人早有私情？如果有，那麼這個人不正是自己苦苦尋覓的替身嗎？

經過探聽，王皇后得知武則天與李治的確早有私情，至於從何時開始已經無從知曉。

剩下的事情就好辦了，只要把武則天從感業寺裡撈出來，那麼她這一輩子都會對我死心塌地、感恩戴德，畢竟如果沒有我出手，她只能一輩子與木魚相伴，王皇后心中打好了算盤。

正是王皇后一心為了打壓競爭對手蕭淑妃，才想到找一個替身李代桃僵，進而把皇帝的恩寵從蕭淑妃那裡奪回來。按照王皇后的如意算盤，武則天是自己從感業寺裡撈出來的人，又是自己派到皇帝身邊的，於情於理她都會忠於自己，守住自己的本分，畢竟她只是先帝的一個才人，是王皇后給了她二進宮的機會，她不能忘本。

王皇后沒有想到，武則天看似柔弱，實則堅強，看似低眉順眼，實則內心有一團熊熊燃燒的火，她不是一般人。

當王皇后向李治說出準備接武則天進宮時，李治心花怒放，到底是母儀天下的皇后，做事就是有胸懷，能想到替朕解憂真是難為她了。

那麼接武則天入宮是否會引起輿論譁然呢？李治思索了一下。

他想到了自己的父親李世民，先帝那麼英明神武，不也將元吉叔叔的正妃楊氏納為自己的嬪妃，而且還生下了一個皇子嗎？按理說，楊氏是先帝的弟媳，於禮是不應該納為嬪妃的，先帝不是同樣做了嗎？看來只要是真心喜歡，沒什麼大不了的，畢竟規矩都是人定的。

皇帝點頭，皇后出面，先帝才人武則天終於從待了一年多的感業寺重新回到了皇宮，這是她人生中的第二次進宮，這次進宮為她贏得了一生的富貴。

從終點又回到起點

再進皇宮，如夢一場，從貞觀十一年第一次進宮算起，到現在已有十三年，十三年中自己從十四歲的女孩已經成為二十七歲的女人，而一個女人的一生中，能有幾個十三年？

初進宮時自己是才人，現在什麼名號都沒有，生活就是一個圈，自己轉了十三年又轉回到原地，所有的一切必須重新開始。幸好自己抓住了那個人，只要牢牢抓住那個人，這一生就不會白活。

孑然一身的武則天開始了自己的二次奮鬥，這一次她的姿態更低，目標卻更明確，儘管她兩手空空，儘管她沒有任何封號，但只要能夠等待和忍耐，該有的遲早都會有的。

武則天放下了自己的身段，也放低了自己的姿態，二十七歲的年紀卻以一個新人的標準要求自己。在王皇后那裡她比誰都謙卑，她做出的種種卑微舉動讓王皇后產生了一個錯覺：這是一個值得信賴的人。

在王皇后的力薦下，李治順水推舟，將自己的恩寵從蕭淑妃那裡收回，一古腦地傾注在武則天身上。或許是為了補償武則天在感業寺的坎坷遭遇，或許是為了延續始於貞觀年間的「姐弟戀」。

在武則天進宮之後，原來恩寵無邊的蕭淑妃遭到冷遇。

一切都在朝著王皇后希望的那樣發展，蕭淑妃的恩寵被剝奪了，武則天正在承受著皇帝的恩寵，而皇上似乎也對自己心存感激，這不正是自己想要的結果嗎？

李弘出生

凡事都有個限度，過了這個限度，好事便成了壞事。

漸漸地，王皇后開始懷疑自己當初的決定，她發現武則天得到的恩寵太多了，較之蕭淑妃有過之而無不及，後宮中的恩寵都被她一個人佔了，恩寵比當初的蕭淑妃更甚。

儘管此時的武則天還保持著自己的謙卑，而王皇后已經感覺到危險正向自己逼近。

永徽二年，武則天進位昭儀，昭儀為九嬪之一，正二品，比蕭淑妃差一級，比王皇后只差兩級。

永徽三年，一聲嬰兒的啼哭驚醒了王皇后的美夢，威脅真的說來就來了。

呱呱墜地的嬰兒就是李治與武則天的第一個兒子，武則天為這個孩子起名為「李弘」。

聽到這個名字，王皇后猛然意識到自己遇上了一個比蕭淑妃更難纏的對手，從「李弘」這個名字，她已經看到了名字背後的野心。

武則天是個識文斷字的人，給兒子起名為「李弘」其實有著非同尋常的深意。東晉以來，道教圖識中一直流傳著一句話：老君當治，李弘應出。按照道教圖識的解釋，李弘便是太上老君轉世到人間後的名字，而這個叫李弘的人是要統治天下的。從西元三二二年到西元四一六年，前後不到一百年，竟然有十次以李弘之名的起義，無一例外，每次起義的領袖都自稱「李弘」。甚至到隋末還有人以李弘的名義起義，由此可見「李弘」這個名字多麼深入人心。

現在武則天給自己的兒子起名為「李弘」，她想做什麼呢？

王皇后忙亂之中理不出頭緒，只能悄悄求助自己的舅舅，時任中書令的柳奭。柳奭這個名字或許大家感到陌生，那麼柳宗元大家都很熟悉吧，柳宗元和柳奭是同宗，柳宗元是柳奭的族孫。中書令柳奭隨著外甥女王皇后步步高升，在貞觀十七年前他不過是中書舍人，在外甥女嫁給李治後，他開始平步青雲。外甥女成為太子妃，他升任兵部侍郎；外甥女成為皇后，他升任中書侍郎，永徽三年，他取代褚遂良成為中書令，成為朝中的正三品高官。

外甥女求助到自己頭上，柳奭連忙開動腦筋想對策，無論如何也要保住外甥女的皇后之位，無論對於外甥女，還是對自己，抑或是對王家和柳家都有著莫大的關係。

不過皇后無子是鐵一般的事實，再著急也變不出來兒子來。

怎麼辦？結婚已經十年還是無子，看來靠皇后自己生是不靠譜了，比較靠譜的是認養別的嬪妃的兒子。

那麼認養誰呢？

柳奭想了一下，立儲一般講究立嫡立長，既然要認養那就認養年齡最大的那個，只要把這個孩子歸到皇后的名下，那麼嫡和長都佔了，將來立儲必定是第一順位。

李治長子李忠就這樣進入了王皇后的視野，他將化解王皇后的燃眉之急，只要王皇后把李忠歸到自己名下，名下無子的尷尬就宣告結束，或許皇后之位也會更加穩固。

至於李忠生母那邊也很好解決，李忠的生母劉氏在後宮地位很低，皇后能認養自己的兒子更是求之不得，將來如果能榮登大寶，生母自然也能「母憑子貴」，求之不得，求之不得。

在中書令柳奭的運作下，太尉長孫無忌也加入到這個陣營，他們一起向皇帝李治建議：立李忠為太子。

此時的武則天一定知道王皇后的用意，同時李治也看出了立儲背後的玄機，不過他沒有反對，反而點頭同意了，王皇后的自救行動似乎成功了一小步。

就在王皇后為此感到心安時，武則天卻在心中暗暗發誓：總有一天要把你們這些人統統扳倒。

一個螟蛉太子就想擋住武則天前進的腳步？太天真了！

廢立

第二章

前奏

世界上沒有永遠的敵人，也沒有永遠的朋友，只有永遠的利益。

永徽元年，為了打壓蕭淑妃，王皇后將武則天接入到宮中，從此開始了她與武則天同仇敵愾對付蕭淑妃的日子；如今形勢急轉之下，所有恩寵都集中到了武則天的頭頂，於是便到了王皇后與蕭淑妃聯手作戰的時候。

按照一般情況，一個皇后加一個淑妃聯起手來，沒有理由對付不了一個昭儀，然而現實的情況是昭儀的背後站著皇帝。

縱使王皇后與蕭淑妃同仇敵愾，縱使王皇后與蕭淑妃抓緊一切時機在皇帝面前詆毀武則天也都是白費，皇帝李治已經完全站到了武則天一邊，跟武則天鬥其實就是跟皇帝鬥。

如此這般，等待王皇后和蕭淑妃的又會是什麼呢？

永徽五年三月，皇帝李治突然下了一道奇怪的詔書，追贈屈突通等十三名開國功臣官職。

永徽五年已經是西元六五四年，距離六一八年的大唐開國已經過去了三十六年，此時追贈屈突通這些開國功臣，李治的葫蘆裡賣的是什麼藥呢？

當看到武士彠（**武則天之父**）這個名字時眾人恍然大悟，原來醉翁之意不在酒而在武士彠，至於屈突通那些人都是陪武士彠這個老頭讀書的。

李治此舉是為了提高武則天的地位，為日後的立后埋下伏筆。

殺嬰疑案

武則天與王皇后的纏鬥還在繼續，只是雙方都沒有撕破臉皮，見了面還是姐姐長妹妹短的寒暄，內心裡儘管詛咒了對方一萬遍，而臉上卻始終是笑容可掬加春風拂面。

與此同時，暗戰還在升級，尤其是武則天對王皇后的暗戰。

隨著暗戰的進行，王皇后的優勢被武則天一點點蠶食，而說到底這一切還是王皇后自己造成的——因為她的貴族身分。

王皇后的祖上是太原的名門望族，她的母親和舅舅柳奭則來自同樣是名門望族的柳家，王柳兩家都是一等一貴族。

什麼是貴族？著名導演馮小剛說，就是放在你那算天大的事，放在人家那裡根本不算事。

不過貴族也有貴族的毛病，那就是自視甚高，這一點在王皇后母親柳氏身上體現得淋漓盡致。柳氏進入皇宮始終保持著目中無人的姿態，在她看來自己出身名門，女兒又是當朝皇后，所有人見到自己自然應該低三分。

的確，後宮之中所有人見到她都低眉順眼，不過在低眉順眼的同時卻有些不服氣：皇后是你的女兒，而你又不是皇后。

很多人在不經意間被柳氏的姿態和言語傷害，他們的心中充滿了委屈，也充滿了怨恨。

這個時候武則天出現了，雖然她受到的恩寵已經無邊，但她還是照樣禮賢下士，對每個人都非常客氣，這與柳氏以及王皇后形成了鮮明對比。一方平易近人和藹可親，一方高高在上目中無人，後宮的人心漸漸產生分野，內心向著武則天的人越來越多，而諸多討厭皇后以及皇后母親的人更是徹底投到了武則天一邊，她們願意看到武則天在這場競爭中勝出，同時也願意為武則天通風報信。

在武則天的布局下，皇后的身邊布滿了武則天的眼線，從此皇后就成了一個透明人，她的一舉一動都在武則天的掌控之中。

被監控的王皇后不會想到，在她毫無覺察之際，陷阱已經挖好了，只等她自己一縱身跳下去。不久機會來了，武則天為王皇后準備的陷阱張開了血盆大口。

這一年，武則天生下了一個女孩。本著「母儀天下」的原則，王皇后來到了武則天的寢宮，新出生的小公主正安靜地睡著，武則天卻不知道去了哪裡。

看著小公主，王皇后心中百感交集，如果自己能夠生養，何至於當初走出感業寺那步錯棋，現在看著人家接連開花結果，自己卻只能用一個抱養的李忠聊以自慰，同樣是女人，怎麼在這方面境遇竟是如此不同？

王皇后又坐了一會，見武則天還沒有回來，就逕直返回了宮中。沒想到就是這次探望，讓王皇后跌入萬劫不復的深淵。

在王皇后回宮不久，武則天回來了，她驚訝地「發現」小公主已經死了！誰幹的？誰這麼沒有人性？

下人回答：皇后剛才來過。

王皇后跳到黃河也洗不清了，她在錯誤的時間，在錯誤的地點出現，就是渾身是嘴也說不清楚了，為什麼你前腳剛走，小公主就夭折了呢？莫非你動了手腳？

王皇后極力辯解：我沒有！

可是有誰信呢？那段時間內只有你在，除了你還會是誰呢？是不是你出於嫉妒殘害了小公主？

皇帝李治儘管不太相信皇后會殘害小公主，但是現實是小公主死了，而皇后的嫌疑最大。

莫非多年無子讓皇后有些心理失衡了？

自此李治對王皇后有了看法，在他眼中王皇后已經不再是當初那個溫婉可人的皇后了，她已經是個怨婦，一個內心充滿了嫉妒的怨婦。

一個怨婦還能母儀天下嗎？李治心中產生了疑惑。

王皇后究竟有沒有對小公主下手呢？史無明載。

從王皇后的性格來看，她應該幹不出那麼殘忍的事情，更關鍵的是，但凡有智商的人都不會跑到武則天的寢宮裡去殺人，那樣殺人是最笨的，等於不打自招。

那麼小公主到底是怎麼死的呢？

一種說法是自然夭折，一種說法是死於武則天之手。

《舊唐書》、《新唐書》都沒有記載小公主夭折的事情，而司馬光編撰的《資治通鑑》則一針見血地指出：武則天親手殺死了自己的女兒，然後嫁禍給王皇后。

從日後武則天殺兄、逼子、殺女婿、殺外甥、殺孫子的舉動來看，沒有什麼事情她做不出來。

這一切都是逼出來的，從貞觀十一年開始的十二年宮廷憋屈的生活，再加上一年感業寺的坎坷遭遇，十三年的扭曲生活已經足以將一個花季少女改造得物是人非，到這個時候她眼中已經沒有正常的人倫和是非，任何擋在她前進道路上的障礙都會被她毫不遲疑地清除掉，在以後的數十年裡，她不斷地印證著這一點。

試探

廢后的心思一起，想壓已經壓不住了。

李治仔細想了一下，目前朝堂之上一切都是舅舅長孫無忌說了算，廢立皇后這麼大的事情，一定要取得他的同意，如果他這一關過不去，那麼廢后的難度一定非常大。

永徽五年年底，李治與武則天一起到長孫無忌家裡串了一個門，古代皇帝不是隨便串門的，到誰家串門，那是給誰家長臉。

李治與武則天的突然來訪讓長孫無忌有些詫異，不過瞬間就明白了來者不善，此次御駕親臨，一定有著不尋常的目的。

皇帝衝後面一揮手，滿滿十車金銀財寶綾羅綢緞運進了長孫無忌的院落裡，長孫無忌一看，皇帝這是在給自己送禮呢，是想讓自己支持他的「廢后」主張。

長孫無忌沒有言語，只是恭敬地將皇帝和昭儀讓進了自己的家中。

宴席上，李治和武則天興致很高，一起營造出其樂融融的場面，李治更是當起了送官童子，即席封長孫無忌小妾生的三個兒子為朝散大夫，從五品，相當於副廳局級。

禮送到這個份上，該差不多了。

李治趁熱打鐵，似是無意提起了皇后無子的話頭，按照慣例，長孫無忌應該順著這個話頭往下說，畢竟皇帝起了頭。

然而這一次，長孫無忌沒有接茬，他裝作沒聽見，自顧自起了另外一個話頭，愣是讓李治「廢后」的話題如同一個石子扔進大海，卻沒有激起一點浪花。

聰明人過招講究點到為止，到這時李治已經知道長孫無忌的態度，他知道他這個舅舅倔強起來十頭牛都拉不回，再囉嗦下去也毫無意義，索性草草收場，與武則天一起悻悻離去。

在這之後對於長孫無忌的遊說還沒有結束，武則天的母親楊氏也親自上陣，先後幾次前往長孫無忌的家中尋求支持，然而還是被長孫無忌拒絕了，皇帝的面子都不給，皇帝的歪把丈母娘同樣沒有面子給。

不過皇帝想立武則天為皇后的消息由此傳播開來，朝廷上下議論紛紛，這時有人看到了這裡面的商機，於是這些人就緊緊地盯住了這次商機，期待利用這次商機來提升自己的仕途。

盯住商機的人確實不少，許敬宗就是其中的一個。

說起這個許敬宗，其實也是老資格了，宇文化及在江都兵變時，他就是隋朝的一個小官，不過江都兵變時，他的表現一塌糊塗。

宇文化及徵召許敬宗的父親許善心，許善心沒有理睬，最終許善心被失去耐性的宇文化及殺害。殺許善心時，宇文化及本來還準備連許敬宗一起殺了，然而架不住許敬宗跪在地上拼命求饒，宇文化及心一軟便放過了許敬宗。

這件囧事一直困擾了許敬宗很多年，同朝為官的封德彝經常拿這事戲弄許敬宗：人家虞世南能大義凜然地懇求替哥哥虞世基死，而許敬宗眼睜睜看著老爹被殺卻只顧自己求饒，什麼人品！

封德彝的話讓許敬宗很多年抬不起頭。

許敬宗的人品暫且放在一邊，公平的說這個人非常有才，李世民旗下有「十八學士」，許敬宗名列其中。

現在「廢立皇后」讓許敬宗看到了機會，他決定押一回寶，把寶押在武則天身上，如果武則天得立皇后，那自己不就是奇功一件嗎？

由此衛尉卿許敬宗自動加入遊說長孫無忌的行列，沒想到居然受到長孫無忌的嚴厲斥責，碰了一鼻子灰的許敬宗悻悻而去，卻在心中種下了對長孫無忌的詛咒。

長孫無忌怎麼也不會想到，這個始終被自己看不起、動輒斥責的人，竟是日後對自己痛下殺手的人。

膠著

暗戰還在繼續，戰爭的主導權已經完全落入武則天的手中，而王皇后只能被動防禦，面對武則天的咄咄逼人，她已沒有還手之力。

永徽六年六月，武則天出招，指控王皇后與母親柳氏使用巫術妖法，行為不端。對於皇室而言最怕的就是巫術妖法，西漢時漢武帝劉徹為了追查皇宮內外的巫術妖法曾經處死過幾萬人，因為巫術妖法是皇室最忌諱的。

現在武則天將使用「巫術妖法」的鐵帽子扣到了王皇后頭上，王皇后即便想反抗也有心無力了，因為她知道皇帝已經完全倒向了武則天一邊，武則天無論說什麼皇帝都認為是對的。

伴隨著武則天的指控，王皇后的境遇越來越差，更可怕的是，她已經失去了所有的外援。王皇后的母親柳氏因為武則天的指控，被永遠禁止入宮；她的舅舅柳奭因為武則天的指控，從中書令自動辭職改任吏部尚書，又從吏部尚書一下子被貶成了遂州州長，並在上任的路上再次被貶，從遂州又貶到了榮州。

外援已經剪除，後宮之中的王皇后只是一個孤立無援的小女人，皇帝已經站到了武則天一邊，她將陷入萬劫不復的深淵。

悲劇即將發生，只是時間的早晚。

與此同時，朝廷內的分野也在繼續，以長孫無忌、褚遂良、韓瑗為首的一干老臣是堅定的反對派，而以許敬宗為首的一撥人則成了擁護派。

原本籍籍無名的中書舍人李義甫便在此時機緣巧合地混進了擁護派的行列中，從此在唐朝的史冊上留下了昭著臭名。

作為長孫無忌最反感的人，李義甫在大唐的前景已經黯淡無光，長孫無忌更是準備把他趕出長安，從中書舍人貶到壁州（今四川省通江縣）做一個小小的司馬。

由長孫無忌起草的詔書已經出臺，只是還沒有下達到門下省，一旦詔書下達，李義甫就得乖乖地收拾行李前往壁州做一個可有可無的司馬。

就在這個節骨眼上，李義甫的人脈幫了他的忙，他居然早早知道了詔書的內容，這個時間差為他贏得了喘息的機會。

怎麼辦？如何才能不去壁州那個鬼地方呢？

李義甫找來同為中書舍人的王德儉，向他諮詢避難的方法。

王德儉思索了一番，給李義甫支了一招：現在皇上想立武昭儀為后，如果你能上書力挺武昭儀，管保你不用去壁州那個鬼地方。

哦，只要支持武昭儀為皇后就能不去壁州？那太簡單了。

隨後李義甫與王德儉達成協議，由李義甫替王德儉值當天的夜班，就在這個夜班裡連夜寫好奏疏，然後到內宮大門投遞。

奏疏的內容很簡單：廢黜王皇后，擁立武昭儀，請陛下滿足天下百姓的願望。

這封顛倒黑白、厚顏無恥的奏疏能起到什麼效果呢？

龍顏大悅！

接到奏疏的李治隨即召見了李義甫，君臣二人進行了一番熱烈的討論，從李義甫那裡，李治得到了莫大的支持，讓原本內心忐忑不安的他吃下了一顆定心丸，看來事在人為。

接見完畢，李義甫得到了賞賜：珍珠一斗。

不久，李義甫又得到了賞賜：越級擢升為中書侍郎，以前想都不敢想的職位居然就這樣得到了，看來這一步棋走對了。

不過並非所有官員都像李義甫這般沒有立場，託孤重臣褚遂良始終是堅定的反對派，在他看來，廢王皇后立武昭儀，萬萬不可。

永徽六年九月的一天，褚遂良與長孫無忌等人一起參加朝會。下朝之後，李治示意太尉長孫無忌、中書令褚遂良、司空李勣、左僕射于志寧留下來進入內殿議事。

看看這個陣容，褚遂良知道皇帝是要討論廢后的事情，讓四位重臣留下無非是試探重臣的口風。褚遂良慨然說道：「皇上留下我們就是為了討論廢后的事情，看樣子皇上主意已決，這時誰要反對可能就要遭到誅殺。你們幾位，長孫大人是國家重臣，又是皇帝的舅舅，李勣是國家的功臣，如果你們出頭，皇上盛怒之下將你們誅殺，皇帝就將背上殺舅、殺功臣的罵名。與其這樣，不如由我來出頭吧，反正我出身茅廬，於國家也沒有功勞，就算被誅殺也無所謂。」

商量完畢，四人一起向內殿走去，在這個節骨眼上，李勣溜了，藉口居然是「有病」。

剩下三人一起進入了內殿，如褚遂良所料話題果然是廢后。

李治衝著舅舅長孫無忌說道：「皇后無子，而武昭儀已經有兩個兒子，朕想廢王皇后，立武昭儀為皇后，卿等意下如何？」

李治說完，眼巴巴地看著舅舅長孫無忌，褚遂良「騰」地站了出來說道：「皇后出身名門望族，是先帝為陛下娶的。先帝去世時曾經拉著陛下的手對臣說，好兒子和好兒媳就託付給你了。先帝說這句話時，陛下也在場，如今聲猶在耳，難道陛下忘了嗎？如今陛下想要廢皇后，恕臣不能遵從陛下的意思，因為那樣臣將違背先帝的遺命。」

談話不歡而散，李治心中怏怏，不過他並不著急，他準備第二天繼續努力。

第二天散朝後，李治舊話重提，這一次又是褚遂良站了出來：「陛下如果真想立新皇后，那麼也請從天下的名門望族中挑選，為什麼非武昭儀不可呢？武昭儀是先帝的才人，侍奉過先帝的，陛下一定要立武昭儀為皇后，天下人會怎麼評價陛下？後世的人將怎麼評價陛下？所以請陛下一定要三思。臣今天冒犯陛下了，罪該誅殺！」

說完，褚遂良將手中的笏板放在臺階上，解下了自己的帽巾，向李治叩頭，一直叩出了血。

褚遂良接著說道：「今天臣把笏板還給陛下，懇請陛下准許我告老還鄉。」

尷尬，無邊的尷尬。

褚遂良的硬碰硬讓李治尷尬到了極點，又惱羞到極點，褚遂良說的都是事實，他比誰都清楚，可你褚遂良不說，也沒人當你是啞巴啊！

這個老傢伙！

李治一揮手，拉出去！

一直在偷聽的武則天閃了出來，大聲喝道：「為什麼不殺了他！」

關鍵時刻，長孫無忌護住了褚遂良，正色說道：「褚遂良乃先帝託孤重臣，縱使有罪，也不應該加刑。」

左僕射于志寧被眼前的一切驚呆了，他沒想到褚遂良與皇帝的衝突會如此激烈，他待在原地，一言不發。

又一次不歡而散。

隨後侍中韓瑗也加入到反對的行列，理由是武昭儀不配母儀天下，然而李治還是聽不進去，他已經吃了秤砣鐵了心。

到現在為止，除了司空李勣裝病，剩餘的重臣全都反對，「廢后」陷入僵局。

轉機

重臣一起反對，李治也有些束手無策。

為了減輕阻力，他曾經試過變通的方法。

按照唐朝後宮的慣例，皇后以下有貴妃、淑妃、德妃、賢妃，四妃均為正一品。李治為了提升武則天的地位，他別出心裁想了一個新名詞——「宸妃」，「宸妃」位於皇后之下，貴妃之上，換句話說，就是不是皇后的皇后，準皇后。

然而這個變通還是沒能行得通，侍中韓瑗和中書令來濟給駁了回來，理由是「沒有先例」。看來「立后」沒有中間道路可走。

李治感覺自己走進了死胡同。難道這個死胡同就不通嗎？他的心中沒有答案。

幾天後，他在李勣那裡找到了答案。

李勣進宮朝見，李治留下他單獨談話，李治先起了話頭：「我打算立武昭儀為皇后，可褚遂良堅決反對，他是先帝的託孤重臣，我是不是該聽他的話，就這麼算了呢？」

這時李勣說出了一句讓後世詬病不已的話：「這是陛下的家事，何必去問別人呢？」

「立后」真是皇帝自己的家事嗎？其實不是。對於皇帝而言，國即是家，家即是國，「立后」看似家事，其實卻是國事。

那麼李勣為什麼要說這麼一句不負責任的話呢？

因為他看透了「立后」背後的局。李治僅僅是為了立武昭儀為皇后嗎？其實不然。所謂「立后」只是以「立后」之名，實際卻是皇帝與以長孫無忌等權臣之間的一場皇權和相權的博弈。

李治立后不是單純的立后，他要把武則天升級為自己的幫手，進而對以長孫無忌為首的宰相集團進行打壓，所謂「立后」其實是為了收權，壓縮長孫無忌等人手中的相權，至於廢王皇后立武皇后，那是因為武皇后比王皇后更有政治才能。

李勣看透了這個局，長孫無忌也看透了這個局，但是他沒有退路，他退就意味著武則天進，所以儘管長孫無忌知道武則天背後站著皇帝李治，但他還是要把抵制進行到底，因為他別無選擇。

誰也不願意放棄手中的權力，長孫無忌更不願意。

長孫無忌心中閃過一絲寒意，他處心積慮地將這個外甥扶上皇位，又手把手幫他清除了異己，現在他還是要從自己手中把權力收走，轉而信任那個曾經做過先帝才人的女人。

哎，自己一生算計，最後又算計出什麼呢？

到這時，先帝李世民的三位託孤重臣產生了分野，褚遂良堅決抵制，長孫無忌表面中立實則抵制，李勣則選擇圓滑地站在了皇帝的一邊，而皇帝李治就此找到了答案。

回過頭看，李世民託孤是有深意的，他同時指定長孫無忌、褚遂良、李勣為託孤重臣，長孫無忌代表文官，李勣代表武將，褚遂良居中調停，就是為了防止將來出現紛爭。

如果三個託孤大臣鐵板一塊，那麼皇帝李治的日子就難過了，而長孫無忌與李勣素來不睦，他倆注定不是一個陣營，在關鍵的時刻必定分崩離析，而這樣皇帝就可以居中制衡。

現在代表武將的李勣倒向了李治一邊，文官集團又產生了以許敬宗為代表的分支，李治的心中有了底，死胡同的前方閃出了一絲光亮。

不久，許敬宗在大庭廣眾之下談論道：「種田的人多收了十斛麥子，還考慮換個媳婦，何況是富有四海的天子？天子廢立皇后都是天子的家事，外人有什麼資格妄加議論呢？」

此言一出，武則天大喜，密令左右奏報李治，李治得報，同樣大喜。

一切朝著有利於李治和武則天的方向發展。

立后

永徽六年十月十三日，廢后成為事實。

皇帝李治下詔：王皇后、蕭淑妃密謀以鴆酒毒害皇帝，一併廢為庶人，其母及兄弟，一併除名，流放嶺南。

六天後，文武百官上疏：請冊立武昭儀為皇后。李治順水推舟馬上同意，他等這一天已經很久了。

永徽六年十月十九日，對於武則天而言這是一個刻骨銘心的日子，經過十八年的奮鬥，經過兩次進宮的波折，她終於成為大唐王朝的皇后，十八年前那句「得見天子，焉知非福」真的應驗了，只不過此時天子已非彼時天子。

鑒於武則天過去的複雜經歷，李治在冊立皇后的詔書上還不忘為武則天辯解：武則天確實是先帝的才人，她是因為才華出眾被挑選入宮。入宮之後表現得體、舉止得當，在嬪妃之間從沒有鬧出不愉快，為此先帝對她非常賞識。後來先帝就把她賞賜給我，她的經歷跟漢代王政君是一樣的。

但凡有思維邏輯的人都不會相信李治的鬼話，不過不相信又能怎樣呢？

此時李治以為自己贏了，其實他輸了，他費盡心機擁立的新皇后並不是王朝的福祉，卻恰恰是這個王朝的禍害。

兩天後，武則天非常善解人意地給李治上了一道奏章：前些日子，皇上準備冊立我為「宸妃」，侍中韓瑗和中書令來濟堅決反對。他們的反對是需要勇氣的，這說明他們心中對皇室充滿忠誠，為此請皇上給他們兩人賞賜褒獎。

奏章讓李治心花怒放，皇后的心胸果然廣闊，居然為反對自己的人請賞，真是賢淑良德。

然而受褒獎的韓瑗和來濟卻看透了背後的殺機，奏章表面說是褒獎，實際卻暗藏著包袱，這說明先前的反對已經被武則天記在了心裡，在將來的某個時刻一定會以某種形式爆發出來。這個女人太可怕了。

侍中韓瑗不斷請求辭職，以此表明自己無意與武則天為敵，然而已經晚了，武則天已經在心中給韓瑗定了性，該你受的，無論如何你也跑不掉。

回心院

皇宮似海，玄機幾多深。從古到今，皇宮中不斷上演著一齣齣悲喜劇，只是由來只看新人笑，很少有人再去理會舊人哭。

無論笑與哭，都是皇家爭寵的組成部分。皇家的爭寵主要是集中於爭儲和爭后。同爭儲一樣，在爭后的道路上沒有並列第一，要麼母儀天下，要麼殘宮冷月。

被廢為庶人之後，王皇后和蕭淑妃被關到了皇宮內一個偏僻的別院中，所有的門窗都被釘上了，從此不知是日是夜。

聊以慰藉的是牆壁上還留出一個小洞口，這個洞口用來給她倆送飯，同時也是她倆與外界溝通的唯一管道。很多天過去了，除了送飯的人，再無他人。

突然有一天，她們聽到了一個熟悉的聲音：皇后，淑妃，你們在哪裡？是李治，他因為想念皇后和蕭淑妃來到了這裡。

以李治的本意，他只是想扶武則天上位，同時對於王皇后和蕭淑妃，他並不想將事情做絕，只是把她們從皇后和淑妃的高位上拿下而已，至於其他待遇他願意一切照舊。

然而來到關押地一看，這裡與他想像的完全不一樣，不僅院落狹小，而且門窗緊閉，只有一個小洞與外界相通，而他趴在小洞口，映入眼簾的只有漆黑一片。

境遇天差地別。

身處黑暗之中的王皇后和蕭淑妃一下子哭了出來，她們沒想到皇帝居然還想著她們。

王皇后哭著說道：「我倆犯了罪，已經成了奴婢，哪裡還配得上皇后和淑妃的尊稱啊？」

王皇后接著懇求道：「如果皇上念及舊情，求皇上讓我們重見天日，同時把我們住的這個院子賜名『回心院』吧！」

屋外的李治答應了，而得到密報的武則天卻不答應。

不久，王皇后和蕭淑妃在黑暗中等來了一群人，她們等來的是一場酷刑，以皇帝敕書為名的酷刑。

王皇后在聽完敕書後，趴在地上說道：「願皇上永遠健康，武昭儀永受恩寵，死是我的本分。」

蕭淑妃在聽完敕書後，則是完全另外一個反應，她咬牙切齒地說道：「姓武的居然狡詐到這個程度，但願來生我是貓，她是鼠，我生生世世都咬斷她的喉嚨！」

兩人表態完畢，酷刑開始，每人一百大棍，然後砍掉手腳，扔入酒缸，按照武則天的說法，讓兩位老婆娘嘗嘗骨頭酥麻的滋味。

哀號數天，曾經高高在上、恩寵無邊的王皇后、蕭淑妃在酒缸中死去，她倆成為武則天樹威的第一道祭品。

隨後李治下詔，將王皇后家的王姓改為蟒，將蕭皇后家的蕭姓改為梟，至此武則天取得對王皇后和蕭淑妃的完勝。

然而酒缸事件對武則天的一生影響也很大，從此她經常做噩夢，在夢中王皇后和蕭淑妃拖著血淋淋的肢體向她撲來，她經常在夢中驚醒。從此武則天害怕見到貓，皇宮內再也不養貓，她怕貓身上有蕭淑妃靈魂附體。

在高宗李治駕崩之後，武則天長期定居洛陽，只回過長安一次，可能便是因為長安皇宮的別院裡，曾經有兩個幽怨慘死的女人。

在王皇后和蕭淑妃受到清算後，她們名下的子女也沒有逃脫，他們跟他們的母親一樣，被武則天玩弄於鼓掌之間。王皇后認養的太子李忠在王皇后被廢後地位一落千丈，太子身分被廢，改封梁王，又從梁王被廢為庶人，最終被誣告，勒令自殺；蕭淑妃的兩個女兒到了出嫁年齡不讓出嫁，還是經過太子李弘的求情，兩個大齡公主才得以匆忙出嫁；而蕭淑妃原來引以為傲的兒子李素節在擔驚受怕三十多年後，還是被武則天絞死於洛陽南門之外。

清算

第三章

太子

一切盡在武則天的掌握之中，包括皇帝李治。

不知為什麼，在武則天成為皇后之後，李治簡直就成了武則天的工具，無論何種建議，幾乎都會不打折扣地執行，難道李治就甘心情願聽任武則天擺布？

後世有專家指出，李治其實沒有那麼無能，史書上的李治之所以那麼軟弱無能，主要是因為武則天修改了史書，於是便呈現給我們一個軟弱無能的李治。

然而不管怎樣，李治這個皇帝是不稱職的。比如在王皇后和蕭淑妃死後，他居然聽從武則天的建議將王皇后家姓改為蟒，將蕭淑妃家姓改為梟。而在此前，他卻親口答應要讓她們重見天日，安居「回心院」。

這是一個言而無信的皇帝，一個不靠譜的皇帝。

有這樣不靠譜的皇帝，自然就會有不靠譜的大臣，在貞觀一朝表現中規中矩的許敬宗此時變得異常活躍。永徽六年十一月三日，已經由衛尉卿升任禮部尚書的許敬宗上疏：陛下登基時，國本（**指李弘**）還沒有出生，因而李忠成為太子。現在正宮皇后已經就位，皇后的嫡子也應該被立為太子。

這句話又遞到了李治的心坎裡，當初在立李忠時他就不太滿意，只是礙於長孫無忌和柳奭的情面，他點頭同意了。現在王皇后倒臺了，李忠這個太子也就沒有了意義，他所佔據的太子之位也該讓給武則天的兒子了。

永徽七年正月六日，李治下詔廢李忠太子之位，改封為梁王，同時改立李弘為太子，這一年李弘四歲。

在李忠被廢之後，幾乎所有的部屬都不辭而別，避之唯恐不及，反正他已經是廢太子，禮數也用不上了。只有懂禮的名臣李綱的孫子，太子右庶子李安仁單獨晉見了李忠，依然行叩拜之禮，痛哭流涕，叩拜而去。

李忠是不幸的，他不幸地被別人當成了工具。四年前他被王皇后推上了太子之位，四年後他又被武皇后從太子之位拉了下來，一切的過程他都是懵懂的、受人擺布的，然而最後還是被蓋上了王皇后的烙印，種下了一生的禍根。

如果不是遇上武則天，或許李忠會在王皇后的庇護下成為大唐王朝的天子。時也？命也？

舊太子已廢，新太子已立，看似簡單地一廢一立，背後卻暗藏著重重玄機。

褚遂良

西元六五六年正月初七，李治做出了一個出人意料的舉動：改元。

改元就是更改年號，李治下令，正月初七之前為永徽七年，正月初七之後為顯慶元年，從此永徽成為過去，顯慶已經來臨。

長孫無忌在聽到改元的詔令之後心頭一懍，他知道這是皇帝改弦易轍的開始，他的好日子到頭了。

長孫無忌為什麼會這麼想呢？這還得從「永徽」這個年號說起。

「永徽」這個年號是在貞觀二十三年之後起用的，「永徽」的永是永遠的意思，「永徽」的徽是標誌、旗幟的意思，永徽組合到一起，其實就是繼承、延續、發揚。說白了就是繼續貞觀年間的事業，堅持貞觀年間的道路。因此在中國歷史上，永徽年間的統治也被視為「貞觀之治」的延續。

現在年號改了，長孫無忌從中嗅出了不同的味道，看來自己過時了。

從李治改元之後，長孫無忌便將自己的精力轉移到監修國史之上，他知道李治與武則天的雙劍合璧已經不可阻擋，他這個舅舅還是知趣點，遠遠地走開吧。

在貞觀一朝以及永徽年間紅了三十年的長孫無忌不會想到，他的刻意遠離並沒有幫他躲開禍端，針對他的禍端正在慢慢醞釀。

武則天的追討開始了，她要清算那些曾經反對立后的人。

清算從褚遂良開始，然後由褚遂良波及到其他人。

褚遂良在兩次激烈冒犯李治後就遭到了打擊，從中書令一下子被貶為潭州都督，中書令是正三品的京城高官，而潭州都督則是總部位於今天湖南長沙的地方官而已。

對於褚遂良的打擊還遠遠沒有結束，不久他又從潭州被趕到了桂州，桂州在今天的廣西桂林市。貶到桂州還不是結束，而是開始。

顯慶二年，褚遂良的桂州都督身分被許敬宗和李義甫解釋為另外一種意思：侍中韓瑗和中書令來濟聯合褚遂良意圖政變，褚遂良所在的桂州是軍事重地，可以用做韓瑗和來濟的外援。

欲加之罪，何患無辭。

本來是對反對立后的重臣進行打壓，現在卻以意圖謀反之名處置。在「意圖謀反」的罪名下，侍中韓瑗被貶為振州州長，中書令來濟被貶為台州州長，終生不准到長安朝見。振州是今天的海南三亞，當時是一地蠻荒；台州是今天的浙江臨海，那時同樣是欠發達地區。

與韓瑗和來濟一樣，褚遂良和柳奭也再次被貶了。

褚遂良由桂州都督被貶為愛州都督，柳奭由榮州州長被貶為象州州長，兩人的被貶都是折騰死人不償命。褚遂良的愛州在今天越南的清化市，柳奭的象州在廣西象州縣，一個從廣西前往越南，一個從四川前往廣西，在交通基本靠走的年代，可以想像路途上的艱辛。

褚遂良輾轉從桂州到了愛州，從此長安已是千里之外。

委屈的褚遂良給皇帝李治寫了一封信，信中追憶了自己對李治的忠心：

昔日李泰和李承乾爭儲時，臣不顧危險，歸心陛下。當時岑文本和劉洎向先帝力薦李泰，又是臣挺身而出，竭力爭取，這些都是陛下親眼看到的。最後我和長孫無忌等四人一起擁立，先帝最終同意。

等到先帝駕崩時，臣和長孫無忌一起在病榻之前接受遺詔。陛下您當時突遭巨變，傷心不已，臣以「社稷為重」寬慰陛下，當時陛下手抱著我的脖子，痛哭不已。後來臣與長孫無忌一起處理國家大事，毫無紕漏，數日之內，內外平靜。

然而，臣畢竟力量太小，而責任太重，一舉一動，都容易犯錯。臣就像一隻螞蟻，剩下的生命是有限的，懇請陛下可憐！

褚遂良這封信寫得嘔心瀝血，既陳述了自己的忠心，又向皇帝俯首乞憐，尤其是信的結尾寫得聲淚俱下，我見猶憐。

褚遂良寫信的目的很簡單，就是想終老長安，然而就是這個小得不能再小的願望也沒能實現，接到信的李治居然視而不見不作回應。

一年後，褚遂良在愛州病逝，享年六十三歲。

在褚遂良生命的最後時刻或許他是遺憾的，不過如果他地下有知應該感到欣慰，至少他可以帶著自己的腦袋平靜地入土為安。

升級

褚遂良死了，韓瑗、來濟、柳奭也被貶了，長孫無忌依然待在長安城，依然位居太尉高位。難道武則天已經放過了他？

不！如果說全世界誰都可以放過，這個長孫無忌是最不可能放過的，此人在貞觀、永徽兩朝為官三十多年，關係盤根錯節，此人不除，日後武則天焉能放開手腳？

不是不針對長孫無忌，而是慢慢來，一步一步為他編織一張大網，然後一網打盡。

在打擊長孫無忌的道路上，武則天並不孤獨，因為她還有一個得力的盟友，這個人就是隨著武則天步步高升的許敬宗。

到顯慶四年，許敬宗已經升到了中書令，鋒頭壓過了長孫無忌，他同時得到了皇帝和皇后的信任，而長孫無忌雖然位居太尉高位，然而卻飽受皇后的猜忌，同時皇帝李治與他漸行漸遠。此消彼長，許敬宗沒有理由不針對長孫無忌，曾經在長孫無忌面前遭受的屈辱他要一點點還回來，他要讓不可一世的長孫無忌知道什麼叫三十年河東、三十年河西。

在武則天的授意下，許敬宗積極行動起來，他努力地尋找著長孫無忌的破綻，不久他得到了一個「靈感」。

許敬宗的「靈感」來自一次控告。

當時洛陽人李奉節控告太子洗馬韋季方與監察御史李巢結黨，這一下捅到了皇帝李治的痛處，歷來「結黨」都是皇帝非常忌諱的事情，這兩個人居然在皇帝的眼皮底下結黨，必須嚴查，加以審理。

審理工作便落到了中書令許敬宗和兼任侍中的辛茂將頭上，許敬宗唱主角，擔任主審。

為了獲得口供，許敬宗嚴刑逼供。即使如此也沒能敲開韋季方的嘴，韋季方居然自殺了。

想死？沒那麼容易。

許敬宗下令搶救，又生生把韋季方給搶救了過來。

折騰了半天依然一無所獲，許敬宗有些失望。然而就在此時，許敬宗的「靈感」迸發了，誰說一無所獲，眼前這個韋季方不正是最大的收穫嗎？如果把這個人跟長孫無忌扯上關係，那該是多麼驚人的豐收啊。

隨即許敬宗給李治上了一道奏疏，這道奏疏的內容把李治驚著了。

許敬宗的奏疏大體內容是這樣的：韋季方與長孫無忌相互勾結，圖謀殘害宗室和大臣，將權柄搶回手中，然後伺機發動政變。他們的陰謀被我發現，韋季方畏罪自殺，不過又被我救活了。

長孫無忌與韋季方意圖謀反，事大了！

李治驚訝地說道：「怎麼會有這樣的事？舅舅被小人離間，對我小的怨恨可能是有的，但是謀反不至於吧！」

這時許敬宗回話：「陛下，長孫無忌意圖謀反的事，臣已經前前後後仔仔細細查過了，證據非常明顯，到現在陛下還不信，恐怕並非社稷之福！」

聞聽此言，李治哭了：「朕家門不幸，親戚中總有叛逆的，前些年有房遺愛和高陽公主謀反，現在舅舅也要謀反，這讓我有何顏面見天下人。如果謀反屬實，我該怎麼辦呢？」

僅僅憑許敬宗的捏造，他就相信了自己親舅舅的「謀反」，全然忘記如果沒有長孫舅舅，他何德何能能登上大唐皇位。現在他將舅舅的擁立之功一下子忘到腦後，一門心思就掉進了「謀反」兩個字中。

其實他又何嘗不知，「謀反」二字實在太寬泛了，以前舅舅用這張網將吳王李恪等人裝了進去，現在許敬宗又準備將長孫舅舅裝進去，這就是一張無往不勝的網。

李治的態度是曖昧的，他並不相信舅舅謀反，但是他希望通過這次整肅將舅舅從高位上拉下來，從貞觀二十三年到現在已經有十個年頭了，他已經不願意再生活在舅舅的陰影之下。即便從顯慶元年開始舅舅已經刻意淡出，然而只要他在朝堂一天，李治就始終感覺有壓力，舅舅的身影似乎在一直在提醒著他：小子，你是我扶上來的。

我長大了，舅舅，你該走了！

顯慶四年四月二十二日，距離太宗李世民去世已有整整十年。這一天原本高高在上的太尉長孫無忌被剝奪太尉頭銜以及封爵采邑，他的官職已經變為揚州都督，不過官職也是虛的，他的真正去處是黔州（重慶市彭水縣），在那裡他將享受與廢太子李承乾一樣的政治待遇：軟禁。不過物質待遇一切不變，依然保持正一品高官待遇。

權力對於長孫無忌這樣的人來說就是一劑春藥，他的人生就靠這劑春藥支撐，現在春藥沒了，他的人生還靠什麼支撐？

做出這樣的處罰之前，李治沒有與舅舅長孫無忌見過面，他的智商不會低到相信舅舅謀反，只是他需要藉這個機會把舅舅整倒。

皇權面前沒有父子，遑論甥舅。到了這個時候長孫無忌才發現貞觀十七年以來的努力都白費了，整整十六年，到這一天全部歸零。

在將長孫無忌仕途歸零之後，許敬宗將清算的矛頭再次指向了褚遂良、柳奭、韓瑗、于志寧，這四個人再次遭遇了打壓。

褚遂良雖然已死，也被追奪官職爵位，從此在陰間褚遂良也只是一個白丁小鬼；遠在振州（海南三亞）的韓瑗以及遠在象州（廣西象州縣）的柳奭一律從官籍中除名，從此你們只是陽間兩白丁；對于志寧算是手下留情，不從官籍除名，但免去現有官職，從此你是一個還隸屬於官籍的白丁。

另外長孫無忌的兒子秘書監、駙馬長孫沖開除官籍，流放嶺南。

褚遂良的兒子褚彥甫、褚彥沖流放愛州（越南清化市），然而在流放的道路上慘遭殺害。

還有比這更慘的結局嗎？

三個月後，迫害登峰造極。

李治派出御史分別前往象州和振州逮捕柳奭和韓瑗，李治下令將兩人戴上木枷、捆上鐵鍊，先行羈押，擇機押往長安受審。

與此同時，以許敬宗為首的調查組成立，重新審理長孫無忌謀反一案。

是要翻案嗎？不，做成鐵案。

許敬宗向長孫無忌所在的黔州派出了一路使節，這一路帶頭的叫袁公瑜，他的任務是逼死長孫無忌。袁公瑜果然不辱使命，在黔州他用嚴刑拷打將長孫無忌逼上了絕路，長孫無忌這位縱貫武德、貞觀、永徽三朝的重臣就這樣在拷打之下被逼上了絕路，他的結局是被迫上吊自殺。

此時距離永徽四年他誅殺吳王李恪僅僅六年，李恪在天地間種下的詛咒，經過六年的發酵在這一年生效了。

長孫無忌死了，謀反也就坐實了，韓瑗和柳奭也不必再押回長安，就地處決吧。

曾經跟隨外甥女步步高升的柳奭在象州被使節處斬，他在外甥女被廢四年後還是沒有躲過武則天的報復。相比之下，韓瑗是幸運的，他沒有給武則天羞辱自己的機會，在逮捕他的使節到達振州之前，他已經去世了，總算將頭帶進了棺材。奉命前往的使節打開他的棺木驗明正身，回京覆命。

隨後，長孫無忌、柳奭、韓瑗三家財產全部被沒收，近親全部流放嶺南，男子為奴，女子為婢，曾經受盡恩寵，如今屈辱受盡。

曾經反對立后的人一一遭到了報復，不過還是漏掉了一個人，這個人就是反對武則天升任「宸妃」的來濟。

來濟其實是個有身分的人，他的父親是隋朝名將來護兒，而他本人也頗有才華，原本他憑藉自己的努力已經做到了中書令，只是因為反對武則天升任「宸妃」，從此一落千丈，從中書令被貶為台州刺史，後來又被貶為庭州刺史。

台州在現在浙江臨海，庭州在新疆吉木薩爾縣，武則天從來是折騰死人不償命。儘管受盡折騰，來濟卻非常難得地保持了尊嚴，他的結局是所有反對立后高官中最為壯烈的，也是最有尊嚴的。

西元六六二年，在長孫無忌等人屈死三年之後，庭州刺史來濟迎來了一場戰鬥，前來犯邊的敵人是西突厥人。

臨上陣前，五十三歲的來濟對下屬說：「我曾經冒犯皇后，早該有一死，而我卻僥倖活到現在，今天當犧牲我命，報效國家。」

說完，來濟脫掉鎧甲，白衣飄飄殺向敵營，一番殊死拼殺之後，隕落亂軍之中。

收權

長孫無忌被逼身死之後，李治對長孫無忌原有勢力的打壓並沒有結束。

顯慶四年八月十一日，姓長孫以及姓柳的官員受到打壓，兩姓總計有十一名官員被貶。

隨後貞觀一朝高官高士廉的兒子高履行再次被貶，由洪州刺史（江西南昌）貶為永州刺史（湖南永州）。與此同時，剛剛被起用的于志寧再次被貶為榮州（四川榮縣）刺史，與于志寧同姓的官員有九名被貶斥。

就這樣，李世民留給李治的財富基本被折騰光了，長孫無忌、褚遂良、韓瑗、柳奭都死了，于志寧靠邊站了。房玄齡一脈、杜如晦一脈、薛萬徹、吳王李恪、荊王李元景則早在六年前死於長孫無忌之手，經過長孫無忌和李治的這兩次整肅，李世民留下的重臣幾乎消失殆盡。

貞觀一朝所遺留下來名頭大的只剩下李勣和程知節，李勣憑藉自己的圓滑保持三朝不倒，而程知節則是遭到了李治的算計，愣是把他派上了征戰西突厥的戰場，然後藉故將他免職。

與程知節同時代的武將當年還有秦瓊和尉遲敬德，他們都曾是跟隨李世民南征北戰的名將，只是進入貞觀年間之後，他們各有各的生活軌跡。

值得一提的是，在貞觀年間他們均保持著驚人的低調，李世民雖然不殺功臣，但曾經建立大功的功臣都知道危險無處不在。秦瓊在貞觀年間平靜去世，尉遲敬德和程知節低調地挺到了高宗一朝。

最傳奇的要屬尉遲敬德，晚年的他將活動的重心牢牢地鎖定在家中，他追求延年益壽，組織歌舞樂隊，設計亭臺樓閣，開建花園池塘，盡情享受，兩耳不聞窗外之事，對外不與其他人往來長達十六年之久。

永徽三年，七十四歲的尉遲敬德在病榻上走完了自己的人生路。在他死後，朝廷賞賜優厚無比。新陳代謝，萬象更新，在李治和武則天的聯手整肅之下，李世民和長孫無忌營造的「貞觀之治」完全成為過去，李治終於可以放開手腳，迎接真正屬於自己的時代。

然而一個人能否開創屬於自己的時代，一取決於自己的能力，二取決於自己的身體，很不幸李治在這兩方面都欠缺。

顯慶五年，李治患病，這種病初期表現為昏眩頭痛，後期則視力衰退，眼中的世界逐漸模糊。伴隨著李治眼中世界的模糊，武則天逐漸走上了前臺，在李治的授意下，開始閱讀奏章處理政事，識文斷字且才能出眾的武則天由此取得李治的信任，並由此將大唐權柄一一抓在自己手中。

前門驅虎，後門入狼，剛趕走了舅舅長孫無忌，又迎來了妻子武則天，政治上低能的李治注定了不能自理的命運。

新貴

第四章

笑裡藏刀

該殺的殺了，該貶的貶了，武則天立后之前的高官陣容遭遇大換血，新上任的則是武則天和李治共同看重的人，這些人也就成了高宗一朝的新貴。

新貴之中李義府和許敬宗是李治和武則天面前最紅的兩個人，也是最沒有道德底線的兩個人，後世的人多把這兩個人視為奸臣。

奸臣也不是一般人能當的，能成為奸臣的人一般都是有才的人，即便不是學富五車，也在某些方面有特殊才能，總之要能夠察顏觀色，投其所好。

李義府和許敬宗這兩個人也很有能力，只不過他倆都有才無德。

前面說過，在武則天立后的關鍵時刻，李義府有過一次連夜上書，由此得到了李治和武則天的信任。

那麼李義府是如何起步，又是如何混到了李治身邊呢？其實李義府在連夜給李治上書之前，他已經在李治身邊混了有些年頭。

這還要從貞觀年間的一次舉薦說起。

貞觀八年，劍南道巡察大使李大亮向朝廷推薦了一個人，在李大亮的推薦表中寫道，此人擅寫文章，文采極好。李世民看完推薦，便安排人對這個人進行了考察，結果對答如流、言談得當，於是便委任為門下省典儀，這個人就是青年李義府。

之後李義府又得到了黃門侍郎劉洎、侍書御史馬周的推薦，不久就升任監察御史。在監察御史任上，李義府做得也不錯，後來又被李世民安排到晉王李治的身邊，而監察御史的官職照樣保留。

貞觀十七年，李義府的運氣來了，因為李治升任太子，他也跟著水漲船高，成為太子舍人。太子舍人品級並不高但職位很重要，相當於太子的秘書，天天陪伴太子。不久他又成為崇賢館直學士，與太子司議郎來濟同樣以文采見稱，外界稱他倆這個組合為「來李」。

李治繼位之後，李義府升任中書舍人。永徽二年，受命兼修國史，並成為弘文館學士，受重用的程度非常明顯。

不幸的是，偏偏當權的長孫無忌看李義府不順眼，心裡惦記著要整他，永徽六年長孫無忌更是要把他趕出長安，貶往壁州（四川省通江縣）。

不在沉默中爆發，就在沉默中滅亡，關鍵時刻李義府選擇了爆發，他一下子跳到了長孫無忌的對立面，高舉起擁立武則天為皇后的大旗。

李義府的寶押對了，因為皇帝李治已經從長孫無忌的背後站到了武則天的背後。在支持武則天的立場堅定之後，李義府的仕途走上了高速路，壁州也不必去了，照樣留在長安，不久便從中書舍人升任中書侍郎，如此扎眼的升遷，讓長孫無忌只能徒呼奈何。

長孫無忌的無奈還在繼續，幾個月後，李義府受詔參知政事，參知政事便意味著可以參與國家大事的決策，意味著李義府已經是宰相團的一員。

何止是紅，簡直是紅得發紫。

此時的李義府依舊相貌忠厚，與人謙卑，不知道的人都以為他沒有架子，其實那只是看到他的表象。在李義府的心中，他把與他交往的人分為兩類，一類是依附於他的，一類是與他疏遠甚至有些對抗的，前者算是朋友，後者便是敵人，能打就打，能陷害就陷害，總之不能讓他們好過。

在李義府的笑容之下，一齣齣背後下刀的黑招出現了，由此就誕生了一句成語——笑裡藏刀，說的就是李義府。

經過吃過他苦頭的人總結，這個人面相忠厚，卻總是背後痛下黑手，於是又把他稱為「李貓」。

淳于氏疑案

得勢的李義府在站隊成功後節節攀升。顯慶元年他兼任太子右庶子，並受封侯爵。太子右庶子是太子宮事務署署長，太子宮兩大領導之一，能得到這個職位說明皇帝對李義府無比信任，因此才會派給太子。

得勢又得意的李義府由此忘了形，不久便製造了一齣疑案。

他居然把手伸進了大理寺監獄。

事情的起因是這樣的，顯慶元年，大理寺監獄關押進一個女犯人，女犯人姓淳于，因為犯了案子被關進大理寺監獄。淳于氏被關押不久，李義府就將手伸了進來，他授意大理寺丞畢正義將淳于氏無罪釋放，然後接到了自己的一處別院。

李義府為什麼會把淳于氏從大理寺的監獄裡撈出來呢？因為淳于氏貌美如花，李義府起了色心，他想把淳于氏收為自己的偏房。

李義府以為做得神不知鬼不覺，可是還是讓人知道了，知道這個秘密的人是大理寺卿段寶玄。

段寶玄原本知道淳于氏犯案羈押獄中，沒想到不久之後竟然被畢正義無罪釋放，而且還被接到了一處別院，這裡面藏著什麼隱情呢？段寶玄將自己的疑問寫成奏章，上奏給皇帝李治，李治派人追查，案子由此爆發了。

不過李義府並不慌亂，反正到目前為止只是追查到畢正義這一環，要查到他還早著呢。

可是如果畢正義指證李義府呢？

不必著急，你見過死人指證嗎？

在李義府的安排下，畢正義自殺了，從自殺的結果來看，可能是心裡有鬼，畏罪自殺。然而人們還是把矛頭指向了李義府，他與畢正義以及淳于氏的關係已經成了眾所周知的秘密，不是一個畢正義自殺就可以掩蓋所有的一切。

大家在等待著李義府得到應有的懲罰，然而卻遲遲沒有動靜，原來李治也知道其中的秘密，但是他護著李義府，並不想處罰，只想就這麼算了。

皇帝裝起了糊塗，御史們卻不糊塗，侍御史王義方站了出來，對李義府進行彈劾。

朝堂之上，王義方與李義府對質，王義方義正詞嚴，三次呵斥李義府退出，為了保證彈劾的效果，按照慣例被彈劾的人需要離開現場。

李義府站在原地，賴著不走，他期待著李治發話讓他留下。然而皇帝也要遵守規則，礙於規則，李治沒有發話。無奈，李義府還是悻悻而去。

王義方開始自己的彈劾，說得義正詞嚴、有理有據，不過在說到李義府仕途起步時，王義方的用詞有些狠，他說李義府是因為容貌得到了馬周和劉洎的寵幸，因此才得到重用。

除此之外，王義方的彈劾還是言之有物，在場大臣內心都贊同王義方，只是都沒有表現出來。

彈劾完畢，李治出離憤怒，太不像話了，這樣的人不處理怎麼行！

王義方出言不遜，侮辱高官，即日起貶往萊州，出任司戶（**管理戶籍的官員**）。

鬧了半天，被貶的居然是王義方。

黑白顛倒。

在王義方彈劾失敗後，李義府還是沒有忘了羞辱王義方一番。

李義府趾高氣昂地問：「王御史，你那麼狂妄地彈劾我卻沒有任何結果，難道心裡不慚愧嗎？」

王義方針鋒相對地回應：「孔子在魯國只擔任了七天司寇，就能把少正卯誅殺，我王義方擔任御史有些日子了，卻不能為國剷除奸佞，這一點確實有愧。」

「你！」李義府被噎住了，不過轉念一想又釋然了，你王義方除了能逞口舌之快，還能做什麼？反正我現在很紅。

李義府確實很紅，不久他又兼任太子左庶子，太子左庶子是太子宮政務署署長，太子宮最大的官員。一年後，很紅的李義府出任中書令、代理御史大夫，而且監修國史，同時還是弘文館學士。不久又加官太子賓客，進封河間郡公。

顯慶三年，李治又追贈其父李德晟為魏州刺史，所有兒子都位列高官，就連尚在懷抱的孩子，同樣也有一頂官帽，同時李治下詔為李義府在長安最好的地段蓋一所房子。

恩寵無以復加，無人可比。

被貶

一個人到底可以紅多久？長孫無忌告訴你，可以紅三十年，李義府則告訴你，其實也沒有多少天。顯慶三年，原本紅極一時的李義府栽了個跟頭。

李義府的跟頭栽在他的同事，同為中書令的杜正倫身上。

杜正倫是一個老資格高官，貞觀年間就曾經在魏徵的推薦下受到李世民的重用，到了李治當皇帝，杜正倫同樣受到重用，輾轉升遷為中書令。

現在問題就來了，以杜正倫的資歷自然是老資格，因此便不由得以前輩自居，在他眼中李義府不過是個受到恩寵的新人，在他面前是沒有資格擺譜的。然而在李義府的眼中，杜正倫不過是一個老資格，跟自己這個正受皇帝恩寵的新貴是沒法比的。

老資格遇到新貴，矛盾在所難免。兩人的齟齬不斷升級，纏鬥不已，甚至在李治的面前也不停爭吵，日子一長，李治煩了，兩個中書令怎麼跟鬥雞一樣。

大臣不和非國家之福，還是把兩人分開吧，一個去橫州，一個去普州。

杜正倫被貶為橫州刺史，橫州是現在的廣西橫縣，李義府被貶為普州刺史，普州是四川省的安岳縣，山高水遠，再也不用爭吵了。

確實不用再爭吵了。這一去，杜正倫再也沒回來，不久便在橫州去世。

李義府呢？他還能回來嗎？從中書令的高位摔下來，要回來恐怕難吧？

很多人都在猜測，尤其是那些曾經跟李義府論過本家，稱兄道弟的人。

李義府出身的李姓並非豪門大姓，他曾經迫切地想進入豪門大姓的行列，比如趙郡李姓。都是姓李，趙郡李姓可是北魏時的四大國姓，即便到唐朝時也是豪門大姓，因此李義府想混入趙郡李姓的族譜。

為了巴結李義府，不少趙郡李姓子弟都稱李義府為堂兄或者堂弟，給事中李崇德做得更徹底，他直接把李義府列入了家譜，這樣李義府在趙郡李姓的家譜中就有了一席之地。現在李義府被貶了，李崇德陷入猶豫之中，還需要在家譜之中保留這個不倫不類的外來戶嗎？大概不用了吧，被貶到普州那個荒涼的地方，八成回不來了。

李崇德隨即將李義府的名字從家譜中剔除，跟這種落水狗趁早劃清界限。一年後，李崇德傻眼了，李義府又回來了，官職是吏部尚書，同中書門下三品，還是宰相，依舊很紅。

李崇德的苦日子來了，李義府不會放過他。李義府這個人有恩不一定會報，有仇是一定會報的，而李崇德就是那個他不得不報的仇人。很快李崇德被誣告下獄，在獄中自知無路可走，自殺身死。

誰說被貶了，就不能東山再起呢？

盛極必衰

東山再起的李義府依然很紅，他的紅又持續了數年，到龍朔二年，李義府的紅達到了頂點。

這一年，李義府做了一件大事：改葬祖父。為其祖父在李淵祖父李虎的陵墓側營造了一座陵墓，這座陵墓造得相當體面。

為了造這座陵墓，三原縣令李孝節動用了民夫和車馬，日夜不停地為李義府的祖父造墳。在李孝節的帶動下，高陵、櫟陽、富平、雲陽、華原、同官、涇陽等七縣的縣令也行動了起來，徵集民夫和車馬加入了為李大人祖上造墳的行列。在這場轟轟烈烈的造墳運動中，高陵縣令張敬業勤於職守，任勞任怨，終於不堪重負，過勞而死。

墳成之後，王公以下高官紛紛向李義府贈送奠儀，場面宏大，送葬的羽儀、導從、器服都是窮極奢侈。等到安葬那一天場面更是驚人，從灞橋到三原七十里間相繼不絕。武德年間以來，葬禮場面之宏大，李義府家數第一。

明眼人都知道，哀榮是送給死人的，面子卻是送給活人的，眾人之所以這麼做，是因為李義府確實很紅。

然而紅又能持續多久呢？李義府能逃得過盛極必衰的俗套嗎？他一樣逃不過。

龍朔三年，李義府開始走下坡路，起因是一次談話。

龍朔三年三月，李治與李義府進行了一次推心置腹的談話。

李治對李義府說：「朕聽說你的兒子和女婿做事很不檢點，做了很多不法的事情，弄得朕還要幫他們掩飾，只是一直沒跟你說而已。你回去也教育教育他們，讓他們別那麼幹了。」

按照常理，李義府這時應該叩頭請罪，然後謝主隆恩，然而李義府卻沒有這麼做。

李義府臉色突變，面部青筋暴漲，口氣生硬地問道：「這是誰跟陛下說的？」

李治對李義府的反應頗感意外，頗為不快地回應道：「只要朕說的是實情就行，你還追問朕是誰說的幹嘛？」

令李治更加沒有想到的是，李義府居然未作回應，反而作沉思狀，晃晃悠悠自顧自地走了。

老虎不發威，把你當病貓了！

以上記錄來自《舊唐書》和《資治通鑒》，對以上記錄我有所懷疑，縱使李義府紅到了極點，難道他忘記了他只是皇帝面前的一條狗嗎？

這次談話記錄，似有可疑。

李義府之所以最後會倒臺，不是因為他的無禮觸怒了皇帝，而是因為長孫無忌等人已除，武則天位置已穩，已經不需要李義府這樣聲名狼藉的狗了，現在到了卸磨殺狗的時候。

李義府的倒臺同樣是因為別人告發，告發他的罪狀主要有兩條，一是占卜望氣，圖謀不軌，二是賣官鬻爵，勒索錢財。

如果李義府繼續得到李治和武則天的信任，這兩條扳不倒李義府，可惜此時的李義府已經失去了武則天和李治的信任，兩大帽子扣下來，李義府不倒也得倒了。

龍朔四年四月初，李治下令成立李義府專案組，由德高望重的司空李勣負責，對李義府的各種罪行進行審判。數天後，李勣等人向李治報告：所有罪行均屬事實，證據確鑿。

紅了八年的李義府就此倒了，他的官籍被除名並流放巂州，巂州在現在的四川省西昌市，那裡有中國的衛星發射中心，之所以把衛星發射中心建在那裡，就是因為那裡荒涼、地廣、人稀。

與李義府一起倒臺的還有他的兒子李津、李洋以及女婿柳元貞。

李治做事很絕，李義府和兒子及女婿流放的居然不是同一個地方。李津流放到振州，李洋和柳元貞流放到庭州（位於新疆），而且李義府是無期流放。

三年後，李治大赦天下，一般的囚犯都得到赦免，而李義府這種無期流放的人不在赦免之列，終老長安終成一夢，他只能老死在遙遠的嶲州。

回返長安無望，李義府憂憤成疾，鬱鬱而終，享年五十餘歲。

蓋棺定論，這是一個有才無德的人，他的德行遭人唾棄，但他的文才還是有的，他有文集三十卷傳於後世，同時還有二十卷《宦遊記》，可惜已亡失。

八年後，李治再次大赦天下，李義府的妻子和兒子得到赦免回到洛陽。後來武則天念及李義府在永徽年間擁立有功，追贈其為揚州大都督。

李義府一家與武則天的糾葛並沒有就此結束，他們的糾葛一直延續到武則天生命的最後一刻。

在武則天生命的最後一年，她已經病重，張柬之等人發動神龍革命，誅殺武則天寵幸的張易之兄弟，逼迫武則天讓位於太子李顯。

在這個過程中，出力最多、身先士卒的便是李義府最小的兒子，左羽林將軍李湛。

當武則天看到李湛時驚訝地說道：「你就是誅殺張易之的那位將軍？我待你們父子不薄，何至於走到這一步？」

然而到了這個時候，武則天說什麼也沒有用了，她已經落到了李湛的手裡，從此時到最後病逝，她一直處於李湛的監視之下。

父親李義府擁立有功，兒子李湛兵變有功，世事真是無常。

二次創業

永徽五年，也就是西元六五四年，這一年，武則天與王皇后的矛盾已經升級，當長孫無忌和褚遂良這些老臣堅定地站到王皇后一邊時，許敬宗卻義無反顧地站到了武則天一邊，這讓很多人疑惑不解。

明明許敬宗也是貞觀一朝的老臣，為什麼不跟長孫無忌他們一起維護禮法尊嚴呢？畢竟誰都知道武則天是先帝的才人，這樣的人怎麼能當皇后呢？與武則天相比，王皇后是皇帝的結髮妻子，又出身名門望族，維護王皇后就是維護正道。

其實別人都不懂許敬宗的心，長孫無忌他們維護的是正道，而許敬宗要做的是個人的二次創業，一個六十二歲老頭的二次創業。

六十二歲，按照孔子的標準該是耳順的年紀了，然而許敬宗卻開始了二次創業，這一切既是許敬宗的性格使然，也是環境使然。

相比其他同時代的大臣，他活得很憋屈。

論資格，許敬宗的資格很老，早在隋朝末年就步入仕途，江都兵變時，逃過了宇文化及的屠刀，後來還跟魏徵一起給李密擔任過書記工作，李密敗亡後，便投奔了唐朝。

武德年間，李淵本來準備將許敬宗下派到漣州出任別駕，這時李世民橫插了一槓子，把許敬宗要到了秦王府，與長孫無忌他們一起並列「十八學士」。

進入貞觀年間，長孫無忌、房玄齡、杜如晦都成為當朝重臣，而許敬宗的升遷速度則慢多了，到貞觀八年也只是升到中書舍人，而長孫無忌、房玄齡、杜如晦已經擔任宰相多年了。

貞觀十年，許敬宗已經四十二歲了，這一年仕途不順的他又栽了個大跟頭。

這一年在長孫皇后的葬禮上，所有官員都白衣白服列隊出席，許敬宗也在其中。這時唐初四大書法家之一的歐陽詢出現了，他的官職為率更令（主管宮殿門戶以及賞罰事），因為歐陽詢這個人醜得有點過分，在場的官員指指點點，許敬宗順著別人的指頭，看到了奇醜無比的歐陽詢。

鬧劇就此發生。

在這個肅穆的葬禮上，許敬宗居然被歐陽詢的相貌逗笑了，他可能把歐陽詢看成了一隻猴，因為在之前長孫無忌就曾經戲弄過歐陽詢，說他長得像一隻猴。

許敬宗被這隻「猴子」逗笑了，也把自己的仕途給毀了。

在御史的彈劾下，許敬宗的中書舍人做不成了，被貶到洪州做都督府司馬。

後來許敬宗輾轉回到長安，仕途再次起步，又升任給事中（御前監督官），同時監修國史。

貞觀十七年是許敬宗轉折的一年，他因修成《武德》、《貞觀實錄》而受到李世民的賞賜，不僅受賜八百匹綢緞，而且還被封為高陽縣男，從此許敬宗也是有爵位的人了，雖然男爵只是「公侯伯子男」的最末一位。

在此之後，許敬宗代理黃門侍郎，李治成為太子之後，他又成為太子左庶子，就此成為儲君的身邊人。

貞觀十九年，李世民遠征遼東，許敬宗與高士廉一起輔佐李治鎮守定州。等到中書令岑文本在遼東前線病逝後，李世民緊急徵調許敬宗前去接班，代理中書侍郎。

駐蹕山一役，李世民大獲全勝，許敬宗也於此時向李世民顯示了自己的功力。得勝之後，李世民在馬上命令許敬宗草擬詔書，許敬宗便在馬前領命隨即開寫，不一會詔書寫成。李世民接過一看，用詞準確，詞藻華麗，一字一句頗顯功力，李世民不禁點頭，今天算是見到了許敬宗的真功力。

兩年後，許敬宗加授銀青光祿大夫（從三品，副部級）。

雖然許敬宗從貞觀十七年後升遷的速度也不算慢，然而跟同時期的馬周和劉洎比，他幾乎相當於原地踏步。馬周和劉洎起步都比他晚，馬周在貞觀初年還是白丁，劉洎則是武德年間的降官，然而這兩個人都在李世民的提攜下迅速攀升，最後都成為與長孫無忌和房玄齡並列的宰相團成員。

再看許敬宗，隋末就仕途起步，歷經武德九年、貞觀二十三年，光是在大唐王朝就混了整整三十二年，然而到李世民駕崩，他連個正三品都沒混上。

跟同為十八學士的長孫無忌沒法比，跟馬周和劉洎這些平步青雲的人也沒法比，三十多年宦海沉浮的許敬宗，心中比他人有更多的失落。

進入高宗一朝，許敬宗總算沾著皇帝的光升任禮部尚書，這一年許敬宗已經五十七歲了。由禮部尚書進位宰相團並非難事，然而在這個關鍵的時刻，許敬宗又栽了一個跟頭。

起因是因為他嫁了一個女兒。

許敬宗把女兒嫁給了嶺南部落酋長馮昂的兒子，馮昂雖然已經歸順唐朝，但他的身分還是嶺南部落酋長，在正統讀書人看來這就是蠻酋，有身分的家庭是不會跟蠻酋通婚的，他們認為這樣自跌身分，有失體統。許敬宗毅然決然地將女兒嫁了過去，為了民族的融合，為了國家的統一，當然更多是為了錢，因為馮昂給的錢很多，讓許敬宗動了心。

延伸說一句，玄宗朝那位有名的太監高力士是馮昂的後人，只是高力士從小被姓高的宦官收養便姓了高，其實他祖上姓馮。

許敬宗貪財嫁女迅速被御史彈劾，於是再次被貶，從禮部尚書被貶為鄭州刺史。

兩年後，許敬宗總算回來了，出任衛尉卿，這個職務是管理宮廷軍械，品級從三品，與禮部尚書的正三品還有差距。

略讓他欣慰的是，他還能監修國史，同時還是弘文館學士。

朝廷大權依然掌握在長孫無忌手中，長孫無忌從貞觀初年一直紅到了現在，差不多有三十年了。許敬宗呢？除了短暫地出任過禮部尚書，多數時間他連正三品都不是，更談不上成為宰相了。

時間走到了永徽五年，黑暗的天空中終於出現一絲光亮，武則天與王皇后的爭寵讓許敬宗看到了希望。他希望變革，他希望易后，只有改變現狀他才有揚眉吐氣的機會。

永徽五年，他六十二歲，渴望變革本應該是年輕人的專利，而六十二歲的許敬宗時刻在渴望著變革。

他看透了易后背後的局，這次易后表面上爭奪的是皇后之位，實際上卻是李治和武則天想一箭雙鵰，他們希望通過易后，既把現在的王皇后拿下，同時將權傾朝野的長孫無忌放倒。

這是李治和武則天的如意算盤，同時也是許敬宗的算盤，現在他們把算盤珠子撥到了一起，一拍即合，各取所需。

在許敬宗自發對長孫無忌遊說時，他還只是從三品的衛尉卿，不久他的心機被李治和武則天知曉。永徽六年九月，許敬宗由衛尉卿升任禮部尚書，重回正三品的行列。

在他的鼓吹之下，李治堅定了換后決心，並在李勣的默默支持下成功將王皇后廢黜，由武則天繼任皇后。

易后大獲成功，許敬宗站對了隊。

得償所願

在冊立皇后，擁立太子的過程中，許敬宗處處敢為人先，深得李治和武則天的信任。無利不起早，起早必有利，許敬宗的盡心盡力很快收到回報。西元六五七年，六十五歲的許敬宗被擢升為侍中（**最高監督長**），這標誌著許敬宗終於成為真正的大唐高官，終於成為宰相團的一員。為了這一天，許敬宗已經奮鬥了四十多年。

一年後，原中書令李義府被貶出長安，空出來的中書令職位由許敬宗接任。此時朝中已無長孫無忌、褚遂良、于志寧、柳奭、來濟、韓瑗的蹤跡，他們或死或貶，而那個曾經多次被長孫無忌當面呵斥的人成為皇帝的新寵，他所受的恩寵無人可比。

隨後的十幾年，許敬宗一直受盡恩寵，在此期間，曾經與他相提並論的李義府已經流放嶲州，老死在那裡，而許敬宗在長安受到的恩寵一切如舊。

西元六六六年，許敬宗七十四歲，這一年他又得到了格外的恩寵，他與李勣因年老行動不便，李治格外恩准兩人可以騎小馬一直到禁宮門口，從而大大降低他們上朝的勞累程度。恩寵便是如此撲面而來。

底線

儘管許敬宗受盡恩寵，但他口碑不佳，人品遭到廣泛質疑，與他同時代的人似乎都在問，這個受盡恩寵的人有做人的底線嗎？

事實證明，他這個人沒有底線。

首先在監修國史方面，他居然沒有一個史官應有的職業操守，身為史官本應秉筆直書是非曲直、實話實說。而他沒有客觀標準，只有個人好惡。

封德彝本是隋唐兩朝大臣，原本在歷史上還是做過一些事情的，沒有史書上寫的那麼不堪，然而在許敬宗的筆下，我們看到的封德彝就是一個老混子，老滑頭。

為什麼會這樣呢？這是因為封德彝與許敬宗的陳年恩怨。

封德彝不止一次說過，虞世南人品高尚，江都兵變時願意替兄長虞世基去死，而許敬宗身為人子，眼看父親許善心被殺卻只顧自己跪地求饒保命。

封德彝的話壓了許敬宗很多年，因此等到許敬宗監修國史時，他就用筆壓了封德彝幾輩子。

除了個人好惡，許敬宗修史還收錢，如果打點到位，他可以保證在史書中給你的祖上寫得好一點。

左監門大將軍錢九隴是許敬宗的女婿，這段聯姻也是因為錢，錢九隴出的錢多，許敬宗便把女兒嫁給了他。有了這層關係，本來只是皇家奴才的錢九隴被許敬宗修改為出身豪門望族，同時無中生有地為錢九隴增加功績，居然與開國有功的劉文靜、長孫順德相提並論。

許敬宗的兒子娶尉遲敬德的曾孫女為妻，在接受尉遲敬德兒子尉遲寶琳的賄賂後，在許敬宗的筆下，就出現了一個接近完美的尉遲敬德。

還有一個叫龐孝泰的人，本來是一個普普通通的蠻夷酋長，跟隨唐軍出征高麗時被高麗兵打得落花流水，不過在許敬宗的筆下，龐孝泰搖身一變成為與蘇定方並駕齊驅的威武漢將。

由此可見，許敬宗寫的不是歷史，而是企業家付費的有償報告文學。

令人欣慰的是，許敬宗死後，由他監修的國史被重新整修，總算一定程度地恢復了歷史的本來面目。

除了監修國史讓人詬病，許敬宗對兒子的無情也讓人詬病不已。

或許許敬宗會委屈，也會不服，因為他針對的不是兒子，而是情敵。

很不幸，在許敬宗家裡，兒子和情敵合二為一。

妻子去世之後，許敬宗喜歡上妻子的一個婢女，便把婢女升級做了繼室並讓她姓虞，可能是取「虞姬」之意。

許敬宗只知其一不知其二，他只知道「虞姬」頗有姿色，卻不知道自己的長子許昂早跟「虞姬」有染，而且在「虞姬」成為繼母之後，兩人的不正當關係依然繼續。許敬宗終於知道了真相，他沒想到兒子竟然把綠帽子戴到了自己頭上。

盛怒之下，許敬宗將「虞姬」休掉，然後上書皇帝以「不孝」之名將許昂流放嶺南。多年之後許敬宗才回心轉意，上書請求皇帝將兒子從嶺南召回。許昂從嶺南回來後擔任過一個小小的縣令，不久就死在縣令任上，而他與父親的結卻永遠解不開了。

從貪圖錢財嫁女給蠻夷酋長之子，到收受賄賂篡改歷史，再到冷酷無情將親生兒子流放嶺南，都說明一個問題：許敬宗做人沒有底線，人品有問題。

關於許敬宗的人品問題，太宗李世民看得比誰都透。

《貞觀政要》中有這樣一個記載：

唐太宗問許敬宗：「朕觀群臣之中你算很賢能的一個，但是有很多人說你的不是，這是為什麼？」

許敬宗回答說：「春雨如膏脂，農夫喜歡它的潤澤，行人卻厭惡它使道路變得泥濘；秋月明亮如鏡，佳人喜歡賞月觀賞，而盜賊卻嫌它太亮，天地之大還有人抱怨它們的缺憾，何況為臣？我沒有肥羊美酒來調和眾人口中的是非，所以是非不可聽，聽了也不能說。皇帝聽了，臣子就要受戮；父親聽了，兒子就要遭殃；夫妻聽了就會離婚，朋友聽了就會絕交，親戚聽了就會疏遠，鄉鄰聽了就會遠離。人生有七尺之軀，卻需要謹防三寸之舌，舌上有可怕的龍泉，殺人不見血。誰人背後不說人？誰人背後無人說？」

對答如流，有理有據，巧舌如簧，許敬宗的才氣確實不是蓋的。

縱使許敬宗對答得體也沒有得到李世民的信任，終貞觀一朝，許敬宗始終沒有得到重用，癥結就在於他的人品讓李世民很質疑。

回望貞觀一朝，重臣之中除了長孫無忌外，房玄齡、杜如晦、魏徵、岑文本、馬周、于志寧、李靖、李勣等人的人品都廣受讚揚，有才的許敬宗身為根紅苗正的「十八學士」之一卻沒有在貞觀一朝受到重用，根本原因還是人品一項拖了後腿。

到了高宗朝，許敬宗風生水起，二次創業成功，究其原因是李治和武則天已無李世民的道德判斷標準，他們需要的是一個人的能力，一個人的學術，因此有才無德做人沒有底線的許敬宗得到重用，在這一點上，武則天的用人標準跟劉邦以及曹操如出一轍：但求有才，不求有德！

謬與恭

西元六七〇年，七十八歲的許敬宗請求退休，皇帝李治恩准，同時擢升許敬宗為特進，享受正二品待遇。

兩年後，許敬宗走完人生路，享年八十歲。

許敬宗身後，關於他的謚號又起風波。

太常博士（祭祀部禮儀官）袁思古給出一個謚號——「謬」，按照謚法規定：名實不符為謬。對於這個不體面的謚號，許敬宗的孫子許彥伯提出抗議，他認為袁思古是出於與許家有舊怨，所以用這個謚號來報復。

這時初唐四傑之一王勃的父親、同為太常博士的王福時出來說話了：「謚號是一個人蓋棺定論之後的稱謂，如果說得失只是一朝一夕的事情，那麼榮辱可是關係到千古的事。如果袁思古與許家的私怨屬實，那麼自當依法查處，看袁思古究竟有無挾私報復。如果袁思古沒有，那麼已經定案的就無法更改，就是『謬』。」

王福時話說得很硬氣，在他心中早就將「謬」字刻在了許敬宗的身上，此人不「謬」，何人才算「謬」？

戶部尚書戴至德出來過問：「許敬宗受恩寵到如此程度，你們怎麼能給他定個『謬』字呢？」

王福時正色回應道：「晉朝的司空何曾忠孝兩全，只是因為每天在飲食上的費用超過一萬，由此就定為『謬』。許敬宗忠孝跟何曾沒法比，飲食男女問題上又比何曾嚴重地多，定一個『謬』字，對得起許家了！」

此時李治不出來過問不行了，他命令尚書省五品以上高官就許敬宗的諡號重新進行審議。

禮部尚書袁思敬出來打了圓場：按照諡法，既過能改為恭，那麼就給許敬宗定為「恭」吧。恭，既過能改，就是它了。

李治下詔，准奏。

自此許敬宗蓋棺定論：恭！

一個有才無德之人，一個做人沒有底線的人，儘管生前受盡恩寵，死後卻躲不過道德的審判。

有人說他在宇文化及的刀鋒下苦苦求饒是「能屈能伸」，有人說他極力鼓吹立武則天為皇后是「審時度勢」，同樣的事情居然會有截然不同的兩種解釋，這就是歷史的玄妙。

如果許敬宗地下有知，他可以學一學他的後生晚輩狄仁傑，學一學人家如何能在武則天面前受盡恩寵，同時又留下千古盛名。

狄仁傑的諡號為「文惠」：文，經天緯地為文，道德博厚為文；惠，柔質慈民為惠。

第五章

名將輩出的時代

提起大唐名將，很多人就會想起李世民手下的李靖、李勣、侯君集等人，也有很多人會想起玄宗朝的哥舒翰、郭子儀，其實唐高宗李治時期也是一個名將輩出的時代。

對於封建王朝而言，最重要的就是兩件事，一件是國內生產，一件是對外擴張，在李治和武則天的統治之下，兩件大事一樣沒有耽誤。

大唐國力沒有因為長孫無忌等人的離開而停滯不前，而是一直保持著增長勢頭，為後來的開元盛世打下了基礎。

天行有常，不為堯生，不為桀亡。

在國內正常運轉的同時，對外征戰翻開了新的一頁，而在這一系列征戰中催生了諸多大唐名將。

這是一個名將輩出的時代。

蘇定方

提起蘇定方，多數人感到陌生，他的名字沒有李靖、李勣響亮，也沒有與他同時代的薛仁貴響亮，但他的歷史功績遠在薛仁貴之上，論起來是可以與李靖和李勣相提並論的。

唐高宗李治時代的蘇定方已是一張老面孔，他的資格很老，老到可以追溯到隋朝末年。

出生於西元五九二年的蘇定方成名於隋末天下大亂，不過他不是叛亂，而是自發組織鄉親與四處騷亂的流寇作戰。

按照革命的觀念，天下大亂時起義造反的都是好漢，實則不然。天下大亂之際，起事的人有一部分確實是過不下去了，而有一部分則是純粹希望天下大亂，進而趁火打劫。

當兩部分人魚龍混雜到一起，起事的性質很複雜。

二十出頭的蘇定方跟父親蘇邕一起組織了數千名鄉親，團結起來抵禦那些動機不純的起事者，此時的蘇定方是在保衛自己的家園，他驍勇善戰、膽氣絕倫，每次征戰都帶領衝鋒陷陣。

父親去世後，蘇定方成為這支隊伍的領袖，在他的帶領下，進入蘇定方家鄉滋擾的流寇沒有一個好下場。橫行一時的張金稱最終敗在了蘇定方的手下，蘇定方親手將其斬殺。名噪一時的楊公卿也不是蘇定方的對手，他被蘇定方打得滿地找牙，還被蘇定方狼攆兔子般追殺了二十餘里，最終僅僅撿了一條命。

蘇定方的戰功在不斷地積累，然而世道卻讓他有些看不懂了，在保證家園不受侵犯的同時，他驚奇地發現起事的人越來越多了。

難道這個王朝氣數已盡？

後來蘇定方遇到了一個人，這個人就是隋末農民起義的著名領袖竇建德。

此時的竇建德已經脫離了起事的低級趣味，轉而以收服民心奪取天下為己任，蘇定方看到了曙光，他加入了竇建德的隊伍，想跟著竇建德一起做大事。

如果沒有李世民，或許竇建德的大業就成了，然而竇建德是不幸的，偏偏他遭遇了李世民。

虎牢關一戰，竇建德兵敗被俘，餘眾紛紛散去，蘇定方怏怏回到鄉里。

不久，李淵忌憚於竇建德在河北的威望，竟然將竇建德公開處斬，這一下寒了竇建德舊部的心。竇建德舊部再次揭竿而起，以劉黑闥為首再次吹響了造反的號角，得到消息的蘇定方再次看到了希望，火速歸到劉黑闥的帳下。起事持續了幾年最終還是失敗了，蘇定方向朝廷軍投降後便重回鄉里。在李淵的武德年間，他一直沒沒無聞。

時間走到了貞觀年間，蘇定方的生活出現了轉機。

貞觀四年，李靖率軍出擊東突厥，身為匡道府折衝的蘇定方參加了這次戰役。匡道府折衝只是府兵制體系下的一個底層將領，三十八歲的蘇定方熬到這一年也不過是一個小小的折衝將。不過能夠參加這次戰役，蘇定方也知足了，最起碼他能夠名正言順地為國效力。

這一年二月，主帥李靖交給蘇定方一個特殊的任務：率領二百騎兵充當全軍的先鋒。滄海橫流方顯英雄本色，接受任務的蘇定方沒讓李靖失望，他率領二百騎兵藉著大霧掩護向東突厥頡利可汗的大營逼去。

離大營還有七里，霧散，圖窮匕見，蘇定方看到頡利的牙帳，頡利的護衛也看見了蘇定方。電光火石一瞬間，蘇定方率領二百騎兵衝殺過去，他們與頡利可汗已近在咫尺，最終還是差了一小步，頡利可汗騎著千里馬跑了。

跑了頡利，卻跑不了牙帳，蘇定方左右衝殺斬殺數百人，主帥李靖大軍趕到，斬殺一萬餘人，俘虜十萬餘人。

不久頡利可汗被唐軍抓獲，東突厥汗國就此滅亡，這次戰役是主帥李靖一生輝煌的頂點，同時也是蘇定方躋身名將的起點。

戰後論功行賞，蘇定方從折衝將升任左武候中郎將。

成為中郎將的蘇定方本以為自己將走上一條高速路，沒想到等來的卻是長達二十五年的原地踏步，從三十八歲到六十三歲，他居然像一根釘子一樣，牢牢固定在中郎將的位置上。

這是為什麼呢？因為他是降將，而且降晚了。

翻開唐朝的史書不難發現，李靖、李勣、秦瓊、程咬金、尉遲敬德都是降將，他們在李世民手下都得到重用，而蘇定方卻沒有受到李世民重用，原因便是他降晚了，位置已經被別人佔滿了。

難道就這樣在中郎將位置上終老嗎？

永徽六年（六五五年），六十三歲的蘇定方終於迎來了轉機，這一年他由左武侯中郎將轉任左衛勳一府中郎將，雖然還是中郎將，但轉機就此來臨。

這一年二月，皇帝李治命蘇定方與營州都督程名振一起進攻高句麗，這次進攻只是一次小規模進攻，卻從此開始了蘇定方波瀾壯闊的征戰大戲。

進攻高句麗在三個月後取得了一場小勝，蘇定方由此被李治認定為可用之將。一年後，六十四歲的蘇定方迎來了一次飛越，他成為西征西突厥遠征軍的前鋒總司令。

那麼遠征軍的最高統帥是誰呢？

說起來讓人唏噓，竟然是六十三歲的程知節，也就是民間津津樂道的三板斧程咬金。

為什麼李治會想起用程知節與蘇定方這一對雙老組合呢？

因為他已經無人可用。

名將如李靖、侯君集、秦瓊、段志玄等人已經作古，李勣則因為統兵時間過久，為避免皇帝猜忌，在永徽初年意志堅定地交出兵權。

屈指算來，西征西突厥能用的也就是老將程知節和「新」老將蘇定方。

將程知節派上前線，李治還有一個不可告人的目的，那就是為廢后做最後的準備。

李治心中對程知節還是很忌憚，雖然這名老將忠心可鑒，但是他的出身和職位太敏感了。論出身，程知節是秦王府舊將，他與長孫無忌的多年同事關係是李治所忌諱的；論職位，他是右屯衛大將軍，手握一支禁軍，如果長孫無忌和他聯手，後果不堪設想。

為以防萬一，還是將程知節派上征戰西突厥前線，一為調虎離山，二為發揮餘熱。

西突厥

如果給老年的蘇定方辦一個頒獎典禮，他一定會感謝兩個人，第一個人是給予他充分信任的皇帝李治，第二個人就應該是西突厥可汗阿史那賀魯，沒有他的搗亂，或許蘇定方這輩子就要平淡收場了。

阿史那賀魯為何成為唐朝死敵呢？這還要從貞觀年間說起。

眾所周知，東突厥、西突厥都是唐朝的心腹大患，在東突厥頡利可汗被生擒之後，西突厥便成了唐朝的心腹大患。

由於西突厥內部紛爭不斷，他們一直沒能對唐朝構成太大威脅，貞觀二十二年，時任西突厥親王的阿史那賀魯在走投無路的情況下向唐朝投降，被李世民委任為左驍衛將軍。

後來唐朝發動了對龜茲的進攻，阿史那賀魯主動擔任起唐朝進攻嚮導，此舉贏得了李世民的信任，不久阿史那賀魯便被委任為泥伏沙缽羅親王。

令李世民沒想到的是，阿史那賀魯其實不是忠順的牧羊犬，而是一隻翻臉不認主人的白眼狼。貞觀二十三年，李世民逝世，身為左驍衛將軍、瑤池都督的阿史那賀魯動了活心思，他想叛唐自立。

得知消息的李治對阿史那賀魯進行了一番緊急安撫，這番安撫的有效期為兩年。

兩年後，也就是永徽二年，阿史那賀魯還是反了，自立為沙缽羅可汗，從此他不再是唐朝左驍衛將軍、瑤池都督，搖身一變成為西突厥的大可汗。

從前的下屬，今日的死敵。

唐朝與西突厥再次進入戰爭狀態，對於西突厥的打擊，一波接著一波。

第一波攻擊由左武衛大將軍梁建方、右驍衛大將軍契苾何力執行，這一波的戰果是斬殺西突厥九千人；第二波進攻便是由右屯衛大將軍程知節和蘇定方共同執行。

天壤之別

當六十四歲的蘇定方與六十三歲的程知節一起出發遠征西突厥時，他們不會想到這次遠征兩人得到的結果竟然有天壤之別。

西征大軍一路下來比較順利，西元六五六年八月，程知節大軍斬殺西突厥三萬餘人。

四個月後，程知節的大軍再次與西突厥的兩萬騎兵遭遇，雙方交戰進入膠著狀態。

前鋒總司令蘇定方帶領五百騎兵與程知節大軍保持著十餘里距離，他們有特殊任務。

遠處沙塵四起，西突厥兩萬餘人的騎兵增援而至，不出意外的話，他們將與之前的兩萬騎兵對程知節大軍形成包夾之勢，形勢萬分緊急。蘇定方吹響了進攻號角，他率領本部騎兵繞過一道小嶺，如同從天而降一般衝擊西突厥騎兵的側翼，他們的出現讓西突厥騎兵大出意外。

原本他們以為只有程知節一支孤軍，怎麼又來了一支，看來唐軍早有準備。

猝不及防的西突厥騎兵亂了陣腳，亂哄哄地向後退去，蘇定方和他的五百騎兵卻來了精神，連追二十餘里，以五百人殺敵一千五百人，順帶截獲兩千匹戰馬，至於死馬、甲仗更是漫山遍野。

不出手則已，一出手就是奇蹟。

令蘇定方沒有想到的是，這次大捷居然讓大軍副統帥王文度起了嫉妒之心，本來宜將剩勇追窮寇，王文度卻給出了兩字：不追。

為什麼？

王文度對程知節說道：「雖然大勝西突厥人，但我們也有損傷，如果冒險追擊的話，勝負難料。不如我們結成方陣，把輜重放在方陣中央，人馬都披上重甲在四周圍護，遇到敵人就以方陣對抗，遇不到的話，就這麼向前推進。」

身為大軍統帥的程知節沒有反對，他居然聽從了王文度的安排，主帥居然聽副帥的？為什麼？

因為王文度說，他有皇帝口諭。

皇帝口諭說，程知節恃勇輕敵，容易犯錯，軍中大事還是由王文度節制。

口諭是真的嗎？

王文度自稱是真的，程知節也相信是真的，因為他早就看透了李治布下的棋局：遠征並不指望你立功，而是防止你留在長安生事。

程知節的血還是熱的，但心已經冷了。

遠征大軍結成了一個奇怪的方陣，人馬都披上重甲，緩緩地向前蠕動，造成的結果是馬累死了不少，人消瘦了很多。

身為前鋒總司令的蘇定方看不下去了，戎馬一生的程知節怎麼能犯這種低級錯誤呢？

蘇定方對程知節說：「我們出征是為了討賊，現在卻擺出防守的架勢，弄得馬餓兵疲，逢賊即敗。膽小懦弱到這個地步，還能立什麼功？你是主帥，軍中的事你說了不算，副帥卻說了算，這不合情理。還是先把王文度關起來，然後飛表上奏皇上把事說清楚。」

程知節搖了搖頭，忍不住歎息一聲，蘇定方說得在情在理，程知節並非不知，然而他已經看透了李治設下的局，如果按照蘇定方說的去做，到頭來是死路一條。

既然皇帝要拿遠征開玩笑，那我們就照辦吧！

詭異的方陣還在繼續，唐軍已經人困馬乏，他們逶迤來到恆篤城，他們在恆篤城下遇到了一群胡人，胡人看到唐軍陣勢馬上向唐軍投降。

副統帥王文度又說話了：「這些胡人啊，等我們回軍之後，他們肯定又成了賊寇，不如現在就把他們殺了，然後把他們的財產分了。」

蘇定方簡直不相信自己的耳朵，怒沖沖地向王文度說道：「如此一來，跟賊有什麼區別，我們還出來討什麼賊！」

王文度沒有理會蘇定方，一聲令下，胡人成了刀下之鬼，他們的財產被分成了數份，其中有一份是留給蘇定方的。

「我不要，誰愛要誰要！」蘇定方拂袖而去。

班師回朝之後，遠征軍三位主要將領的境遇是天壤之別。

蘇定方因戰功卓著，深受李治賞識，從此成為李治手下不可或缺的重將。

王文度因假傳聖旨，按律當斬，但皇帝慈悲為懷，僅給予開除官職的處分。然而這次開除只是作秀，數年後王文度再次被起用為熊津都督，前往百濟安撫百濟亡國軍民，只可惜剛渡過海就告病逝了。

從王文度所受的處分來看，王文度並沒有假傳聖旨，而是忠實執行了李治的聖旨，他們聯手給程知節做了一個局。被做進局的程知節因「逗留不前，貽誤戰機」被判處死刑，後罪減一等，開除官職。後來程知節被委任為岐州刺史，然身未動、心已遠，程知節去意已決。不久程知節的退休報告批覆下來，從此程知節退出了唐朝的政治舞臺。

九年後，程知節在家中病逝，享年七十二歲。

第二次西征之後，蘇定方成為獨當一面的唐朝主將，與他一起成為主將的還有一位名將，這個人就是與他同時代的薛仁貴。

薛仁貴

相比於蘇定方的大器晚成，薛仁貴的成名算早的，成名那年他三十一歲。

貞觀十九年，李世民發動遠征高句麗之戰，平民薛仁貴主動找到將軍張士貴請戰，平民薛仁貴就變成了士兵薛仁貴。

從軍之前，薛仁貴已經窮困潦倒到了極點，儘管他是北魏名將薛安都的後人，但到他父親那一輩家裡的日子已經很慘澹了，到了他這一輩日子更加慘澹。百無聊賴的薛仁貴成天琢磨著如何改變自己的命運，他甚至想到了搬遷祖墳給自己轉運。

這時妻子說了一句話點醒了薛仁貴：「皇上將要遠征高句麗，你有一身的本領為何不去從軍？」

一語驚醒夢中人。

薛仁貴從軍之後跟隨大軍來到了遼東，不久就在一場遭遇戰中一戰成名。

大軍前往安市城的途中，郎將劉君昂遭到一股高句麗士兵襲擊，情況萬分緊急，這時一個叫做薛仁貴的小兵出現了。

薛仁貴手握長戟，縱馬直前，衝著領頭的敵將直撞過去，手起戟落，敵將被他斬於馬下。薛仁貴抬手割下敵將的首級，掛到了戰馬脖子上，然後撥馬向剩餘的高句麗士兵衝了過去，一下子嚇破了敵兵的膽。剩下的高麗兵能跑的都跑了，不能跑的都降了，小兵薛仁貴手刃敵將，救出郎將劉君昂，由此一戰知名。

幾天後，薛仁貴這個名字傳遍了整個遠征大軍。

貞觀十九年六月二十二日，唐軍向高句麗軍發起總攻，天公不作美，雷閃雷鳴，雷雨交加。對於薛仁貴來說，他這一生都要感謝這場雷陣雨。

為了讓自己引起皇帝李世民的注意，在衝鋒號角吹響之前，薛仁貴偷偷地換上了一身白衣。

在電閃雷鳴的雷陣雨中，白衣白袍的薛仁貴手持長戟，腰背良弓，大聲呼號著向高句麗陣營殺去。薛仁貴揮舞長戟，勢不可當，所到之處敵兵紛紛退去，他一個人居然打開了一個缺口，身後的唐軍跟隨著呼嘯而上。

漫天風雨中，一個白衣白袍的人揮舞著長戟，多麼好的一道風景。

這道風景被很多人看在眼裡，其中包括御駕親征的李世民。

白袍小將是誰？有人告訴李世民說，這個人叫薛禮，別名薛仁貴。

李世民將薛仁貴這個名字記在了心裡。

戰後李世民召見了薛仁貴，火線提拔薛仁貴為游擊將軍，品級從五品，相當於副局級。

雨前，薛仁貴還是小兵，雨後，薛仁貴成了薛將軍。

班師回朝路上，李世民又跟薛仁貴說了一句話，這句話讓薛仁貴感動地淚流滿面。

李世民語重心長地對薛仁貴說：「我手下的將領們都年邁了，我一直在尋找能夠替代他們的人。這次遠征得到了遼東並不讓我欣慰，讓我最欣慰的是得到了你。」

一輩子，一句話，足矣！

在李世民的安排下，薛仁貴留在長安，擔任右領軍郎將，九年後，他又用自己的舉動贏得了新皇帝李治的心。

永徽五年閏五月三日夜，大雨傾盆，山洪爆發，凶猛的洪水湧向萬年宮的玄武門，一時間守門士兵四處逃生，薛仁貴卻定在原地沒有走。

皇帝李治正在萬年宮的寢宮中熟睡。

薛仁貴大喝一聲：「哪有天子遭難，皇家衛士卻怕死四散逃竄的。」

薛仁貴奮力登上玄武門上橫樑，扯著嗓子向皇帝呼號報警，熟睡的李治被驚醒後，慌亂地跑到地勢高處躲避，而就在李治離開後不久，他的寢宮即被淹沒。

事後李治派人對薛仁貴說了一句話：「賴得卿呼，方免淪溺，始知有忠臣也。」一句話，沒有你，皇帝就到水裡餵王八了。

為了表示對薛仁貴的感謝，李治欽賜薛仁貴御馬一匹，從此之後卿就是朕的寶馬良駒。

三年後，在蘇定方即將對西突厥發起第三次遠征之際，薛仁貴給皇帝李治上了一封奏疏：

西突厥泥孰部落酋長向來不服阿史那賀魯，為此阿史那賀魯發兵攻打泥孰部，並俘虜了酋長的妻子兒女。此次我軍遠征西突厥攻打其各部落，如果俘虜了泥孰部酋長的妻子兒女，不妨把他們送還給泥孰部酋長，這樣泥孰部就會感受到大唐的恩德，百姓也會知道阿史那賀魯是賊，一定會願意為大唐犧牲，全力以赴。

攻城為下，攻心為上，三國時馬謖的建議，就這樣被薛仁貴移植到了西突厥身上。

李治看罷，心中頗多感慨，看來薛仁貴確實不是一個凡人，在將來某一天這個人會派上大用場。

滅國西突厥

顯慶二年（六五七年），六十五歲的蘇定方迎來了一場巔峰之戰，他率領唐軍對西突厥進行了第三次遠征，在現在中亞額爾齊斯河，蘇定方與阿史那賀魯不期而遇。

阿史那賀魯率領十姓部落聯軍共計十萬人，蘇定方率領遠征軍以及回紇部落軍總計一萬餘人。平均十個西突厥士兵對付一個唐兵，這仗還用打嗎？

阿史那賀魯沒有把蘇定方的一萬人放在眼裡，在他看來只需要一次衝鋒，唐軍就會土崩瓦解。他一揮手，十萬聯軍向唐軍逼了過去。

蘇定方不慌不忙，他指揮唐軍按部就班地布好了陣勢，步兵列陣於平地的南端，長矛插地，密密麻麻排列，矛尖一律對外，騎兵列陣於平地的北端，由蘇定方親自率領。

阿史那賀魯沒見識過長矛陣，便驅動西突厥騎兵向唐軍的長矛陣衝來。

第一次衝鋒，失敗了；第二次衝鋒，失敗了；第三次衝鋒，還是失敗了。

阿史那賀魯這才意識到，蘇定方的長矛陣不是擺設，那矛尖是真扎人。

就在阿史那賀魯開動腦筋想對策時，他發現蘇定方的長矛陣打開了一條大大的口子，阿史那賀魯還沒有看明白時，蘇定方的騎兵部隊已經向阿史那賀魯發起了猛烈的進攻。

雙方已經不在同一條起跑線上，阿史那賀魯三次衝鋒失敗，士氣低落、陣形渙散，蘇定方的騎兵部隊已等待多時，此時已經壓抑不住衝殺的心。蘇定方率領騎兵對阿史那賀魯衝殺，阿史那賀魯兵敗如山倒，被蘇定方足足追殺了三十里，連斬帶俘虜總計一萬餘人。

第二天，蘇定方整頓部隊，繼續追擊，這時他發現，阿史那賀魯的十姓部落聯軍已經陸續向唐軍投降。西部五姓部落在五位防區司令的帶領下向蘇定方投降，東部五姓部落則向忠於唐朝的阿史那步真投降，總之十姓部落不再給阿史那賀魯打工，阿史那賀魯從十萬兵馬元帥成了孤家寡人。

人心散了，阿史那賀魯只能單槍匹馬逃命，令他欣慰的是還有幾百個忠於他的騎兵，還不算真正的孤家寡人。

如果按照以前的遠征標準，到此時蘇定方可以宣布得勝班師回朝了，然而他並不準備收手，他還要繼續追殺下去。蘇定方兵分兩路，一路繼續追殺阿史那賀魯，一路由自己帶領，按原計劃向前推進，沿途收服西突厥的各部落。

天公再次不作美，下起了漫天大雪，平地雪深竟然達到兩尺。

下雪了，別追了，等天好了再追吧！

蘇定方搖了搖頭，不，越是下雪越要追，等天晴了他早就跑遠了。

漫天飛雪中，蘇定方率領著自己這一路大軍踏雪而行，不斷推進，日夜不停一直挺進到博爾塔拉河，這裡距離阿史那賀魯的大營還有二百里，那裡有阿史那賀魯最後的家當。

蘇定方整頓隊伍，列陣出發，阿史那賀魯還陶醉於大雪之中，他認為蘇定方一定不會在冰天雪地裡出兵，所以他不做防備，而是享受生活，率領人馬在雪地上打獵。

出其不意，攻其不備，阿史那賀魯一定沒有讀過中原的兵法，他不知道中原兵法如此玄妙，也不知道那個叫蘇定方的人竟然如此執著。

等到蘇定方如同神兵天降一般現身時，阿史那賀魯傻眼了，趕忙催動馬匹開始逃命。

這次長途奔襲讓阿史那賀魯賠慘了，除了把兒子和女婿帶了出來，剩下的什麼都沒帶，只能兩手空空奔向石國（烏茲別克塔什干市），但願那裡能有他的藏身之所。

到了這時蘇定方倒不著急了，他一邊命令副將蕭嗣業繼續追趕，一邊在西突厥境內進行安撫，迅速恢復當地的社會秩序。安撫得差不多了，蘇定方班師回朝，還剩下點收尾工作，就讓蕭嗣業完成吧。

如同喪家之犬的阿史那賀魯一路跑到了石國西北的蘇咄城，人困馬乏，筋疲力盡，即便人挺得住，馬已經挺不住了。

還是到蘇咄城裡買幾匹馬吧！

如果阿史那賀魯能夠預知未來，估計他寧願自己步行累死也會放棄這次買馬計畫。

蘇咄城外，阿史那賀魯見到了城主伊沮貴族，伊沮貴族不僅給阿史那賀魯帶來了酒肉，還盛情邀請阿史那賀魯進城休整。本來阿史那賀魯還保持警惕，可架不住城主的熱情，還是跟著城主進了蘇咄城。

接下來，關門，放狗！

等到蘇定方的副將蕭嗣業到石國時，阿史那賀魯已經在那裡「等待」多時了，蘇咄城主將他捆成了粽子然後送到了這裡，是死是活全聽唐朝發落。

蕭嗣業笑納了石國的禮物，押送著阿史那賀魯回到了長安，阿史那賀魯的西突厥就此滅國。

需要說明的是，東突厥、西突厥這些國家其實是鬆散的聯邦體制，我們所說的滅國指的是突厥大可汗的王庭被搗毀，上層朝廷被推翻，而其加盟的各部落其實受影響不大。有所不同的是以前聽命於大可汗，從此之後要聽命於唐朝委任的新可汗。

這一年十二月十一日，李治將西突厥原來的土地一分為二，分設兩個都護府，一個位於今天鹹海及伊塞克湖之間，一個位於今天巴爾喀什湖與伊犁河之間，兩個都護府都督分別由效忠於唐朝的阿史那彌射和阿史那步真擔任。

與唐朝作對的西突厥汗國消失了，取而代之的是兩個忠於唐朝的都護府，這是蘇定方寫進史冊的第一項重大功績，後面還有兩個。

一年後，阿史那賀魯被押往長安，李治在李世民的昭陵舉行了盛大的獻俘儀式，鑒於阿史那賀魯有悔過表現，李治饒其不死，於長安城內安置。

不久之後阿史那賀魯還是死了，憋屈死了。

在他死後，他被李治安葬，墓的鄰居是東突厥頡利可汗阿史那咄苾，也是憋屈死的。

第二功

顯慶二年的遠征讓蘇定方功成名就，戰後他被擢升為左驍衛大將軍，品級正三品，正部級，封邢國公。這一年蘇定方六十五歲了。

六十五歲本應該是安享晚年的時候，然而蘇定方還不準備退休，因為還有仗等著他打。

兩年後，戰事又起。

思結部落（位於今蒙古國巴彥洪戈爾市）司令都曼率領疏勒、朱俱波、蔥嶺三國背叛唐朝，並向忠於唐朝的于闐王國（位於今新疆和田市）發動了攻擊。

六十七歲的蘇定方又有仗打了，他被委任為安撫特使前去平叛。蘇定方大軍抵達業葉水之後，都曼見勢不妙退保馬頭川。馬頭川具體在今天的什麼地方已不可考，我們只知道在這裡唐朝名將蘇定方把反叛的都曼逼得無路可走。

都曼聽說過蘇定方行軍很快，但沒想到他行軍那麼快。

蘇定方從遠征軍中挑出了精銳步兵一萬、騎兵三千，親自帶領這一萬三千人，一日一夜急行軍三百里。一天之後，蘇定方兵臨馬頭川城下，都曼傻眼了。都曼硬著頭皮出戰，沒一會工夫就被蘇定方打回到城內，此後不久，蘇定方的後續人馬陸續抵達，遠征軍將馬頭川城團團圍住。

想出城？除非你有一雙隱形的翅膀。都曼沒有隱形的翅膀，只能選擇投降，他的叛亂剛開頭就結了尾。

至此蔥嶺以西全部平定，功勞最大的非蘇定方莫屬。顯慶五年（六六〇年）正月，蘇定方在東都洛陽向皇帝李治獻俘。

司法官員要求按照慣例將反叛的都曼誅殺，這時蘇定方說話了：「我曾經承諾過他不死，因此他才出城投降，希望陛下能饒他不死。」

李治看著六十八歲的蘇定方鄭重地點了點頭：「好，我就違反一次法律饒他不死，以成全你的承諾。」

滅國百濟

六十三歲之前，蘇定方閒人一個，六十三歲之後，大唐王朝沒有誰比蘇定方更忙。顯慶五年正月，蘇定方剛剛向皇帝李治獻過戰俘，兩個月後任務又來了，百濟又不消停了，準備出兵百濟。

當時遼東半島以及朝鮮半島的形勢是這樣的，高句麗最強，佔有遼東半島以及今天的北韓，新羅次之，佔有今天南韓的東部，百濟的版圖最小，他們佔據的是今天南韓的西部。

以版圖面積而言，百濟沒有新羅大，然而百濟卻接連不斷地向新羅發起進攻，侵佔新羅的領土，莫非百濟頭腦發熱？

百濟不是頭腦發熱，而是上面有人。

百濟有高句麗撐腰，而新羅的上面其實也有人，給他們撐腰的是唐朝。

新羅把狀告到了李治那裡，李治做出部署：蘇定方任熊津道總管，率領十萬人水陸並進出兵百濟；新羅國王金春秋任嵎夷道總管，率領新羅兵對百濟進行夾擊。

百濟的苦日子來了。

蘇定方率領十萬大軍從今天煙台榮成的成山角（民間以前稱這裡為天盡頭，近些年為了討吉利，又稱之為天無盡頭）出發，橫渡黃海，直航朝鮮半島。

百濟王國知道蘇定方不好惹，提前在熊津江口布防，想要阻止蘇定方登岸。一切都是徒勞，蘇定方率領大軍強行登岸成功，順便還斬殺了數千百濟兵。

蘇定方十萬大軍水陸並進，兵鋒直指百濟王國王城泗沘城，大軍一直推進到距離王城不足三十里的地方。百濟王國全國總動員，企圖阻擋蘇定方進攻的腳步，但一切還是徒勞。蘇定方大軍勢如破竹，在斬殺一萬餘人後推進到百濟王城的周邊。

唐軍兵臨城下，百濟王國內部也發生了微妙變化。

國王扶餘義慈和太子扶餘隆保命心切，一路狂奔跑到了北方的邊城，蘇定方不去理會逃跑的國王，揮軍層層包圍了王城泗沘城。意想不到的事情發生了，留在王城之中的扶餘義慈次子扶餘泰居然自行宣布繼位，號令全城百姓一起堅守王城。

國王健在，太子也在，次子卻自立為王，這唱的是哪齣呢？

自立為王的國王能信任嗎？人們產生了懷疑。

太子扶餘隆的兒子扶餘文思也產生了懷疑，他對叔叔扶餘泰的自立為王反應更加強烈，爺爺和父親都在，叔叔就自立為王，就算跟叔叔一起擊退唐軍，日後還會有我們父子的好果子吃嗎？

兩害相較取其輕，還是出城投降唐軍吧。

扶餘文思率領親信跳下城牆向唐軍投降，在他的帶動下，跳牆投降的越來越多，扶餘泰已無法控制。蘇定方趁亂派兵爬上了王城城牆，將唐軍旗幟插上了城牆牆頭。

扶餘泰已經沒有選擇，他只能打開城門向唐軍投降。王城淪陷，國王扶餘義慈和太子扶餘隆沒了指望，也一併向唐軍投降，百濟境內所有城池接連打開城門，宣布投降。

百濟就此平定，國土納入唐朝版圖。

三個月後，蘇定方在東都洛陽向皇帝李治獻俘，這是他人生中第三次向皇帝獻俘，他先後征服三個國家，生擒三位元首。

被蘇定方生擒的有西突厥沙缽羅可汗阿史那賀魯、思結部落司令都曼和百濟國王扶餘義慈，三位元首被俘前後相隔不過三年。

顯慶五年，蘇定方六十八歲，六十三歲才步入名將行列，僅僅五年，他達到了名將的巔峰。以征服三國，生擒三元首的戰績，蘇定方是可以與李靖、李勣相提並論的。

名將餘生

平定百濟一年後，皇帝李治將重點打擊對象鎖定為高句麗，這個高句麗曾經讓楊廣抱恨終生，也曾經讓李世民懊惱不已，現在李治準備啃一啃這塊難啃的骨頭。

或許是受到接連不斷的利好消息鼓舞，李治居然萌生了御駕親征的念頭，他委任蘇定方、契苾何力、任雅相、蕭嗣業分別擔任四個方面軍的行軍總管，而他自己準備親自擔任全軍統帥。

武則天站了出來，上疏極力勸阻，李治也是一時心血來潮，想想武則天說的有道理，御駕親征也就是說說而已，過了嘴癮，不見下文。征戰高句麗，還是要靠蘇定方這些人。

顯慶六年八月，蘇定方率領海軍橫渡渤海海峽，連戰連捷，一路高歌猛進，包圍了高句麗的首都平壤。然而高句麗並不好打，首都平壤雖然已經被圍，但想要攻克，難度卻非常大。

高句麗權臣淵蓋蘇文一面率兵堅守，一面派自己的兒子淵男生率領數萬精銳堅守鴨綠江，務必將唐軍擋在鴨綠江邊，避免與蘇定方形成合圍之勢。在淵男生的抵禦下，唐軍的強行登陸沒有成功，戰爭陷入僵局。

這時契苾何力趕到了，眼看著淵男生的層層防禦，也是乾著急沒有辦法。這時老天開眼了，氣溫驟降，鴨綠江結冰了。這樣契苾何力就不需要坐船擺渡過江，只需要踏著厚厚的冰層就能衝向對岸。形勢就此逆轉，唐軍踏著鴨綠江上的冰層向淵男生的江防部隊發起了衝擊，天險已經不在，高句麗軍隊根本擋不住唐軍進攻的兵鋒。

契苾何力趁勝追擊，連追數十里，三萬高句麗士兵倒在了唐軍的刀鋒之下，剩下的全部投降。如果契苾何力趁勝進軍，便能與蘇定方形成對平壤的合圍之勢，然而就在這時李治的詔書到了，居然讓契苾何力的大軍班師回朝。

李治究竟是怎麼想的，沒有人能說清楚，總之契苾何力沒能繼續前進，而是掉頭返回了國內。高句麗境內的征戰進入了膠著狀態，雙方交戰互有勝負。

沃沮道行軍總管龐孝泰在朝鮮合井江與高句麗軍隊進行了一場血戰，這一仗打得非常慘烈，龐孝泰與他的十三個兒子全部戰死，最終這一路唐軍大敗。

此時在高句麗境內佔有優勢的只有蘇定方的部隊，然而他們也遇到了難題。儘管已經將平壤團團圍住，但攻城並不順利，幾個月下來沒有進展。就在這時天空又下起了漫天大雪，這樣的天氣對守方有利，形勢對蘇定方非常不利。沒有辦法，蘇定方只能班師回朝，遠征高句麗就這樣不情不願地結束了，他心裡心有不甘，總有一天他還是要回來的。

或許是上天不讓他過於完美，從此之後他與高句麗再無交集，滅國高句麗在不久之後將由唐朝另外一位名將完成，而蘇定方卻在唐朝的西線戰場上終老。

從高句麗撤軍之後，皇帝李治將蘇定方從東線調往西線，出任唐朝西征遠征軍安集大使，統御西征各軍，同時安撫吐谷渾各部，防禦對唐朝虎視眈眈的吐蕃。

在安集大使任上，蘇定方依然上演著名將傳奇，曾經創下以八千唐軍大破吐蕃十萬大軍的佳績，一仗打得吐蕃十萬大軍只剩八千。

然而皇帝李治的目光牢牢地鎖定在高句麗身上，身處西線的蘇定方漸漸被邊緣化了，在很長一段時間內，李治已經將蘇定方這個名字淡忘了。

乾封二年（六六七年），蘇定方在軍中去世，享年七十五歲。

病逝的消息傳到長安，李治的心被狠狠地揪了一下，這時他才想起已經淡忘這位名將很久了。李治將怒氣發洩到大臣身上，他埋怨道：「蘇定方於國有功，應該褒獎追贈，你們居然沒有提醒我，以至於沒有讓蘇定方享受他應得的哀榮。一想到這一層，朕就不免有些傷心。」

李治下詔，追贈蘇定方為幽州都督，謚號曰「莊」。

根據謚法，「勝敵克強」為「莊」，對於武將而言算是褒美的謚號。

屈指算來，蘇定方六十歲前平平淡淡，六十三歲一戰成名，六十八歲達到人生頂峰。

無論早也好，晚也罷，大器晚成的蘇定方還是在唐朝的功勞簿上寫下了自己的名字，雖然在後世的名頭沒有薛仁貴響亮，其實有唐一代，他的功績比薛仁貴大得多。

薛仁貴的結局

說完蘇定方，再來說薛仁貴，這位白袍小將在中國的知名度實在太高了，寫唐史不說薛仁貴是不可能的。

論戰功，薛仁貴並沒有蘇定方大，為什麼薛仁貴在後世的聲名要遠遠高於蘇定方呢？

主要因為有兩點，一是因為薛仁貴單兵作戰能力在蘇定方之上，二是因為薛仁貴的人生充滿傳奇。

薛仁貴成名於貞觀十九年的遠征遼東，後來又憑藉耿耿忠心獲得皇帝李治的信任，顯慶二年（六五七年），四十三歲的薛仁貴被李治推上前臺，從此唐朝東征西戰的名單上有了薛仁貴的名字。

薛仁貴的單兵作戰能力非一般的強，敵兵遇上他只能自認倒楣。

顯慶三年，薛仁貴跟隨梁建方、契苾何力征戰遼東，他手持一張弓，匹馬單戟衝在最前面。薛仁貴策馬高速向敵陣衝去，同時馬上張弓搭箭，弦聲響處莫不應弦而倒。

高句麗陣中也有擅長射箭者，此人之前連續射殺了十餘名唐軍士兵，薛仁貴一聽來了精神，他準備會一會這個人。在士兵的指引之下，薛仁貴發現了高句麗這名射手，對方同時也發現了薛仁貴，高手過招就此開始。

可能是薛仁貴的聲名太大了，當他向高句麗射手發起衝鋒時對方居然亂了手腳，慌亂中竟然把自己的弓和箭都掉到了地上，不爭氣的手居然在此時抽了筋。薛仁貴直衝而上手到擒來，將這個不可一世的神射手生擒回唐軍大營。

百萬軍中取上將首級，莫非就是這樣？

這次遠征之後，薛仁貴善射的聲名傳遍了天下，也傳進了皇帝李治的耳朵裡。

為了檢驗薛仁貴的功力，李治從宮中找出了一副堅甲，對薛仁貴說道：「古代名將養由基擅長射箭，能一下射穿七層鎧甲，我不太相信，今天你射一下，看看能不能射穿五層。」

薛仁貴抬手就是一箭，堅甲頓時破了一個洞，別說五層，七層都洞穿了。

李治被這個洞驚著了，連忙又讓人找出一副鎧甲，賞賜給薛仁貴。

穿著李治欽賜的鎧甲，薛仁貴再次踏上遠征之路，這次遠征的對象是鐵勒九姓部落，他們聚集了十萬餘人向唐朝挑釁。

平定這次挑釁，薛仁貴只用了三箭。

兩軍對陣，鐵勒九姓部落挑出數十名精銳戰士向唐軍挑戰，薛仁貴端坐馬上冷冷地看著，抬手一箭、兩箭、三箭；一箭一個、兩箭兩個、三箭三個。剩下的數十個人全被薛仁貴鎮住了，紛紛下馬請降，薛仁貴嘴裡吐出兩字：坑殺。

三箭之後，鐵勒九姓部落聞「薛」喪膽，紛紛退去，薛仁貴渡過沙漠攻擊殘餘，生擒鐵勒九姓部落親王三人，然後班師回朝。

從此軍中流傳一首歌謠：將軍三箭定天山，壯士長歌入漢關。

此後薛仁貴遠征遼東斬獲頗豐，皇帝李治親自寫信以示慰問，薛仁貴的聲名達到了人生頂點。

和關羽一樣，薛仁貴是人，不是神，有過五關斬六將的時候，也有交戰不利敗走麥城的時候。

薛仁貴的麥城在大非川。

咸亨元年（六七〇年），吐蕃入侵，薛仁貴作為遠征軍統帥前去征討。這次遠征李治給他安排了一個副手，名叫郭待封。

相比於薛仁貴的白丁出身，郭待封是名將之後，他的父親郭孝恪資格很老，早年曾是李勣的長史，李世民平定王世充時，正是郭孝恪給出了兵分兩路的建議，從而將王世充和竇建德一舉平定。貞觀年間，郭孝恪官至安西都護，貞觀二十二年在征戰龜茲時不幸中冷箭身亡，身後留下了幾個兒子，一個叫郭待詔，一個叫郭待封。他們的名字都很有講究，象徵著將來都要為君王重用。

郭待封心高氣傲，自然不願屈居薛仁貴之下，而且出征之前他與薛仁貴平級，出征之後他卻需要服從薛仁貴領導，這讓郭待封非常不情願。

大軍抵達大非川（青海湖以南），在這裡略作調整，然後將兵發烏海。

考慮到輜重眾多，遠征不利，薛仁貴安排郭待封在大非嶺上安營紮寨，留下兩萬人保護輜重，薛仁貴自己親率精銳騎兵追擊吐蕃，尋求決戰。交代完畢，薛仁貴率部先行，果然與吐蕃一部遭遇，薛仁貴將敵兵擊潰，俘獲牛羊一萬餘頭，然後駐紮到烏海，等待郭待封到來。

郭待封來了，帶著全部輜重而來，他沒有聽從薛仁貴安排，居然像老鼠搬家一樣將全部輜重從大非嶺搬到了烏海。眼看離烏海城只有一步之遙，意外發生了，二十萬吐蕃大軍向郭待封發起攻擊，唐軍全部輜重居然落到了吐蕃人的手裡。

薛仁貴快崩潰了，他沒想到郭待封這位名將之後居然跟自己唱了這麼一齣反調，然而崩潰也沒用了，輜重已經落入敵軍之手，烏海一座孤城無法抵擋吐蕃進攻，薛仁貴考慮再三，率軍離開烏海城，返回大非川駐紮。

人到走背運時，喝涼水也塞牙，就在薛仁貴人困馬乏、糧草不濟時，吐蕃人又來了，而且一下來了四十萬。

名將薛仁貴就此敗了，大非川就是他的麥城。

慘敗之後，薛仁貴和吐蕃大將議和，雙方各自收兵，西征以慘敗收場。

因為這次慘敗，薛仁貴被開除官職，再次成為一名白丁，這一年薛仁貴五十六歲，時隔二十五年之後，他又回到了白丁的起點。此後薛仁貴又經歷宦海沉浮，曾經出任過雞林道總管，經略高句麗，也曾經被貶出長安，遷徙象州。

開耀元年（六八一年），皇帝李治又想起薛仁貴的好，再次召見，說了一番肝膽相照的話：「當年萬年宮遭遇洪水，沒有卿，朕就成了魚了。後來卿北伐九姓，東擊高麗，漢北、遼東如今都遵從大唐的領導，這裡面都有卿的功勞，卿雖有過，朕豈可相忘？有人說卿烏海城下貽誤戰機，致使失利，朕所恨者，唯此事耳。今西邊不靜，卿豈可高枕鄉邑，不為朕指揮耶？」

薛仁貴聽完無言以對，君恩至此，為臣者只能鞠躬盡瘁死而後已了。

隨後薛仁貴官拜右領軍衛將軍，檢校代州都督，再次踏上遠征之路，突厥叛亂的部眾聽說他復出為將很是忌憚，紛紛逃竄，躲避鋒芒。

這一年薛仁貴六十七歲。

兩年後，薛仁貴病逝，享年六十九歲。在他身後，李治追贈其為左驍衛將軍，靈柩及墓地由朝廷一手包辦。

白袍老將隨風而去，後世長留他的傳奇。

劉仁軌

從戰功而言，劉仁軌算得上唐朝名將，不僅能文而且能武。文，他官至尚書左僕射；武，他平定百濟叛亂，並贏得了中日交戰史上的第一戰，因此他又被稱為「中國抗倭第一名將」。

要說劉仁軌，還得從貞觀年間說起。

貞觀十四年，時任陳倉縣尉（正九品）的劉仁軌讓李世民發了火，起因是劉仁軌居然將陳倉折衝都尉（從四品）魯寧亂棍打死了。李世民十分生氣，當即下令將劉仁軌處斬，不過下令之後，李世民還是疑惑不解，究竟是什麼原因導致縣尉打死折衝都尉呢？

李世民下令將劉仁軌押解到長安，由他親自審訊。

劉仁軌被押到了李世民面前，李世民鐵青著臉問道：「你算什麼縣尉，怎麼膽敢打死朕的折衝都尉？」

劉仁軌不卑不亢地回應道：「魯寧因犯法被羈押在陳倉監獄，但他自恃官階高，經常出言不遜，而且當著我下屬的面對我不斷辱罵，所以我把他亂棍打死了。」

劉仁軌說完，臉色平靜如常。

李世民正想發火，魏徵在一旁說話了：「陛下知道隋朝為什麼滅亡嗎？」

李世民問：「什麼原因？」

魏徵說道：「隋朝末年，強人遍地，經常有人凌辱朝廷官員，這就是隋朝滅亡的原因，而魯寧與他們一樣。」

話說到這個份上，李世民明白了，魏徵這是在保劉仁軌。

仔細想想也有道理，如果縱容魯寧這樣的人凌辱朝廷官員，那麼朝廷的顏面何在？不過亂棍打死還是有點過了，下次得注意了。經過魏徵的開脫，劉仁軌非但沒死，反而調到另外一個縣出任縣丞，以前他是正九品（**正股級**），現在他是正八品（**正科級**）。

後來劉仁軌因為不斷進諫，深得李世民和李治賞識，一路從縣丞升任給事中。顯慶四年，又出任青州刺史。

在青州刺史任上，劉仁軌栽了一個跟頭。

顯慶五年，劉仁軌受命辦理海上運輸，配合各路大軍進攻高句麗，不料海上運輸發生了意外，海上颳起了大風，大量船隻傾覆，損失慘重。

李治聞訊大怒，開除劉仁軌的所有官職，同時命令他以白丁身分在軍中繼續效力。

如果沒有意外發生，劉仁軌這輩子無法翻身，不過意外很快發生了。

在蘇定方征服百濟之後，郎將劉仁願奉命鎮守百濟王城泗沘城，中郎將王文度出任熊津總督，安撫百濟亡國軍民。

王文度渡海到達百濟之後便在軍中去世，一時間軍中無人作主，群龍無首。

這時百濟王國和尚道琛和前百濟王國大將扶餘福信產生了復國的念頭，他們派人到倭國（日本）接回了原本在那裡當人質的王子扶餘豐，然後發動叛亂，將留守的劉仁願包圍在泗沘城中。

消息傳到國內，李治想起了白丁從軍的劉仁軌，此人不正是替代王文度的最佳人選嗎？

李治下令，委任劉仁軌以白丁身分代理帶方州刺史，統御王文度部隊，另徵調新羅部隊，一起增援劉仁願鎮守的泗沘城。

劉仁軌高興地跳了起來，嘴裡說道：「上天這是把榮華富貴賜予我老漢啊！」

劉仁軌渡海出發，在熊津江口與百濟叛軍遭遇，百濟叛軍自然不是劉仁軌的對手。劉仁軌與新羅軍隊兩面夾擊，叛軍潰不成軍，被唐軍殺死以及趕到海裡淹死的有一萬多人。

消息傳到和尚道琛的耳朵裡，道琛坐不住了，連忙解除了對泗沘城的包圍，退守任存城（朝鮮半島大興城）。形勢向有利於唐軍的方向好轉，如果新羅軍隊靠得住，劉仁軌便能帶領本部人馬與新羅軍一起趁勝追擊，沒想到的是，新羅軍隊靠不住。

不久新羅軍隊撤了，理由竟然是軍糧吃完了。

李治得到消息，再次下令新羅軍隊增援劉仁軌，然而新羅軍隊走到半路遭遇了百濟叛軍阻擊，被打得大敗，便狼狽逃回自己的國內。

新羅靠不住了，想要平叛百濟還得靠劉仁軌自己，不過此時百濟叛軍勢力已經大增，單靠劉仁軌的兵力還遠遠不夠。劉仁軌索性進入泗沘城與劉仁願會師，按兵不動，休養生息，以靜制動。

不久，百濟叛軍內部發生了內訌，和尚道琛和大將扶餘福信打了起來，最終扶餘福信誅殺了道琛，自己掌握了兵權。

隨著時間推移，劉仁軌的壓力越來越大，原本還有幾路唐軍在高句麗境內作戰，如今蘇定方和契苾何力已經收兵班師回朝，整個朝鮮半島只有劉仁軌一支孤軍守著一座孤城。

考慮到如此危局，李治下詔給劉仁軌：最好全軍移師新羅境內，暫避百濟叛軍鋒芒，如果新羅國王需要唐軍協防就留在新羅境內，如果不需要就渡海返航。

接到詔書，劉仁軌猶豫了，是聽從詔令渡海返航，還是原地堅守呢？考慮再三，劉仁軌決定留下來，他知道一旦返航，那麼平定百濟將毀於一旦，更別說日後對高句麗的征戰了。

其實以當時劉仁軌的處境，他們已經很難堅守了，對手扶餘豐和扶餘福信已經看出他們的窘境，甚至派人送信：你們什麼時候走啊，我們一定給你們送行！

劉仁軌和劉仁願就此斷定，百濟叛軍必定以為唐軍歸心似箭已無戰意，這時出其不意攻其不備應能收到奇效。劉仁軌率部發動突襲，連敗百濟叛軍，攻陷真峴城，打通了與新羅運輸糧草的通道，這下糧草問題解決了。隨後劉仁軌上書李治，請求往百濟增兵，李治立刻下令徵調民兵七千人前往增援劉仁軌。

在劉仁軌請求增援的同時，百濟叛軍內部又發生了變化。大將扶餘福信自恃擁立有功，大權獨攬，與新國王扶餘豐漸漸產生了矛盾，兩個人都開始算計對方。扶餘福信對外宣稱有病，睡到了一個地窖裡，他的如意算盤是等扶餘豐前來探望時將其斬於地窖之中。不料扶餘福信的暗殺計畫洩露了，扶餘豐索性一不做二不休，帶領親信向扶餘福信發動突襲，搶先一步將扶餘福信誅殺，然後派人向高句麗和倭國請求增援。

大戰一觸即發。

白江口之戰

龍朔三年（六六三年）九月，唐朝增援劉仁軌的大軍趕到，遠征軍士氣大振。此時遠征軍有兩個選擇，一是攻打百濟的加林城，二是攻打百濟叛軍的臨時都城周留城，眾將紛紛主張攻打加林城，因為那裡是水陸交通要道，兵家必爭。

劉仁軌搖了搖頭，加林城確實重要，但地勢險要，城防堅固，攻打不易，硬攻會給大軍造成很大損傷，而周留城是百濟叛軍的臨時都城，國王扶餘豐就在裡面，拿下周留城，加林城不在話下。

在劉仁軌的主張下，劉仁願率一部人馬由陸路挺進，劉仁軌率另一部人馬由海上挺進，雙方在白江會師，然後一同進軍周留城。

劉仁軌不會想到，就是這次進軍讓他永載史冊，他率軍打贏了中日交戰史上的第一仗。

在白江口，劉仁軌率領的唐軍與倭國軍隊遭遇，雙方展開激戰。

一天之內，雙方連續交戰四次，唐軍水陸聯合，四戰四捷，焚毀倭國戰船四百餘艘，火光沖天，藍色的海水被染紅，倭國援軍潰不成軍，白江口之戰，唐軍獲得全勝。

憑藉此勝，劉仁軌被稱為「中國抗倭第一名將」。

劉仁軌在白江口把倭國援軍打得落花流水時，感到情況不妙的扶餘豐已經逃到了高句麗，他的兒子扶餘忠勝走投無路，只得向劉仁軌投降，百濟境內基本平定，只剩下一個任存城在堅守。

這時，唐朝歷史上另外一位名將出現了，此人就是百濟人黑齒常之。有唐一代，黑齒常之與哥舒翰一樣都是有名的外籍名將，黑齒常之投入唐朝懷抱，正是從跟隨劉仁軌開始。原本黑齒常之與唐軍誓不兩立，他跟蘇定方的部隊還有過交戰，而且不落下風。如今百濟全國基本平定，黑齒常之看出百濟氣數已盡，便向劉仁軌投降。

收降黑齒常之之前，劉仁軌給黑齒常之出了一道難題：率領所部人馬攻打任存城。

劉仁軌隨後補充了一句：所需糧草由唐軍提供。

劉仁軌此舉是有風險的，倘若黑齒常之拿著糧草跑了呢？那不成了以糧資敵了嗎？

有屬下勸告劉仁軌，夷狄人面獸心，不能信任。

劉仁軌搖了搖頭說道：「我看他們忠勇智謀，可以信任。」

果不出劉仁軌所料，黑齒常之很快便替唐軍打下了堅守的任存城，並從此成為對唐朝忠心耿耿的一代名將。

百濟的叛亂完全平定，征伐的矛頭該指向高句麗了，這一次不打則已，一打就要讓高句麗滅國。

滅國高句麗

第六章

內訌

劉仁軌平定百濟叛亂三年後，高句麗淵蓋蘇文的三個兒子發生了內訌。身為高句麗中央執政官的淵蓋蘇文去世了，長子淵男生繼任中央執政官，繼續掌握高句麗的權柄，主持國家政務。

淵男生還有兩個弟弟，一個叫淵男建，一個叫淵男產，原本兄弟三人很和睦，不過三兄弟身邊卻遍布著很多別有用心的人。

乾封元年（六六六年）五月，淵男生離開平壤到各地視察，臨走前委任兩個弟弟留守，然後他就放心地踏上了巡查之路。令淵男生沒有想到的是，他前腳剛走，就有人開始離間他們兄弟。

離間的人對淵男建和淵男產說：「你們大哥不能忍受你倆對他構成的威脅，想要除掉你們，不如你們先動手吧。」

起初淵男建和淵男產並不相信，然而架不住離間的人忽悠，他倆越想越怕，越想越像真的。

與此同時淵男生身邊也出現了離間他們兄弟的人，這個人對淵男生說：「你兩個弟弟害怕你奪取他們手中的權力，打算關上城門，不讓你回平壤了。」

淵男生心裡開始發毛，不會是真的吧？

越想越怕，於是淵男生派密使回平壤探聽消息，沒想到密使一進平壤就被淵男建的人抓了起來，淵男建準備動手了。

淵男建以國王的名義召喚淵男生返回平壤，淵男生不知道平壤城裡發生了什麼，自然不敢貿然回去。雙方矛盾在相互試探中升級，淵男建索性一不做二不休，自己當了中央執政官，然後發動軍隊，征討大哥淵男生。

內訌就此爆發。

遠離平壤的淵男生一路逃亡，暫時逃進一座城池保命，馬上開動腦筋想對策。經過分析，他發現以自己現有勢力根本無法與盤踞在平壤城的兩個弟弟抗衡，他們控制國王，手握全國兵權，而自己幾乎是兩手空空，要對攻的話，無異於雞蛋去碰石頭。

想來想去只有一條路可走，那就是找外援。

淵男生想了一圈，最終無奈地選擇了唐朝，在他看來，只有唐朝這個外援能夠打敗自己那兩個弟弟。

唐朝會答應嗎？淵男生心裡也沒有底。

淵男生派出自己的兒子淵獻誠向唐朝請求增援。

淵獻誠這個名字起得真好。

出兵

當淵獻誠把父親的請求通報給唐朝朝廷後，李治下詔，任命右驍衛大將軍契苾何力為遼東安撫大使，淵獻誠為右武衛將軍擔任大軍嚮導，同時命龐同善和高侃一同出兵，討伐高句麗。

兩個月後，龐同善的大軍大破高句麗軍隊，隨後與淵男生的部隊會師。

局勢正在朝著有利於唐朝的方向發展，李治心裡還是有些沒底，想來想去他想到了一個人，如果讓此人出山遠征高麗必定大獲全勝。

誰啊？李勣。

這一年十二月十八日，李勣接到了李治的召喚，這一年李勣七十二歲。

讓一個七十二歲的老人出征，是不是有些不近人情？

李勣一直對貞觀十九年那次遠征耿耿於懷，當時他們被阻擋於安市城下，本來有機會攻克安市城，這時李勣卻說錯了一句話。

李勣看到安市城的守軍謾罵李世民，便請示李世民說：「等攻下安市城後，男女老少一律坑殺。」李世民點頭表示同意。就是這句話讓安市城的男女老少眾志成城，反正要被人家坑殺，那不如堅守城池，與他們血戰到底。

貞觀十九年的遠征以失敗收場，也讓李勣一直耿耿於懷，現在皇帝把這個千載難逢的機會交到他的手裡，他忙不迭地說：我願意。

隨同李勣出征的還有郝處俊、郭待封等人，郝處俊擔任副帥，郭待封負責運送糧草。

李勣出征之前，他還想把自己的女婿杜懷恭帶上，指望著通過這次遠征讓杜懷恭跟著建功立業。令李勣意外的是他的安排遭到了女婿的拒絕，理由是窮，沒錢買裝備；李勣連忙派人送去了錢，沒想到杜懷恭又拒絕了，理由是沒有奴僕和戰馬；李勣連忙又派人送去了奴僕和戰馬，這下杜懷恭無法拒絕了。

杜懷恭跑了，跑進山裡躲了起來，然後跟別人抱怨道：「老頭子不過是想殺了我，以壯軍威。」

李勣哭了，他沒想到自己的女婿居然荒唐到這個程度，讓他建功立業都拒絕，太放蕩不羈了。我本將心向明月，奈何明月照溝渠。

帶著少許遺憾，李勣踏上了遠征高句麗之路，這是他人生中的最後一次出戰，也是達到人生巔峰的一戰。

插曲

重上戰場，李勣威風不減當年，他從新城（遼寧省撫順市北）開始攻擊，一路連克十六個城池，這時他收到了一封信。

信是郭待封寫來的，信的內容是一首詩。

郭待封受命負責運輸，為大軍提供糧草，不過這些糧草都是給前線準備的，並沒有郭待封他們自己的份。郭待封的糧草由另外的機動部隊供應，沒想到機動部隊的運糧船在海上遇險，船隻破碎，糧草無法按期提供給郭待封。

苦等糧草不來的郭待封只能向李勣求救，卻又怕被高句麗士兵半路截獲，便寫了那首詩。

李勣一看鼻子都快氣歪了，大敵當前還有心思寫詩，非把他斬了不可。

李勣剛想下令，被旁邊的通事舍人元萬頃給攔住了：「等等，讓我仔細看看。」

看了幾遍之後，元萬頃發現郭待封寫的是一首離合詩，其表現形式跟今天的藏頭詩有異曲同工之妙。經過元萬頃的詮釋李勣才明白，原來郭待封沒米下鍋了。

憑藉這次機靈的解讀，元萬頃贏得了李勣的信任，不過沒過多久，元萬頃出事了。出事的起因是他寫的一篇討高句麗檄文。

檄文中，元萬頃洋洋灑灑把高句麗罵得體無完膚，不過其中一句引起了淵男建的注意：你們愚蠢之極，竟然不知道防守鴨綠江天險。

淵男建頓時一個機靈，馬上派重兵守住了鴨綠江，然後還幽默地給唐軍回了一封信：謝謝啊，謹遵您的教誨。

如此一來，李勣的遠征大軍受到了阻擋，一時無法突破鴨綠江天險，李勣的鼻子再次氣歪了。皇帝李治在得到報告之後，鼻子也氣歪了，馬上下了一道詔書，將元萬頃從遼東前線貶往嶺南。

攻陷平壤

兩個月後，李勣攻克了鴨綠江邊的大行城（今遼寧丹東），隨後向高句麗的江防部隊發起了進攻。鴨綠江是高句麗最重要的一道防線，過了這道防線，首都平壤就處於唐軍的刀鋒之下，雙方都意識到這條防線的重要性。高句麗士兵死守，唐軍猛攻，經過幾輪衝鋒，李勣終於衝破了高句麗的鴨綠江防線，平壤就在不遠處。

乾封三年（六六八年）八月，李勣乘勝推進二百餘里，兵臨平壤城下，此時另一路由契苾何力率領的大軍已經提前抵達，兩軍會師對平壤形成了合圍之勢。這一圍就是一個多月，城外的李勣不著急，城內的高句麗國王高藏卻很著急。

在高藏看來，反正權柄早就落到了淵蓋蘇文父子手裡，自己這個國王不過是傀儡，既然如此，不如早點向唐軍投降。高藏派出淵男產率領九十八名大臣向李勣投降，受到了李勣的熱情歡迎。

然而一根筋的淵男建還不準備放棄，他還在堅守，只是連戰連敗，連敗連戰，陷入了無盡的惡性循環。淵男建有些煩了，索性將兵權交到了和尚信誠手裡，他以為出家人無欲無求靠得住，沒想到關鍵時刻連和尚也靠不住。信誠見大勢已去也動了凡心，暗中派人向李勣投降，雙方約定五天後打開城門迎接唐軍入城。

九月十二日，城門準時開放，唐軍一擁而上，攻上平壤城牆，將唐朝軍旗插遍了平壤的城頭。淵男建的路走到了盡頭，他選擇了自殺。不過自殺未遂，隨後被救活，然後又被唐軍押往長安獻俘，高句麗王國自此滅亡。

巔峰

西元六六八年十二月初，遠征軍統帥李勣向李世民的昭陵獻俘，祭告李世民高句麗已經平定，您可以安息了。

此時距離李世民貞觀十九年的御駕親征已經過去了二十三年，距離隋煬帝楊廣三征遼東已經過去了五十多年，楊堅、楊廣、李世民想做卻沒有做到的事，終於在李治任上完成了，而完成最後一擊的就是李勣。

憑藉此戰，李勣達到了人生巔峰，在十二月十七日舉行的祭天儀式上，皇帝李治第一個獻祭，而他緊隨李治之後，第二順位獻祭（在儒家傳統中，這是殊榮）。

這一年李勣七十四歲，他登上了人生的巔峰，同時也接近了人生的終點。

一年後，李勣患病，李治幫他召回了所有在外為官的兒子，然後不斷地賞賜藥物。

對於自己的一生，李勣是這樣總結的：「我十二三歲時當無賴賊，見人就殺；十四五歲時當無敵賊，不高興就殺；十七八歲當上流賊，上戰場才殺；二十歲時已不當賊，而當大將，指揮軍隊，救人性命。」

西元六六九年十一月的一天，李勣召集全家人，將家事託付給自己的弟弟李弼，要求子孫小心保存自家門戶，如有不肖，結交不法份子，先行打死，再報告皇上。

李勣說這話時，孫子李敬業（徐敬業）正站在面前，如果他有看到未來的第三隻眼，他一定吩咐李弼先將徐敬業打死，可惜他沒有。

十二月三日，李勣與世長辭，享年七十五歲。

在他身後，哀榮極盛，皇帝李治恩准他陪葬昭陵，陵墓修築的如同陰山、鐵山、烏德鞬山，以表彰他攻破東突厥汗國、薛延陀汗國的不朽功績，謚號「貞武」。

明末清初著名思想家王夫之對李勣曾作出如此評價：

於李密，忠也；於單雄信，義也；於兵士，恤也；於唐朝，始終如一，滅之高麗，功至高也。

此言不虛！

遺憾的是儘管李勣一生功高至此，謹慎如是，他還是沒有想到自己的數十年功業就毀於小小的一根肇事火柴。

這根小小的肇事火柴就是他的孫子徐敬業。

在徐敬業反武之後，李勣的所有官職被追奪，棺木屍體被毀壞，同時被剝奪李姓，改回徐姓，此時他應該叫徐勣了；唐中宗李顯復位後，徐勣得到平反，李顯詔書曰：宜特垂恩禮，令所司速為起墳，所有官爵並宜追復。

後來在《舊唐書・李靖・李勣列傳》中有如此評語：功定華夷，志懷忠義。白首平戎，賢哉英衛。

從徐世勣到李世勣，從李世勣到李勣，從李勣到徐勣，從恩寵到毀墳，從毀墳再到平反，生活對於李勣而言就是一張張票根，幸好他早有一顆驛動的心！

危險關係

第七章

陳年往事

西元六五五年，武則天通過自己的奮鬥終於當上皇后，從此她一人之下萬人之上，從此她母儀天下。

然而冷靜下來，卻總有一些事讓她耿耿於懷。

什麼事呢？她和母親在武家遭受了不公正待遇。

在《貞觀長歌》一書中我曾經提到過，武則天母親楊女士並非武士彠原配，而是武士彠的第二任妻子，據說楊女士四十歲時對武士彠一見鍾情，然後義無反顧地投入了喪偶的武士彠懷抱。

令楊女士略有遺憾的是她沒能給武士彠生下一個兒子，而是連續生下了三個女兒，在三個女兒中，武則天排行老二，她沒有想到就是這個二女兒改變了整個家族的命運。

在武則天改變家族命運之前，楊女士在武家的日子並不好過。

武士彠與前妻還育有兩個兒子，一個叫武元慶，一個叫武元爽，兩個兒子與繼母的關係馬馬虎虎，武士彠健在時關係尚能維持，而隨著貞觀九年武士彠病逝，楊女士與武元慶、武元爽的關係迅速降到了冰點。

武元慶和武元爽不僅沒把楊女士放在眼裡，言語不敬更是家常便飯，只有女兒卻沒有兒子撐腰的楊女士只能打掉了牙往肚子裡嚥。

與武元慶、武元爽一起對楊女士不敬的還有兩個堂兄弟加一個堂嫂，堂兄弟名字分別叫武惟良、武懷運，而堂嫂則是已故堂兄武懷亮的妻子善女士，這五人一起構成了對楊女士不敬的團隊。

當他們開始欺負楊女士時，武則天還只是十一歲少女，即便有心為母親撐腰，但還是底氣不足，武則天在心中暗暗發誓，一定要改變命運，將來幫母親翻身。

兩年後，也就是貞觀十一年，武則天的機會來了。李世民聽說她貌美如花、才貌雙全，下詔召她進宮。母親楊女士為此非常忐忑，她擔心女兒一入後宮深似海，非常憂慮。

武則天非但沒有忐忑，反過來安慰母親，她說：「得見天子，未嘗不是一件幸事。」顯然她把進宮當成了改變自己命運的機會，後來的事實證明她成功了。

從西元六三七年進宮到西元六五五年成為皇后，武則天用十八年的時間改變了自己的命運，原本她想對同母異父哥哥以及兩位堂兄表現自己的大度，沒想到對方居然沒有領她的情。

為了表示大度，武則天在升任皇后後便給四位哥哥升了官。

武元慶由右衛郎將（正五品）升任宗正少卿（從四品）。

武元爽由安州戶曹（正七品）升任少府少監（從四品）。

武惟良由始州長史（從五品）升任司尉少卿（從四品）。

武懷運由瀛洲長史（從五品）升任淄州刺史（正四品）。

除了武元慶是從正五品升任從四品，其他三人都是越級提拔，武則天此舉一是向四位哥哥顯示自己大度，二是想緩和一下家族內部關係，畢竟皇后家族的內部關係還是有人指指點點的。

令武則天沒有想到的是熱臉還是貼了冷屁股。

在一次由楊女士召集的家庭宴會上，楊女士首先挑起了話頭：「你們還記得當年那些事吧？今天跟皇后一起共用榮華富貴，感覺如何啊？」

楊女士也就是想顯擺一下，順便從武元慶他們那裡聽一些阿諛奉承的話，同時也有緩和雙方關係給對方一個臺階下的意圖。

令楊女士沒想到的是，武元慶等人非但沒有對她阿諛奉承，反而冷言冷語，一如當年的冷漠。

武惟良先開口了：「我們幸運的是以功臣子弟身分早早地進入了官場，不過按照我們各自的能力，並不幻想飛黃騰達。怎麼會盼望藉皇后的光，枉受朝廷的恩寵呢。我們日夜只有憂愁恐懼，並不以皇后為榮。」

如果說刀子殺人見血，那麼武惟良的話是殺了人，卻不見血。

楊女士滿心歡喜想用女兒的地位為自己換來尊重，沒想到對方卻依然不給面子，看自己的眼神居然與二十年前一樣。

這就是傳說中的敬酒不吃吃罰酒吧。

動手

楊女士將消息傳到武則天那裡，武則天意識到自己與這些哥哥注定是兩條平行線，看起來很近，其實很遠。

既然對方並不領情，那麼自己也不必手下留情。西元六六六年，武則天開始動手，她以防止恩寵太盛為由，將幾位哥哥從本來的高位上拉下，然後一一貶往外地。

武惟良由司尉少卿出任代理始州刺史；武元慶由宗正少卿出任龍州（四川平武）刺史；武元爽

由少府少監出任濠州（安徽鳳陽）刺史，後貶往振州（海南三亞）；武懷運由於原來就是淄州刺史，暫時留任。

武惟良、武元慶、武元爽由中央官員下放為地方官員，雖然看起來品級變化不大，但只有他們自己知道生活的落差到底有多大。

在武則天的打壓之下，武元慶和武元爽受到了前所未有的壓力，他們已經見識過武則天報復長孫無忌的手段，現在這個同父異母妹妹正拿著屠刀向自己身上砍來。

武元慶抵達龍州後便因憂愁過度，抑鬱而死；武元爽也好不到哪裡，抵達振州之後也沒有活多久便鬱鬱而終。他們的兒子武承嗣、武三思也只能流落當地。如果沒有意外發生，他們或許就將在當地終老。

四個哥哥死了兩個，現在還剩下武惟良和武懷運這兩個堂哥，該如何處理這兩個人呢？

武則天做了一個連環局。

武則天的連環局光有武惟良和武懷運還不夠，還得扯上武則天的外甥女賀蘭氏。

在武則天一母所出的姐妹中，大姐嫁給了賀蘭越石，生下了一個兒子叫賀蘭敏之，一個女兒就是賀蘭氏；武則天的三妹嫁給了郭孝慎，結果夫妻倆雙雙早逝。

這個世界上與武則天最親的娘家人就是大姐以及外甥和外甥女，武則天一度也把他們當成最親的人。好景總是不長，矛盾還是隨著飛逝的時光出現了。

武則天的大姐夫賀蘭越石早逝，大姐便經常帶著女兒賀蘭氏進宮找武則天聊天，日子一長，李治對這對母女的感情產生了微妙變化，進而很是寵愛。李治先是封武則天的大姐為韓國夫人，在韓國夫人去世後，他又封賀蘭氏為魏國夫人，還想把賀蘭氏留在宮中，至於名頭還沒有想好，正在猶豫之中。

就在這個時候，武則天已經看透了李治的意圖，他是在打外甥女的主意，這讓武則天非常不安。單論血緣關係，其實她應該為外甥女高興，然而轉念一想，她被自己的想法嚇住了，自己當年能憑藉手腕登上皇后寶座，那麼比自己年輕又比自己貌美的外甥女會不會如法炮製呢？

一切皆有可能。

想到這一層，武則天意識到是將賀蘭氏以及武惟良、武懷運一起處理掉的時候了，他們都將陷入自己設的連環局之中。

西元六六六年，李治和武則天舉行了盛大的封禪儀式，儀式上武則天展示了自己母儀天下的風采，讓自己成為全天下女人最羨慕的女人，與此同時連環局也在同步進行。

武惟良和武懷運同全國其他刺史一樣參與了封禪，賀蘭氏作為武則天的特邀嘉賓，同樣也參與了封禪。

一切都在正常運轉，連環局也在步步緊逼。

連環局的源頭是一張餅，一張抹上了有毒肉醬的餅。抹上有毒肉醬的餅被武則天送給了賀蘭氏，賀蘭氏在吃之前或許還在感激二姨的恩寵，然而在吃下之後，就在心裡埋下了對二姨武則天的詛咒。

餅裡有毒，有劇毒。

賀蘭氏死了，她的進宮夢想也就此煙消雲散，而她的兩個遠房舅舅也掉進了連環局。幾乎在賀蘭氏毒發身亡的同一時刻，武則天便指出武惟良、武懷運是毒害賀蘭氏的凶手，連環局就此形成。

皇后說你是，你就是，不用辯解，辯解沒用。

這一年的八月十四日，武惟良和武懷運被處斬，同時他們在死後還被改了姓，以後你們不姓武了，姓「蝮」。

前面說過，對楊女士不敬的團隊總共有五人，四個男人，一個女人，現在四個男人各就各位，剩下一個女人也在劫難逃。

在劫難逃的女人便是武則天的堂嫂善女士，她同樣沒有逃過武則天的報復。她先是被武則天以串通武惟良為名沒收到宮中做了一名婢女，然後在進宮後的某一天遭到了鞭打，鞭子是用有刺的荊條做的。善女士的皮肉被打得一塊塊脫落，露出了白骨，然後在哀號中斷氣死去。

到這個時候，武則天長長出了一口氣，長達三十年的屈辱終於一一了結，別人曾經施加給她的，她加倍奉還了回去。

賀蘭敏之

連環局結束了，武則天達到了自己的目的。

在大姐、三妹、外甥女去世之後，賀蘭敏之和楊女士就成了武則天最親的娘家人，一度武則天也把賀蘭敏之當成最親的人。

西元六六六年，武元慶和武元爽在外地憋屈而死後，誰來繼承武士彠的爵位被提上了議事日程。按照常理，武士彠的孫子武承嗣、武三思都有資格，然而武則天卻不想讓這樣的好事落到他們頭上，想來想去，最合適的人選還是外甥賀蘭敏之。

不過還有一個問題，賀蘭敏之姓賀蘭，並不姓武。

這個很簡單，把賀蘭敏之列入武氏家譜改姓武就可以了，讓他作為武士彠的後嗣，繼承武士彠的爵位。

從此賀蘭敏之不再是賀蘭敏之，而是武敏之。

憑藉著這層特殊關係，武敏之仕途平步青雲，很快便升遷為門下省弘文館學士、左散騎常侍，在姨父和姨媽面前都是相當紅。不過他的紅並沒有維持多久，很快他就因為一次談話被姨媽武則天懷恨在心。

談話是在李治和武敏之兩人之間進行，主題是賀蘭氏的死因。

李治說：「朕出去主持朝會時她還好好的，等我回來她已經沒得救了，怎麼會死得這麼快呢？」

武敏之沒有回應，只是號啕大哭。

這一幕被武則天的眼線看到，轉述給武則天。武則天仔細揣測了一番，得出了結論：這孩子看來是懷疑到我了。

武敏之什麼都沒說，武則天卻認為他已經懷疑到自己，或許這就是作賊心虛吧。

如此一來，武則天對武敏之再也沒有以往那樣寵愛，而是越看越不順眼，曾經最親的人現在漸行漸遠。

四年後，武則天的母親楊女士病逝，當武則天還沉浸在悲痛中時，她卻聽說武敏之已經脫掉孝服，奏上了樂曲，與歌女糾纏在一起。

武則天的心深深地被刺痛了。

不久更深的刺痛又來了，這一次比上一次放大了很多倍。

原本武則天和李治已經看上了司衛少卿楊思儉的女兒，準備娶她做太子李弘的太子妃，結婚日期已經敲定，意外卻發生了。就在結婚之前，準太子妃居然被強暴了。

誰幹的？武敏之。

碩大的一頂綠帽子居然要給太子戴上，武則天出離了憤怒，這個武敏之居然荒唐到這個地步，留他何用？西元六七一年六月十一日，李治下詔將武敏之放逐到雷州（廣東雷州），同時剝奪武敏之姓武的權利，從此之後你還是賀蘭敏之。

被放逐的賀蘭敏之並沒有走到雷州，當他走到韶關時便抵達了人生終點，韶州地方官用一根馬韁結束了他的人生路。

一根馬韁結束了賀蘭敏之的一生，同時也把意外的驚喜帶給武元爽的兒子武承嗣，他被武則天恩准從嶺南返回長安繼承爺爺武士彠的爵位，與他同時得到解放的還有武元慶的兒子武三思。

上一代的恩怨已經終結了，武則天不想再跟侄子們過不去，從此對這兩個侄子恩寵有加，甚至在自己稱帝之後還在徘徊於「傳侄」還是「傳子」，而這一切的起源便是西元六七一年對武承嗣的重新起用。

倒楣的王勃

從西元六六六年到六七一年，李治一直冷眼旁觀武則天對娘家人的整肅，這些事並不是他關心的，他更關心皇子之間的關係。他曾親眼目睹李承乾和李泰的爭鬥，也曾聽說父親當年的玄武門之變，他知道皇子之間的關係是最難處理的，因此他格外關注他們之間的關係，只要一有不好的苗頭，便要扼殺在搖籃之中。

久而久之，對於皇子之間的關係，李治有些神經過敏。

這時一個倒楣蛋撞了上來，他就是「初唐四傑」之一的王勃。

王勃的身分是沛王李賢府裡的編撰，他倒楣是因為一篇惡搞檄文。

王勃檄文的寫作背景是這樣的，當時京城裡貴族圈裡流行鬥雞，貴族們紛紛豢養鬥雞，以鬥雞為樂，沛王李賢和後來成為皇帝的英王李顯也加入了養雞行列，兩人還約好來一場面對面的鬥雞大賽。為了壯雞威，沛王李賢讓王勃寫一篇檄文，別人打仗有檄文，咱們鬥雞也得有檄文。

很快，王勃洋洋灑灑寫好了一篇檄文，題目是《檄英王雞文》。

這篇檄文引經據典，妙語連珠。王勃寫檄文時只是為了好玩，卻沒有想到這篇戲謔的檄文居然砸了自己的飯碗。

檄文被高宗李治看到了，李治的鼻子差點被氣歪了。

李治憤怒地說道：「據此是交構之漸。」

李治的意思是說，王勃寫這篇檄文會讓皇子們之間產生矛盾，王勃本身作為王府修撰不去維護皇子們的和諧，反而寫這種玩意破壞和諧。趕出去！

本是一篇搞笑檄文，卻落得一個不搞笑的結果，王勃覺得自己的人生很搞笑。

後來仕途坎坷的王勃乘船前往交州（今越南）看望父親，船進入南海，王勃落水而卒，時年二十七歲。

而這一切，其實都始於李治的神經過敏。

多年以後，李治才發現，在他的皇帝生涯中最危險的關係不是存在於父子之間，也不是存在於皇子之間，而是存在於母子之間。

母子之間

第八章

李弘

永徽三年，武則天為李治生下了一個男孩，她給這個男孩起了個名字：李弘。

李弘是武則天的福星，也是武則天進攻的號角。

李弘出生之後，武則天原本與王皇后親密無間的關係蕩然無存，轉而成為你死我活的競爭關係。為了抵禦武則天攜帶李弘的進攻，王皇后採用了李代桃僵的辦法，認下了後宮劉氏生下的皇長子李忠，企圖用這個螟蛉之子對抗武則天的李弘。

事實證明王皇后不是武則天的對手，李忠也終被李弘取代。

永徽六年，王皇后遭到廢黜，李忠緊跟著遭殃，太子的接力棒交到了李弘手裡。李治不會想到，他名下的八個兒子居然五個都有過當太子的經歷。

永徽七年正月六日，李忠的太子頭銜過期了，李弘成為現任太子，為此李治專門改了一個年號：顯慶。

顯慶，發自肺腑的慶祝。

對於李弘這個兒子，李治和武則天傾注了很多心血，他們渴望李弘將來能挑起王朝的重擔。令他們欣慰的是，李弘的表現堪稱完美，這個完美從孩提時代一直延續到成年。

在李弘還是兒童的時候，他受命跟隨率更令郭瑜學習《春秋左氏傳》，講到楚世子商臣弒君時李弘感歎了一聲，把書合上，對郭瑜說道：「聖人親自過目的書，怎麼還寫這些大逆不道的事情？」

郭瑜回應說：「孔子作《春秋》，善惡必書，目的就是懲惡揚善，所以商臣弒君的罪雖然過了一千年，但劣跡依然還在。」

李弘則說道：「我的眼睛不想看到，我的耳朵也不想聽到，我想讀別的書。」

李弘說這話時不過是五六歲的兒童，是非觀如此分明，令郭瑜頓時刮目相看。

郭瑜思考了一下，將《春秋左氏傳》換成了《禮》，孔子說「不學禮，無以立」，從今天開始改學《禮》了。

不久李弘又做了一件事，讓李治歡喜不已。

李弘做了一件什麼事呢？他掛名主編了一本書，書的名字叫《瑤山玉彩》。

這本書由李弘任主編，太子賓客許敬宗、太子右庶子許圉師、中書侍郎上官儀、中舍人楊思儉擔任編委，編委團隊非常強大。

許敬宗在前面已經說過了，李世民旗下的十八學士之一，許圉師這個名字或許大家有點陌生，不過只要提一個人的名字，大家就會有似曾相識的感覺。

李白。

李白正是許圉師的孫女婿，曾經在許圉師的家鄉安陸生活了十年，現在湖北安陸自稱「李白故里」，正是因為李白曾經入贅許家，並在那裡長期生活。

上官儀就是後來赫赫有名的上官婉兒的爺爺，而楊思儉本來差點做了李弘的岳父，結果被賀蘭敏之給攪黃了。

四大編委都是當世的文學大家，他們奉李弘之命一起編著《瑤山玉彩》。他們在文思殿博采古今文章，摘取英詞麗句，林林總總五百餘篇，便編成了《瑤山玉彩》。

從《瑤山玉彩》的構成來看，無非是一些華美詞句集合，看起來有些小兒科，但不要忘了這正是李弘這個六歲小兒幹的，對於一個六歲的孩子還要奢求什麼呢？

等李弘將自己的勞動成果上報給李治時，李治大喜過望，喜好文學是李世民的傳統，也是李治的最愛，現在這個優良傳統又遺傳到李弘身上，李治內心的歡喜無法抑制。這本看起來小兒科的著作為李弘贏得了三萬匹綢緞，許敬宗等四大編委也跟著升級，同時還有綢緞相贈。

太子李弘在父親期待的目光中漸漸長大，到西元六六八年，他已經十六歲了，這一年他又做了幾件大事。

第一件，他請求給兩個人追贈官職，一個追贈太子少師，一個追贈太子少保。

什麼人值得李弘追贈呢？

被追贈少師的是顏回，被追贈少保的是曾參，當這個追贈計畫上報到李治那裡時，李治又被兒子震動了一番。身為太子，能夠主動以兩位先哲為師，而且還隆重地為他們追贈，這說明他心裡有這兩位老師，而向這樣兩位老師學習的太子，還會有錯嗎？

李治當即准奏，李弘的第一件大事就此完成了，從此顏回和曾參又多了一個身分：太子李弘的老師。

李弘在後世被推崇有加，與這次追贈不無關係。

不久李弘又辦了一件大事，這件大事傳遞著人性光芒，彰顯著李弘厚道愛仁的人品。

前面曾經說過，西元六六八年對於唐朝來說是值得紀念的一年，這一年李勣將高句麗滅國，完成了唐太宗李世民的遺願，同時將李治時代的文治武功推向了新的高度。不過在輝煌的背後，也有讓李治惱火的東西存在，那就是遠征高句麗時居然出現了不少逃兵。

無論在什麼時候，逃兵現象都不能容忍，李治自然也不能容忍，李治下了一紙詔書，嚴令逃兵自動向官府自首，逾期不自首者以及自首後又脫逃的一律斬首，妻子兒女罰沒為奴婢，男為奴，女為婢。

詔令下達之後，全國各地按令執行，並沒有人對詔令說三道四，就在這個時候李弘站出來說話了。李弘給李治上了一道奏疏：

「士兵逃亡的原因其實有很多種，有的是因為生病誤了軍期，有的是因為被俘虜，有的是因為渡海時溺水而死，有的是因為深入敵人心臟地帶被敵人殺傷，而現有的軍法規定：不因戰亡，則同隊悉坐。

因此當有人發生意外後，與這個人同隊的人害怕軍法處置就會選擇逃亡，而朝廷因此就將他們的妻子女兒罰沒，事實上他們是情有可原的。《左傳》裡說，與其殺一個無罪的人，則寧可放過一個有罪的人。那麼對於逃亡將士的家屬，不妨免除他們被罰沒發配的刑罰。」

奏疏遞上之後立即得到了李治的肯定，一時間很多家庭因為李弘的奏疏得到解放，太子的仁慈有口皆碑。

李弘只是做了一件事，那就是「把人當人」，這件事看起來很簡單，但古往今來，又有多少太子真正做到？

不久，李弘又將自己的仁慈具體化了，具體到太子宮的士兵身上。

當時關中大旱，糧食緊缺，李弘無意間看到有的士兵飯中夾雜著榆皮、蓬實，這些東西顯然不是無意加進去的，而是有意為之，為的是節省糧食。李弘看後心中不是滋味，雖然臉上沒有表現出來，私下裡卻安排人給這些士兵的家裡送去了米，既然自己的能力還不能普濟天下，那麼就從普惠這些士兵開始吧。

衝突

西元六七二年，李弘二十歲，這一年是武則天與李弘母子關係的分水嶺。

這一年十月二日，李治下了一道詔書，命令太子李弘監督國政，在他看來李弘已經二十歲了，該是他接受鍛鍊的時候了。這並不是李弘第一次受命監督國政，早在十歲時他就有過受命監督國政的經歷，不過那時他畢竟只有十歲，還只是一個孩子。

對於李治的這道詔書，武則天心中百味雜陳，一方面她為兒子的成長感到欣慰，一方面她又有一絲隱憂，讓太子監督國政是否意味著自己手中的權力將會被壓縮呢？武則天手中的權力集中在後宮，那裡是她權力的主戰場，由於李治身體狀況不佳，同時很多國事又由武則天掌控，一旦太子全面監督國政，是否意味著要從武則天手裡分割權力呢？

這是武則天所不願意看到，也是不甘心看到的。

皇家的父子關係是世界上最微妙的關係，在武則天身上，皇家的母子關係卻成了最微妙關係。古往今來，只要皇后或者太后有權力欲，那麼母子之間的衝突將會不可避免的發生，這些衝突曾經存在於西漢呂后與皇帝劉盈之間，也曾經存在於武則天與四個皇子之間，更存在於慈禧太后與同治、光緒兩任皇帝之間。

一切都是權力惹的禍。

李弘受命監督國政不久，他在後宮的一個角落裡意外地見到了兩個人，他被兩人的遭遇驚呆了。李弘不期而遇的兩人是他同父異母的兩個姐姐，義陽公主和宣城公主。兩位公主因為母親蕭淑妃與武則天有過節，已經被幽閉在宮廷監獄很久了，李弘見到她們時她們已經二十多歲，而且還沒有嫁人。

那個時代，二十多歲還沒有嫁人，那得算很老很老的姑娘了，長孫皇后與李世民結婚時不過十三四歲，武則天被李世民招進宮時也不過十三歲，而義陽、宣城兩位公主的大好年華在宮廷監獄中被無情地消磨了。

仁慈的李弘按捺不住憤怒，他跑到李治和武則天面前要求解除義陽、宣城兩位公主的監禁，同時請李治選擇上好人家為兩位公主賜婚。

令李弘沒有想到的是，他的請求居然引發了母親的暴怒，他第一次看到母親在自己面前發那麼大的火。李弘還在據理力爭，武則天卻已經不耐煩了，指著正在站崗的翊衛權毅、王遂古說道：「不就是想要她倆嫁人嗎？好，我現在就把她倆嫁給這兩個翊衛！」

李弘驚呆在原地，堂堂金枝玉葉，當朝皇帝的公主，就這樣嫁給兩個值班的翊衛？他不敢相信自己的耳朵。

如果說一般人家的女兒嫁給翊衛是不錯的歸宿，因為翊衛的出身也是有要求的，翊衛一般也是根紅苗正的官宦人家子弟。然而這是皇帝嫁女兒，不是一般人家的女兒。

義陽和宣城兩位公主婚後的生活幸不幸福呢？史書沒有記載。即使史書上沒有明文記載，我們也能想像兩位公主婚後的生活。如果兩位公主是武則天自己的親生女兒，那麼她們在夫家將會是眾星捧月，然而她們是已經被廢黜的蕭淑妃的女兒，儘管身上也流淌著皇家血脈，但皇家已經不把她們當成公主，夫家還會嗎？

如此一來，在義陽和宣城兩位公主的婚姻上，太子李弘與母親武則天產生了嚴重的分歧，母子之間產生難以彌合的裂痕。放在一般人家，母子沒有隔夜仇，而放在武則天這樣一個有權力欲望的母親身上，母子是親人，同時也可以是仇人。

衝突可以有，但武則天從這件事上已經看出太子與自己不是一條心，他們有著各自不同的價值觀念，兩者不可調和，格格不入。

如果李治健在，居中調和，母子之間關係還能緩和，倘若李治不在了呢？自己這個太后怎麼跟這樣一個皇帝相處呢？他現在就表現自己的仁慈為義陽、宣城兩位公主出頭，那麼登基之後是否會給王皇后、蕭淑妃翻案呢？

這些武則天不能不想，也不得不想。

孝敬皇帝

時間走到西元六七五年三月，這個月發生了一件事。

李治因為長期患有頭痛的毛病，痛苦不已，因此產生了讓武則天攝政的想法，這正是武則天日思夜想的，卻不是大臣們願意看到的。

中書侍郎郝處俊得知李治這個念頭後，給李治上了一道奏疏：

「皇帝管理國家，皇后管理後宮，這是天經地義的。曹魏時，曹丕曾經下過詔令：即使皇帝年幼，也不允許太后干政，目的就是阻塞禍患的根源。那麼皇帝您為什麼把高祖、太宗打下的江山不傳給子孫而傳給皇后呢？」

郝處俊之後，另一位中書侍郎李義琰也上書規勸：郝處俊的建議是為江山社稷，陛下最好接受。

李治讓武則天攝政的念頭剛發芽就被大臣們掐滅。

事情就這麼結束了嗎？看上去是，其實還沒完。一個月後，又發生了一件石破天驚的大事。

太子李弘死了。

時間：西元六七五年四月二十五日。

地點：合璧宮。

死因：不明。

《舊唐書》中只是說李弘在合璧宮病逝，享年二十三歲；《新唐書》中明確指出，武則天殺太子李弘；司馬光編撰的《資治通鑑》寫道：太子李弘逝世，當時的人都懷疑是武則天將他毒死。

究竟李弘是何種死因，永遠是一個謎，或許是自然病死，或許是遭遇下毒，總之這個仁慈忠孝的太子就這樣死於合璧宮，享年只有二十三歲。

《資治通鑑》裡有一段記述耐人尋味：

五月五日，李治下詔：朕正要傳位給太子，太子竟一病不起，現在理應貫徹朕之前的旨意，為太子加授尊貴的稱號，稱孝敬皇帝。

如果這段記載是真的，那麼表明李治在讓武則天攝政未遂後曾經想過將皇位傳給李弘，自己做太上皇，而就在這個關鍵時刻，李弘一病不起。

是巧合，還是另有蹊蹺？

或許有人會問，身為母親的武則天真的忍心殺自己的親生兒子嗎？放在武則天的身上，沒有什麼不可能。

只要想想她曾經在家中遭遇的冷遇，在貞觀年間長達十二年的後宮折磨，在感業寺長達一年的輾轉反側，在永徽年間長達數年的忍辱負重，一個心思縝密的女人，她的心早就被歲月磨礪得百鍊成鋼。內心再無溫柔的女人，沒有什麼事情做不出來。

回過頭接著說李弘，由於李弘「一病不起」，他錯過了繼位的機會，不過他還是當上了皇帝。父親李治沒有追認他為某某太子，而是直接追認他為「孝敬皇帝」，追認太子為皇帝，先河由李治而開。在李隆基時代，有一位親王也被追贈為皇帝：讓皇帝，這位親王就是李隆基的大哥，李旦的嫡長子李成器。

在孝敬皇帝李弘身後，李治將他葬於緱氏縣景山的恭陵，標準跟帝王一樣，李治親自寫了一篇《睿德紀》，又親手寫到石碑上，然後將這塊石碑矗立在恭陵一側。

遺憾的是，恭陵是一個豆腐渣工程。

原本李治為恭陵設計的規模很大，造價很高，徵用了大量民工進行勞役，而民工的勞動強度非常大。久而久之民工們的忍耐到了極點，最後他們將磚瓦向監工官員扔去，發洩內心不滿，然後一窩蜂地散去。沒有辦法，恭陵只能草草收場，恰好對應了李弘草草收場的人生。

在李弘身後，他一度真的被當作皇帝供奉，弟弟李顯復位之後，將他的牌位放進太廟，並奉上一個廟號：義宗。義宗的廟號沒有維持多長時間，在李隆基時代，廟號就被取消了，還是稱他為孝敬皇帝。

如果李弘地下有知，他一定會感慨過繼來的兒子不是兒子，自己本來在太廟找到了位置，最終還是被遷了出來。（**理由是他沒有真正登基**）

將李弘從太廟遷出來的李隆基，便是他名義上的兒子。

在李弘身後，由於他沒有兒子，李治就為他過繼了一個兒子，這個人就是李隆基。

接力棒

李忠廢了，李弘死了，太子的接力棒傳到了李治與武則天的第二個兒子李賢手裡。

對於李賢，李治同樣喜歡，在李賢小的時候，李治很願意拿李賢的事蹟在大臣面前顯擺。

在閒聊中，李治跟司空李勣說：「李賢這孩子已讀得《尚書》、《禮記》、《論語》，一次朗誦古詩賦十餘篇，只要略加提點，便過目不忘。朕曾讓他讀《論語》，讀到『賢賢易色』時，他連讀了好幾遍。朕問他為什麼，他說生性喜歡這句話。由此可見這孩子夙成聰敏，出自天性。」

「賢賢易色」說的是遇到比自己賢明的人則畢恭畢敬，第一個「賢」為動詞，第二個「賢」為名詞，李賢讀懂「賢賢易色」時不過是六七歲的兒童，無疑李賢也是一個神童。

不過在太子李弘健在時，李賢並沒有多少表現機會，他只不過是一個親王，太子李弘去世，李賢的機會來了。

在李弘去世一個月後，李賢被立為太子，這是李治立的第三位太子，當然不會是最後一個。之後李治詔令李賢監國，據史料記載，在李賢受命監國這段時間，處事公正嚴明，受到一致好評。一年後，因為監國期間表現得體，李治親自手寫詔令對李賢表示讚賞，順便贈送五百匹綢緞以資鼓勵。

五百匹綢緞看起來不少，不過跟李弘當年受贈的三萬匹相比還顯得有點少，不過別急，畢竟李賢才剛剛上路。

如果說李弘當年編的是兒童讀物，那麼李賢編的便是傳世經典，他集合張大安、劉訥言等人注釋了一本書，這本書便是范曄的《後漢書》，在今天流傳於世的《後漢書》裡依然有李賢的注釋。憑藉注釋的《後漢書》，李賢受贈三萬匹綢緞，同時李治將李賢注釋版的《後漢書》藏於秘閣，待遇與當年李泰主編的《括地志》一樣。

明崇儼

如果生活就這樣繼續下去，李賢或許按部就班地成為唐朝第四任皇帝，然而在這個時候，一個人出現了，這個人的出現改變了李賢的命運。

改變李賢命運的人叫明崇儼，這是一個自稱能召喚鬼神的人。

明崇儼本是洛州偃師人，小時候他的父親明恪出任安喜縣令，明崇儼跟著父親到了安喜。在安喜，明崇儼遇到了一位奇人，奇人是他父親屬下的一個小吏，自稱能召喚鬼神，明崇儼與奇人很聊得來，後來就學會了奇人所有的本事。

西元六六八年前後，明崇儼出任黃安縣丞，當上縣丞的他也不安分，經常吹噓自己有神奇本領。後來李治輾轉聽說了明崇儼，一經召見，很是喜歡，便把明崇儼擢升為冀王府文學，明崇儼在李治面前的表演就此展開。

為了檢驗明崇儼的功力，李治在一個洞窟裡安排了幾個宮人在裡面奏樂，然後召來明崇儼說道：「洞窟裡居然有樂聲，象徵著什麼呢？你幫我停止吧！」

明崇儼並不知道洞窟裡的真實情況，他也不問，只是取下兩片桃木，桃木上畫了兩道符，然後掛在洞窟外面。桃符掛上不久，洞窟裡的樂曲突然停了，不一會宮人驚慌失措地從洞窟裡跑了出來。

李治忙問：「怎麼了？裡面出了什麼事？」

宮人們回答：「剛才出現了一條怪龍，衝我們張牙舞爪，太嚇人了。」

李治回頭看明崇儼，明崇儼一臉的高深莫測。李治半信半疑，卻找不出其中的破綻。

天氣進入盛夏，李治又給明崇儼出了一道難題：我想要點雪。

李治說完不久，明崇儼端著雪進來了，哪來的？

我剛從陰山運來的，明崇儼鄭重地說道。

「陰山運雪」事件之後，李治又給明崇儼出了一道難題：想吃西瓜。

李治想吃西瓜的時間是農曆四月，那時西瓜還沒到季節，唐朝那時四月想吃西瓜是不可能的。

明崇儼倒是一如既往的坦然，他伸手跟李治要了一百個錢，轉身出去了。不一會兒的工夫，明崇儼抱著西瓜進來了，哪來的？

從緱氏一位老人的花圃裡挖來的。

緱氏位於今天河南境內，從長安到緱氏還有一段距離，除非能夠時空穿越，否則根本無法往返那麼快。

李治還是有些不太相信，命人把緱氏老人召到了長安。

李治和顏悅色地問道：「最近你家裡有什麼奇怪的事情發生嗎？」

老人想了一下，回答說：「有，我窖藏的一個西瓜沒了，裡面卻多了一百個錢。」

李治服了，徹底服了，莫非明崇儼真能召喚鬼神？

其實一切只是魔術，只是戲法，他跟魔術大師劉謙一樣都是騙人的。

明崇儼也同樣是騙人的，他並不是一個人在戰鬥，在他的身邊隱藏著很多托，一切就這麼簡單。然而那時的李治看不透這些，他打心眼裡相信明崇儼有法術，與李治一樣，武則天也相信明崇儼有法術，這就足夠了。

在武則天和李治的信賴下，明崇儼升遷到正諫大夫，從此之後經常向李治和武則天進諫，與別人不同的是，別人進諫以聖人言論為自己的依據，而他動輒搬出鬼神。即便這樣，武則天和李治對他恩寵有加，深信不疑。

齟齬

明崇儼得寵後不久，他對武則天說了一番話，這番話讓武則天陷入到沉思之中。

明崇儼說了什麼呢？

明崇儼說：「從面相來看，太子承擔不了大業，英王李顯面相很像太宗李世民，很是尊貴，不過相比之下，相王李旦最尊貴。」

武則天的三個兒子（李弘已死），他貶低一個，推崇另外兩個，一個像太宗，一個最尊貴，聽起來哪個都比現在的太子李賢強，這可讓武則天如何選擇呢？

武則天正左右為難不知如何是好時，明崇儼的這番話卻晃晃悠悠傳到了李賢的耳朵裡，李賢的肺快氣炸了，他恨透了這個搬弄是非的明崇儼。

一個像太宗，一個最尊貴，這不是明擺著哪個都比李賢強嗎？這將太子李賢置於何地呢？

李賢越想越氣，一方面恨明崇儼，一方面又怨恨母親武則天，好好的讓他相什麼面呢？如果要相，為什麼不在立我為太子之前相呢？

李賢與武則天母子之間的齟齬從此時開始萌芽。

不久，李賢又聽到了一個令人震驚的消息：他可能不是武則天親生的，而是武則天的大姐韓國夫人與李治所生。

石破天驚，一等一的石破天驚。

李賢究竟是不是武則天親生的呢？答案是肯定的。

從《舊唐書》裡對李弘和李賢的記載來看，李弘生於西元六五二年，李賢生於西元六五三年，因為他倆的出生時間挨得非常近，後世很多人就此懷疑李賢可能不是武則天親生的。

李弘、李賢在一年左右的時間相繼出生，這只能說明武則天得寵。從武則天進宮之後，李治名下多了四個兒子和兩個女兒，其中一個女兒夭折，存活下來的總計有五人。與此同時，高產的蕭淑妃絕產，不開張的王皇后依然保持零的紀錄，其他嬪妃也沒有開花結果的記錄，所有的開花結果由武則天一人包辦。

退一步講，如果「狸貓換太子」的事情發生在王皇后身上是可以理解的，畢竟她不能生育，而發生在武則天身上是沒有必要的，因為她已經有李弘保底了，而且她還牢牢抓住了李治的恩寵。

為什麼宮中又會流傳那樣的謠言呢？這說明武則天和李賢這對母子之間已經出現了離間母子關係的人。這在皇權社會一點都不奇怪，因為兩個人都想抓權，而兩個人的手下都想上位，搬弄是非離間骨肉的事情在所難免，武則天和李賢這對母子因此就被流言擊中。

兩個兄弟比自己面相好，自己可能不是皇后的親生骨肉，當兩條消息疊加到一起，如果你是李賢，你會怎麼想？

廢黜

西元六七九年五月三日，大唐王朝發生了一起謀殺案。

當紅的正諫大夫明崇儼死了，死於強盜的刺殺，強盜的刀直刺心臟，而且沒有拔出來。

關於明崇儼的死因，很多人說是鬼神報復，殺他的手法不是人所為，而是鬼神所為。

李治和武則天儘管相信明崇儼有法術，但他們並不相信明崇儼死於鬼神之手，即使真的死於鬼神之手，那麼鬼神的背後一定隱藏著人。盛怒之下的李治和武則天嚴令有關部門大力追查，活要見人，死要見屍，追查到一半，查不下去了，線索斷了。

李治和武則天心裡充滿遺憾，也只能接受現實，為了表示對明崇儼的尊重，他們追贈明崇儼為中書令。一個正四品的正諫大夫被追認為正三品的中書令，可見他在武則天和李治心中的分量。追贈之後，明崇儼被殺事件暫時告一段落，武則天卻沒有放棄，她一直在懷疑一個人，這個人就是太子李賢。

思來想去，明崇儼客觀上只與李賢有過節，他說過太子難成大器的話，可這就是明崇儼必死的理由嗎？

武則天心有不甘，卻只能暫且按下不表。

明崇儼被刺死四天後，太子李賢的生活灑滿了陽光，這一天李治下詔，命他以太子身分監國，這道詔書讓李賢很得意。

說自己難成大器的人已經死了，父皇又下詔讓自己監國，難道這不是最好的結果嗎？

不經意間，李賢有些放縱。在太子宮中，他迷戀上音樂，同時也迷戀上了美女，春風得意的青年喜歡這兩樣東西太正常不過了，此時的李賢二十六歲，正是有能力、有體力消費這兩樣東西的時候。

然而在李賢迷戀音樂和美女的同時，武則天皺起了眉頭，身為太子怎麼能迷戀這兩樣東西呢？為此武則天特意讓北門學士編了兩本書，一本叫《少陽正傳》，一本叫《孝子傳》。《孝子傳》就不用說了，《少陽正傳》記載的是歷代太子先進的典型事蹟，武則天想用這兩本書來敲打太子李賢。與此同時武則天還經常給李賢寫信，信中經常帶有諷刺責備的話語，母子之間的關係進一步惡化了。

西元六八〇年四月二十一日，李治和武則天從東都洛陽巡幸紫桂宮（位於河南省澠池縣），在那裡一住就是三個多月。

在這三個多月中，表面風平浪靜，其實卻發生了很多事情，正是在這段時間裡，武則天起了廢黜李賢的心。三個多月中，武則天經常接到關於太子李賢的報告，有一個報告說，李賢過分寵愛家奴趙道生，而且賞賜給趙道生很多珠寶。

於是武則天就在這件事情上做文章。

西元六八〇年八月五日，李治和武則天回到東都洛陽，武則天開始動手了。她讓人將趙道生的事情上報給李治，然後敦促李治著手查辦。在武則天的敦促下，李治成立了聯合調查組進入李賢的太子宮調查。

一場親生母親陷害親生兒子的戲碼正式上演。

聯合調查組在太子馬廄中發現了數百件黑色鎧甲，這便是太子謀反的鐵證。與此同時，牢房裡傳來好消息，趙道生招了，他承認是他在太子授意下刺殺了明崇儼。

又是鎧甲、又是謀殺，太子，你想做什麼？

僅僅憑藉幾百套鎧甲就認定李賢謀反？僅僅憑藉趙道生的口供，就認定李賢就是殺死明崇儼的凶手？真是欲加之罪，何患無辭。

然而這一切都不重要了，重要的是武則天已經認定了太子謀反。在武則天的堅持下，仁慈的李治同意了武則天的處理意見：在洛陽洛水橋南端焚燒鎧甲，公布太子謀反罪證，同時廢黜太子。

從整個過程來看，李治的「仁慈」就是「無能」，身為皇帝卻連自己的兒子都保護不了。

後話

被母親認定「謀反」的李賢從太子之位重重摔了下來，被押到長安的一處地方秘密關押，四個月後，被押往巴州（四川省巴中市）。

屈指一算，從他接過接力棒當太子不過五年時間，接棒時二十三歲，現在也不過二十八歲，而從此之後，他的餘生將在監禁中度過。

一切的一切，只因為他是母親潛在的威脅，他擋了母親的道。

從武則天的四個兒子來看，李賢有膽量、有擔當，不像他的父親只有懦弱，不像他的三位兄弟只知軟弱退讓，他有自己獨立思想和獨立性格，他最像武則天，而他與武則天的排斥反應也是最大的。

這種情況在家庭中經常出現，性格類似的人衝突極大，性格相反甚至格格不入的反倒能夠融洽相處，這就是人類社會的奇妙所在。

從李賢的結局來看，他可能是武則天最欣賞的兒子，同時也是最忌憚的兒子，具有對比意義的是，李賢、李顯、李旦都有過被監禁的歲月，最終被武則天處死的只有李賢一個，而李顯和李旦都在監禁中迎來了最後轉機，他們的轉機並不是因為武則天心軟了，而是他們的能力不被武則天認可，因此並不忌憚。

因為欣賞，所以忌憚；因為欣賞，所以最不放心。

最出色的兒子，卻落得最悲慘的結局，這是武則天這個英雄母親一手導演的宮廷大戲。

西元六八四年二月到三月之間，人倫悲劇在武則天母子之間上演。剛剛繼位一個多月的李顯被武則天宣布廢黜，最小的兒子李旦被武則天推上了皇帝寶座，與此前所有皇帝登基儀式不同，李旦的這次登基儀式上居然有皇太后冊封皇帝李旦這一項。如果李淵、李世民、李治地下有知，祖孫三代皇帝會被武則天氣得再死一回。李唐王朝受命於天，什麼時候改成你武則天了呢？

比李顯、李旦還慘的是李賢，他被武則天派出的密使勒令自殺。親生母親逼死親生兒子，只有在武則天這樣的母親身上才會發生。

順著李賢的話題，繼續說一下李賢的後人，他的兩代後人都是有故事的人。

在李賢身後，他留下了三個兒子，活得最長的兒子叫李守禮。李守禮是一個神人，他是一個活天氣預報，他說下雨準下雨，他說天晴天就會晴。久而久之，身邊的兄弟都以為他有特異功能，便報告給了當時的皇帝李隆基。李隆基也很好奇，便詢問起來。

李守禮回應說：「臣沒有法術，只是因為那段不堪回首的經歷。在祖母當權時，我因為父親的緣故被關在宮廷的監獄裡十幾年，每年都會挨很多次打，因此背上傷痕累累。每次天快下雨時，背就會格外沉重，而每次天要放晴時，背就會格外輕鬆。因此我能預知天氣，靠的是我的背，而不是法術。」

李守禮說完，眼淚已經打濕了衣襟，同樣從那個恐怖時代走過的李隆基也十分傷感，此時他們才發現記憶深處的東西一生都揮之不去。

除了天氣預報，李守禮的生活態度表明他是一個十足的神人。

在別人都忙於購置田地為子孫留產業的同時，他卻大肆消費，甚至貸款消費，外債經常高達數千貫。當別人對他進行規勸時，他總是一言以蔽之：「還有天子的兄弟無法安葬嗎？」言下之意，身後之事自有天子關照，不需過分擔心。

在這種生活態度的支配之下，李守禮充分地享受了生活，他名下的子女達到了六十多個，然而兒子之中沒有一個成器的，女兒之中守婦道的也寥寥無幾（**唯一安慰的是一個女兒被李顯認養，封為金城公主，出嫁吐蕃**），即便如此，他依然毫不擔心。

或許他是以這種放浪形骸的方式表達自己內心的抗議，是為自己，也是為自己冤死的父親。

李守禮一直活到了七十多歲，最後善終，在他死後，李隆基追贈他為太尉，天子之兄終究得到了天子的關照。在李守禮身後，他還差點被追贈為皇帝。

唐代宗廣德年間，吐蕃大舉進攻長安，代宗皇帝匆忙撤離長安，長安落入吐蕃手中。吐蕃宰相馬重英在長安建立傀儡政權，選來選去選中了李守禮的兒子李承宏，李承宏由此糊裡糊塗地當上了皇帝。

如果吐蕃人能長久停留，或許李承宏的政權也能有幾分模樣，那樣或許就會追認祖父李賢、父親李守禮為皇帝，也算替他們了一個心願。吐蕃人在長安只待了十幾天，中興名將郭子儀就打了回來，李承宏的政權就這樣從糊裡糊塗開始，在糊裡糊塗中結束，又糊裡糊塗的搭上了他的一生。郭子儀將他送到代宗皇帝面前，皇帝沒有怪罪，只是把他發配虢州，不久之後就神秘死去。

說到底，人家還是怪罪了。

李賢的後人說完了，最後補充一下李賢身後的追贈情況：李顯復位之後，追贈李賢為司徒，並迎回靈柩，陪葬於高宗李治的乾陵；李旦繼位之後，追贈李賢為皇太子，諡曰章懷太子，這就是章懷太子的由來。

再接力

李忠，李弘，李賢，三個皇子都成為前太子，太子的接力棒交到了李顯的手中。

西元六八〇年八月二十二日，李賢被廢黜，僅隔一天，李顯被立為太子，這是李治皇帝任內的第四任太子。

李顯被冊立得如此迅速，可以反襯出武則天對李賢的反感與忌憚，她急於翻過李賢這一頁，快速進入下一頁。

具有對比意義的是，李弘病逝之後，李賢得立太子，期間隔了整整一個月；而李賢被廢黜之後，李顯得立太子，前後只有一天之隔。而且馬上更改年號，之前為調露二年，之後為永隆元年。

這個待遇李弘曾經享受過，現在李顯又享受到了。

李顯心中不知作何感想，在他前面已經倒了三位哥哥，除去早夭的二哥，剩下的皇子只有四人（李賢已經被廢為庶人），除了他還有兩個不受待見的同父異母哥哥，還有最小的弟弟李旦。

屈指算來，八個皇子之中除了死了的、廢了的、不受待見的，目前能享受陽光的只有李顯和弟弟李旦，這一切都是母親一手造成。

對於母親，李顯別有一番滋味在心頭，早在五年前，他就見識了母親的毒辣手腕。

母親居然親手逼死了自己的王妃兼表姑趙氏。

為什麼說李顯的王妃又是他的表姑呢？這得從趙氏的家庭出身說起。

趙氏的父親是左千牛將軍，後來娶了高祖李淵的女兒常樂公主，兩人生下一個孩子，便是嫁給李顯的趙氏。從輩分上論，常樂公主跟李世民是一輩的，趙氏跟李治是一輩的，趙氏沒嫁給李顯之前，她管李治叫哥，嫁給李顯之後輩分降低了，她得管李治叫父親。

雖然輩分有些亂，不過李治對姑姑常樂公主還是關照有加，或許是因為輩分的緣故，或許是因為趙氏嫁給李顯的親上加親。令李治沒有想到的是他對姑姑一家的恩寵卻給兒媳趙氏帶來了殺身之禍，武則天居然因此不喜歡趙氏，進而將趙氏逼上了絕路。

西元六七五年四月七日，經過武則天的安排，趙氏被官員指控有罪，什麼罪？史無明載。被控有罪的趙氏被剝奪了王妃身分關押進內侍省，每天只給她提供生菜生肉，由其自己烹飪。武則天派人每天觀察趙氏所在房屋的煙囪，沒想到接連幾天都沒有炊煙，等人進去查看時，趙氏已經餓死很久了。

為什麼有菜有肉還會餓死呢？難道是因為趙氏不會烹飪？

其實這都是武則天折磨人的手法，趙氏每天確實得到了生菜生肉，但是她並不能烹飪，因為根本不會有柴火，也就根本不會有烹飪的行為發生。

所謂「由其自己烹飪」只是史家的曲筆，背後隱藏的是武則天逼死兒媳的事實。

逼死趙氏之後，武則天將趙氏的父親貶為括州（浙江麗水）刺史，同時責令趙氏的母親常樂公主一同前往，永遠不許進宮朝見。巧合的是，趙氏被逼死發生在西元六七五年四月七日之後的幾天，而就在四月二十五日，當時的太子李弘在合璧宮去世。

一個月之內，一個兒子、一個兒媳相繼離奇離世，一切都是巧合嗎？

答案在茫茫天地間。

仁慈與無能

第九章

夫妻店

貞觀十七年，當長孫無忌力挺李治升任太子時，他一定不會想到這個以仁孝著稱的外甥會在日後辜負自己的用心良苦。如果能看到未來，或許長孫無忌寧可轉而擁立並非親外甥的吳王李恪，也不會擁立這個打斷骨頭連著筋的李治。

退一步說，拋棄舅舅長孫無忌也是李治不得已的選擇，在追求皇權一統的道路上，沒有人可以例外。

都說「虎父無犬子」，其實這只是一句恭維人的話，虎父的名下經常有犬子出現，比如李世民這個虎父就有李治這樣的犬子。如果李治能有乃父之風，能夠繼承李世民的統治能力，那麼長孫無忌舅舅是不會被拋棄的，因為可以駕馭，就沒有拋棄的必要。

然而現實的問題是李治與父親李世民的能力相比相去甚遠，父親駕輕就熟的權力格局對他而言卻有些力不從心。

在李世民的治下，李唐王朝是一個體制優良的公司，李世民自己出任董事長，掌握大局，長孫無忌、房玄齡這些總經理和副總經理們打理著日常事務，另外還有魏徵這樣的班子成員在幫襯。由於李世民有良好的大局觀和卓越的領導能力，這些權力布局相對是非常科學的，既把李世民從日常事務中解脫出來，同時又牢牢抓住了國家大權。對於他而言這是一個理想的配置，理想情況下可以傳於後世。

不過到了李治時代，他對這個權力布局的掌控就有些吃力，舅舅長孫無忌掌控權柄二十餘年，朝中故舊門生遍布，曾經三省分立的體系已經逐漸演變成舅舅的一人獨大，這讓李治有些吃不消。

要知道在父親李世民時代，儘管舅舅很紅，但同時有房玄齡分權，還有魏徵、馬周、岑文本、高士廉這些人搭班子。

現在情況有些不一樣，儘管三省六部仍在，但舅舅長孫無忌的權力已經扶搖直上，甚至直逼皇帝，這讓李治心中發慌，甥舅二人從此時起就從當初的親密無間轉換成潛在的矛盾對抗。李治與長孫無忌的矛盾，其實就是皇權與相權之爭。古往今來，能像李世民那樣把皇權與相權的平衡維持到恰到好處的皇帝很少，多數皇帝要麼過分集權，要麼過分放權，李治徘徊在收與放的邊緣。

在這個時候，賢內助武則天恰到好處地出現了。武則天的出現，讓李治眼前一亮。

如果是你，你會做何選擇？

多數人跟李治一樣，堅決地站在老婆這一邊。一場以「立后」為名的皇權與相權大戰就此開始，擁立武則天為皇后只是形式，背後的實質是打壓宰相權力，從而改變貞觀以來的權力布局。

李治與武則天的聯手，就是將李唐王朝的權力格局改變，將原來皇帝與宰相們的聯合管理演變成皇帝與皇后的聯手執政。說白了，他們的理想是將李唐王朝改造成一個夫妻店，因為在李治心裡，武則天要比舅舅長孫無忌更信得過。

經過幾番上下其手，李治的目的達到了，李唐王朝從顯慶年間開始逐漸演變成了他與武則天的夫妻店。

李治的做法跟很多家族企業很像，這些家族企業在創業初期尚能與一些外姓人同甘共苦共同創業，而一旦創業有所成就，外姓人就會被踢出局，然後慢慢演變成夫妻店、父子店、祖孫店。

不爭氣的身體

顯慶五年，李治三十二歲，他患上了一種怪病。最初是昏眩頭痛，後來視力衰退，眼睛逐漸看不見。從症狀來看，可能是高血壓或者是糖尿病，這樣的病看起來不是絕症，但折騰起身體來一樣很要命。

人是很脆弱的，尤其是患病之後，如果說患病之前的李治還很自信，還有雄心壯志，那麼患病之後的他已經變得脆弱無比，他身邊可以信賴依仗的人只剩下武則天一個，他不信賴武則天，又能信賴誰呢？

即便他還想依靠舅舅長孫無忌、託孤大臣褚遂良也已經不可能了，因為就在一年前，長孫舅舅被逼自殺了，褚遂良比長孫舅舅還早去世一年，柳奭也被處斬，韓瑗則在處斬前憂憤而死。

四大肱骨重臣煙消雲散，千斤重擔只能壓在武則天的身上。

事實證明，武則天看似柔弱的肩膀卻能挑起李唐王朝的千斤重擔，在李治的縱容之下，武則天開始著手處理國政，漸漸可以與李治平起平坐。

如果李治的身體經過一段時間的調養能夠完全恢復，或許武則天的地位還會受到限制，然而李治的身體實在不爭氣，顯慶五年之後，他的身體雖有所恢復，卻一直很虛弱。

到李治四十歲時，他居然相信有長生不老之藥，而在他二十九歲時，他堅信世上根本沒有長生不老。當時的背景是這樣的：

貞觀二十二年，正七品東宮左衛率長史王玄策以一己之力滅掉了印度半島的中天竺，這就是後世口口相傳的「一人滅一國」。王玄策在滅掉中天竺之後還帶回一個天竺神僧，名字叫那羅邇娑婆，那羅邇娑婆奉命給李世民煉製長生不老之藥。

後來李世民察覺那羅邇娑婆言過其實便把他遣送回國。等李治登基之後，那羅邇娑婆又到長安尋找機會，不料又被李治給遣送回國。顯慶二年（六五七年）那羅邇娑婆來到長安準備再次尋找機會。他當初的伯樂王玄策上書為他竭力推薦，沒想到又遭到了李治的拒絕。

李治對侍從官員說：「世上哪有神仙？當初秦始皇、漢武帝為了追求長生不老，結果弄得民生凋敝也一無所獲。如果真有長生不老之人，他們現在又在哪裡呢？」

說這話時，李治二十九歲，他的頭腦是清楚的。

在他的堅持下，那羅邇娑婆再也沒能混進皇宮，不過也沒有返回中天竺，而是在長安定居下來，後來就在長安終老，他用自己的親身經歷告訴世人，世間根本沒有長生不老。

時隔十一年，李治開始相信世間有長生不老，這說明他對自己的身體已經嚴重不自信了。

這次給李治煉藥的還是一位高僧，來自印度半島，他的另外一個身分是李治任命的懷化大將軍，品級正三品。

就在李治準備吞服神藥時，東台侍郎郝處俊的奏疏來了，他是來唱反調的。

郝處俊在奏疏中告訴李治，當年那羅邇娑婆被遣送回國不是因為「言過其實」，而是因為他的藥根本無效，甚至還有副作用，只是怕處理他會讓蠻夷看皇帝的笑話，這才將他遣返了事。現在印度高僧又來了，他的藥必定也是無效的，請皇帝三思。

看完郝處俊的奏疏，李治想起了父親臨終時的場景，那羅邇娑婆的所謂神藥究竟是否有效他比郝處俊更清楚，因為父親臨終前後他一直在場。考慮再三，四十歲的李治暫時放棄了高僧的長生不老之藥，或許這個世上真的沒有長生不老之藥。

然而十四年之後李治還是相信世界上有長生不老之藥，西元六八一年閏七月二十四日，他吞服了長生不老之藥。長生不老之藥最終加速了李治的死亡，他常年不爭氣的身體則為李唐王朝埋下了不可救藥的心腹大患。

掙扎

李治的身體一直不好，朝政多數委託給皇后武則天，不過李治的委託也有限度，他同樣明白皇權不能假手於人的道理，即便是親密愛人也不行。

然而放權一旦成為慣性，想回收就很難了，隨著李治放權時間的延長，武則天的一些做法也激起了李治心中的怨恨。

到西元六六四年，李治放權給武則天已經有四個年頭。兩人的親密合作發生了問題。這一段時間，李治感覺武則天不把自己放在眼裡，很多事情一意孤行，自己稍有動作她就會干預，這讓李治很不爽，到底誰是皇帝啊？

有人向李治報告了一件事，這件事讓李治的憤怒進一步升級。

向李治報告的是宦官王伏勝，內容是道士郭行真最近在宮中出沒，據說是在為皇后祈福避禍。

李治一聽頭就大了，在宮中利用道士祈福避禍一向是皇家大忌，誰碰了這根高壓線就要倒楣，武則天偏偏去碰，看來她已經膨脹到了極點。

李治召來了西台侍郎上官儀，上官儀是李治非常信任的一位宰相，李治找他來商量如何處置武則天。上官儀並沒有意識到危險正在向自己逼來，也沒有意識到皇帝已經被皇后監視，他渾然不覺地向皇帝建議道：皇后專權任性，百姓不服，請求廢黜。

上官儀如此表態有自己的如意算盤，因為一旦皇后廢黜，皇上再無可依賴之人，屆時自然要仰仗自己這個宰相，因此上官儀提議廢黜武則天既是出於公心，同時也潛藏著自己的私心。

「廢黜皇后」一經上官儀提出立刻得到了李治的同意，四年來的鬱悶讓他在這一刻迸發，在這一刻他真的動了廢黜的念頭。上官儀開始撰寫廢黜武則天的詔書，幾乎與此同時，潛伏在皇帝身邊的密探已經將這個驚人的消息傳遞給皇后武則天。

武則天心中一驚，不過並不慌亂，對於自己的丈夫她比上官儀更了解，上官儀看到的只是皇帝的表面，而她一下就能戳到皇帝的內心。

在她面前李治就是個透明人，想跟她鬥？休想。

武則天幾乎以風一般的速度出現在李治面前，她的突然出現讓李治脆弱的心理防線頓時崩塌，剛剛鼓起的勇氣全洩了，李治沒有據理力爭，反而卻像做錯了事的小孩子一樣手足無措。武則天一番辯解，李治原本不堅定的心徹底軟了，廢黜武則天詔書的草稿就在他手邊，剛才這份草稿還關係重大，現在已經是一張廢紙。

廢后剛開頭就收了尾，不過得有人為它承擔後果。

該由誰承擔呢？當然是王伏勝和上官儀，誰讓你們在皇帝面前搬弄是非。

武則天的手腕實在高明，本來廢后只是單一事件，然而經她手腕一翻，廢后事件就成了她手中的一張網，她不僅清算王伏勝和上官儀，還順手把另外一個人裝進網裡，這個人就是廢太子李忠，李忠的存在對武則天始終是一個隱患，能除掉還是盡早除掉吧。

武則天如何將李忠扯進去的呢？

這很簡單。王伏勝和上官儀都曾經是李忠太子宮的下屬，有這一點就足夠了。

武則天授意馬仔許敬宗上書誣告：上官儀、王伏勝與李忠一起陰謀殺害皇帝。

究竟有沒有陰謀，皇帝李治比誰都清楚，然而他居然認可了這份誣告。

忠心耿耿同時也有點私心的王伏勝和上官儀被處死，上官儀的兒子上官庭芝也被一同處死，家產沒收，家人被罰沒宮中為奴。後來在大唐歷史上留下自己名字的上官婉兒就在這次變亂中被罰沒入宮，因為她是上官庭芝的女兒，上官儀的孫女。

可憐的李忠也被勒令在黔州自殺，橫豎沒有躲過武則天這一刀。

原本廢后事件對武則天非常不利，然而經過武則天的閃轉騰挪，居然迅速轉危為安，而且還化被動為主動，不僅除掉了與自己作對的上官儀和王伏勝，進而還貶降流放了一批與上官儀交往甚密的官員，還有比這更好的結果嗎？還有。

自此以後，武則天直接參與到李治主持的朝會之中，李治在前她在後，中間只隔一道珠簾，事無大小均向她稟告，官員升遷或是貶黜均由她說了算，此時的李治只是垂手而坐，由此李治與武則天並稱「二聖」。

這段記載來自司馬光的《資治通鑒》，對於這個記載我表示懷疑，李治即便再無能，也不會拿祖宗的江山基業開玩笑，所謂事無大小均向武則天彙報應該不是史實。

真實的情況可能是武則天確實參與了朝會，而且參與討論並給出相關建議，不過並沒有到一切由她決定，李治袖手旁觀的地步。

認命

李治在歷史上的聲名並不好，雖然在他任內唐朝版圖繼續擴大，人口和生產力較之貞觀年間都有提高，但是對他的質疑之聲從古至今從未間斷，《新唐書》更是把他寫得很無能。

李治是不是真的很無能？其實未必。

有學者研究表明，李治並不是現有史書寫的那樣無能，他的事蹟可能被人改動過，而授意改動的正是他的皇后武則天。武則天是想用修改史書的方法表明，一直以來她都比皇帝李治優秀，後來她開創屬於自己的王朝也是情理之中的事情。歷史向來都是由勝利者書寫。

其實李治是仁慈，而不是無能，他對舅舅長孫無忌以及褚遂良的無情是因為要收回相權維護皇權的需要，而他對武則天的聽之任之，是因為除了武則天之外，他再也找不到可以信賴的人。

要麼信賴大臣，要麼信賴宦官，要麼信任皇后為代表的外戚，李治在這場三選一中選擇了皇后，令他滿意的是，皇后已經將自己的四位哥哥自動清理乾淨了，將來即便太后干政，或許外戚勢力也沒有那麼強大。

在前面我曾經提到過，生於後宮、長於婦人之手、八歲喪母的李治可能有一種很濃厚的「戀母情結」，武則天之所以能走進李治的生活是因為她比別人更懂得李治的心。武則天在李治面前既是皇后，又是姐姐，同時還有部分母親的角色，不管李治承不承認，終其一生他對武則天都很依賴。

正是因為這種依賴，讓李治與武則天的夫妻店從最初的李治作主，逐漸演變為武則天作主，一旦形成習慣，李治對這種情形便習以為常。

時間走到西元六八三年，李治的生命接近了終點。

這一年李治的病情又加重了，頭部一直昏眩疼痛，眼睛已經看不見了，心中的痛苦不言自明。

御醫秦鳴鶴想到了一個方法：針灸。

秦鳴鶴仔細分析了李治的病情，他認為如果用銀針在李治的頭上扎出血來，或許病情就能大為減輕，不過這個方法還是有些冒險，武則天不太同意，《資治通鑒》上的說法是武則天壓根不想讓李治痊癒。

其實不至於，一個患病的李治對於武則天而言與那兩個軟弱的兒子一樣，都是可以掌控在鼓掌之間，之所以不讓用銀針紮頭是擔心其中的風險。

可能是被病痛折磨太久了，也可能是病急亂投醫，李治同意了秦鳴鶴的治療方案，他說，不妨試試看。秦鳴鶴小心翼翼地用銀針扎了李治頭上的「百會」穴和「腦戶」穴，然後緊張地看著李治的反應。

李治眨了眨眼睛，說道：「我好像又能看見了。」

李治以為這是針灸的力量，其實是迴光返照。

迴光返照的李治最大的心願是從東都洛陽回到長安，他想在長安走完自己的人生路，他從長安登上天子之位，開始天子的旅途，現在旅途快結束了，他想回到旅途的起點。

在針刺出血之後，李治已經知道自己時日無多，便下詔令太子李哲（李顯）監國，裴炎、劉景先、郭正一共同輔佐。西元六八三年十二月四日，李治下詔更改年號，之前為永淳二年，之後為弘道元年，年號的更改表明李治多想再活一年，哪怕只有一年。

然而天不假年，別說多活一年，連一天都不行。

當晚李治在東都洛陽去世，終究沒能回到人生的起點。李治的廟號：高宗。

李治去世之前，裴炎被召進宮中接受臨終遺詔，輔佐下一任皇帝李哲，裴炎也就成為李治唯一的託孤重臣。跟長孫無忌、褚遂良這些託孤重臣相比，裴炎忠誠有餘，能力不足，而這一切正是李治一手造成。倘若當初不是一味地壓制宰相權力，過度依賴武則天，何至於在他身後連一個管用的託孤重臣都找不出來呢？

天道有常，自作自受。

在裴炎接受遺詔的同時，太子李顯和武則天也接受了遺詔，詔令李顯於靈柩前繼位，軍國大事有不能裁定時，一併聽任武則天裁定處理。

如果我們將遺詔進行一下梳理，會發現李治真正託孤的不是裴炎而是武則天。在生命的最後時刻，李治可能會想到呂后干政的一幕在唐朝上演，想到武氏外戚群魔亂舞，但一切的一切都不在他的掌控之中，他只能聽天由命，身後的事一切只能看天意，他已經無能為力了。

繼位

西元六八三年十二月十一日，李哲（李顯）在洛陽登基，成為唐朝的第四任皇帝，同時也是第七任皇帝，他的弟弟李旦則在後來成為唐朝的第六任和第八任皇帝，這一切都是武則天惹的禍。

李哲登基之後，軍國大事均由武則天裁決，這在大行皇帝遺詔中有明確指示，武則天當仁不讓，李哲也沒有表示反對，因為長期以來他已經習慣了母親當家。

不久之後，受先帝李治信任的裴炎出任中書令，劉景先出任侍中，無論李哲是否真正當家，至少宰相班子已經就此建立。

然而誰會想到，李哲這位唐朝第四任皇帝的任期居然只有五十幾天。

為什麼李治寄予厚望的李哲只幹了五十幾天的皇帝呢？

因為在這五十幾天中李哲辦錯了兩件事，說錯了一句話。

李哲辦錯的兩件事都與升官有關，第一件事是給岳父韋玄貞升官，第二件事是給乳母的兒子升官。兩件事都辦得很離譜。

韋玄貞便是後來臭名昭著的韋皇后的父親，李哲正是因為他丟掉了自己的皇帝寶座。

李哲登基之後，便忙著給韋皇后的父親升官，這一升就是扶搖直上九萬里。韋玄貞原本只是普州參軍，品級正九品，相當於現在的正股級，經李哲提拔韋玄貞升任豫州刺史，品級從三品，相當於現在的副部級。

從正股級到副部級，其中的跨度有多大？

一般人如果經歷這樣的飛越，估計會在家裡偷著笑好幾天，然而韋皇后一家還不滿足，他們還想飛得更高。李哲想了一下，那就弄個侍中幹幹吧，反正也只是正三品，正部級。

從正股級到正部級，別人奮鬥數十年都未必如願，而韋玄貞幾乎馬上要實現了。與此同時，李哲還想回報自己的乳母，打算委任乳母的兒子為五品官員。

兩項火箭般的任命交給宰相班子討論，李哲以為宰相班子馬上就會同意，沒想到中書令裴炎卻堅決反對，反對的理由很簡單，韋玄貞剛從參軍提升為刺史，現在又提升為侍中，太快了！另外陛下乳母的兒子於國家沒有功勞，一下子委任為五品官員，不合適！

李哲壓根沒有想到會遭到裴炎的拒絕，他感到面上無光，便脫口而出說了一句令他後悔終生的話：「朕就算把整個帝國送給韋玄貞又怎麼樣？何況只是一個小小的侍中。」

有些話可以隨便說，有些話一輩子也不能說。

隨便說話的李哲還沒有意識到一場滅頂之災正向自己襲來，他以為自己已經貴為九五之尊，難道連委任誰做官都說了不算嗎？或許不久裴炎就會想清楚，顛顛地來向自己彙報發布任命的情況。

西元六八四年二月六日，裴炎真的來了，不過他不是一個人，與他一起來的還有武則天以及羽林軍將士，另外還有文武百官。

裴炎將李哲的胡話報告給了武則天，武則天一下子抓到了把柄，她要動用自己的權力。

李哲還端坐在皇帝寶座上，武則天示意裴炎宣讀罷黜李哲的詔書，李哲一聽當即驚呆了。母后這是要幹什麼？

罷黜的詔書一會就讀完了，李哲的皇帝之位即日起作廢，廢為廬陵王。

李哲不知所措，武則天命人將李哲拉下皇帝寶座，李哲拼命地掙扎，為自己做最後的辯解：「朕有什麼罪？」

武則天高聲呵斥道：「你都要把帝國送給韋玄貞了，難道還沒有罪？」

活該，誰叫你大嘴巴。

從這件事情的前前後後來看，裴炎這個託孤大臣幹得實在不怎麼樣，先帝命你輔佐皇帝，可不是讓你來拆皇帝的臺。如此荒唐的一句話怎麼能報告給太后呢？

揚善於公廷，歸過於私室，裴炎沒有做到這一點。

不過說到底還是李哲太荒唐，不僅讓岳父火箭式提拔，而且說話還不經過大腦，綜合評定這是一個貨真價實的低能皇帝，比他的父親李治都相去甚遠，比爺爺李世民呢？

李哲被廢黜一天後，李治最小的兒子李旦登上了皇位，不過他這個皇帝從一開始就是一個傀儡，他被勒令不准過問國家事務，所有國家大事由武則天一人說了算。

西元六八四年二月十五日，意味深長的一幕在大唐王朝上演。這一天，武則天為皇帝李旦舉行了冊封儀式，實際上李旦在八天前已經是皇帝了。

耐人尋味的是，武則天派去冊封李旦的正是禮部尚書武承嗣，他另外一個身分是武則天的娘家侄子。讓自己娘家的侄子為當朝皇帝冊封，武則天的葫蘆裡賣的是什麼藥呢？

第十章

前奏

七座祭廟

當武則天將現任皇帝李哲拉下皇帝寶座轉而冊立李旦時，很多大臣已經看出了武則天的用心，曾經在征戰百濟時立下汗馬功勞的劉仁軌便是其中一個，此時他官拜尚書左僕射。

對於劉仁軌，武則天非常看重，甚至將留守長安的重任交給了劉仁軌，她因為與王皇后和蕭淑妃的陳年恩怨，不願意再回長安，在李治駕崩之後，武則天的活動中心鎖定東都洛陽，長安則交給劉仁軌鎮守。

為此武則天專門給劉仁軌寫了一封信，信中說道：「從前劉邦將關中託付給蕭何，現在我把長安託付給你，兩者性質是一樣的。」

武則天以為自己如此一說，劉仁軌就會忙不迭地謝恩，令她沒想到的是劉仁軌居然回信說：「我老了，擔當不了大任了。」

看了信的開頭武則天就有些失望，接著往下看心裡又涼了半截，原來劉仁軌在暗示她想想當年呂后當權以及最後的慘敗。

心思已經被劉仁軌看透，但武則天並不承認，她派自己的侄子武承嗣攜帶詔書親自跑了一趟長安。詔書中武則天自我辯解道，日前皇帝李旦處於父親居喪時期，所以我代他理政，日後還是要還政給他的，你就不要說自己老了，還是負起責任來吧。

話說到這個份上，再說破就沒意思了，劉仁軌不再堅持，接過了長安留守的重任，但他內心知道太后的心思遠遠不只這些。

果不出劉仁軌所料，不久之後，武則天的心思昭然若揭。

事情由武承嗣而起，武承嗣上疏武則天：懇請追贈武家祖先王爵，同時建立武姓七座祭廟。

事情大了。

七座祭廟在儒家傳統中只有皇帝才能擁有，這是皇權的象徵，武承嗣上疏為武家爭取七座祭廟，意欲何為？

中書令裴炎看出了武則天的居心，但他不能說破，七座祭廟就是皇帝的新裝，誰都看得明白，但誰都不能說破。裴炎只能旁敲側擊：「太后作為全天下母親的表率，不能有過多的私心，只偏重自己的家人，難道您沒看到呂后的結局？」

被裴炎戳破了心思，武則天還在狡辯：「這不一樣，呂后是把大權給同姓的活人，我是把榮譽追贈給已經去世的人，沒什麼大不了的。」

裴炎心中一絲苦笑，接著勸誡道：「凡事都需要從小處防範，才能防止不再擴大。」

然而一切都是徒勞，武則天已經下定決心的事情沒有人能拉得回，不過為了避免過於強烈的反對，武則天將武承嗣的提議打了個折扣，追贈祖先准奏，七座祭廟暫緩。

西元六八四年九月二十一日，李旦下詔追贈武家五代祖先，其中武則天的父親武士彠被追贈為太師，封魏定王。如果李淵和武士彠地下有知，兩個多年老友不知道如何以對。

不久武則天在老家文水（山西省文水縣）興建武家五世祠堂，既然七座祭廟暫緩，那麼就先用五世祠堂替代吧。

五世祠堂來了，七座祭廟還會遠嗎？

起兵

武則天還在糾纏於五世祠堂和七座祭廟時，一場針對她的起兵已經在悄悄醞釀，領頭的人是一個在歷史上赫赫有名的人物——徐敬業。

此時徐敬業準確的說叫李敬業，因為他的爺爺徐世勣被賜姓李，因此這時他姓李。

如果說姓李在以前還很榮耀，現在則是江河日下，不少李姓官員都遭到了打壓，李敬業這個賜姓李同樣遭到了打壓。經過打壓，李敬業的官職一下子從眉州刺史被貶為柳州司馬，眉州刺史為從三品（副部級），柳州司馬為從六品（副處級），巨大的落差讓憤怒佔據了李敬業的胸膛。

由於武則天的打擊面很寬，在李敬業的周圍聚集了一批同樣仕途失意的人，這些人包括李敬業的弟弟李敬猷、殿前監察官唐之奇、太子宮總管府糾察官杜求仁以及曾經當過御史的魏思溫。他們共同的特點是都遭到了貶黜，心中對武則天都充滿了怨恨。

另外還有一個鼎鼎大名的人物，初唐四傑之一駱賓王。

原本駱賓王也想在仕途上有一番作為，他一度做到了侍御史，品級從六品，副處級。

當上侍御史之後，駱賓王以為自己迎來了人生轉機，他頻頻上書針砭時弊，對武則天的諸多做法提出建議，這讓武則天有些不勝其煩。接著駱賓王又將矛頭對準了當時盛極一時的酷吏，彈劾酷吏的不法行為。不經意間，駱賓王把武則天和酷吏都得罪了，等待他的自然沒有好果子。

駱賓王被指「貪贓」被打入大獄，入獄時駱賓王五十一歲。獄中，駱賓王悲憤不已，寫下了《在獄詠蟬》。

西陸蟬聲唱，南冠客思深。
那堪玄鬢影，來對白頭吟。
露重飛難進，風多響易沉。
無人信高潔，誰為表予心。

「露重飛難進，風多響易沉」，這是蟬的現實，何嘗不是駱賓王人生的寫照？輾轉出獄後，駱賓王被委任為臨海縣丞，品級從八品，副科級。

經過人生的起起落落，經歷刻骨銘心的牢獄之災，駱賓王已經把一切看透，自己費盡心機到頭來不還是一個從八品的縣丞嗎？已經過了知天命的年齡，還要混跡於縣丞這個職位嗎？算了，這個官不當也罷。

懷著一腔悲憤，駱賓王棄官而去，多年的鬱悶已經在他內心中形成了一個火藥桶，他需要一個爆發的機會。這個機會就是李敬業起兵。

對於駱賓王與李敬業的聚合有兩種說法，一種說法是駱賓王主動前往效力，一種說法是李敬業對駱賓王發出邀請，總之兩個失意的人一拍即合，駱賓王成了李敬業陣營中的一員。

起兵的核心層已經形成，大家將起兵的地點選在了揚州。

討武曌檄

起兵由一場裡應外合開始，總策劃是曾經當過御史的魏思溫。

經魏思溫事前策劃，不安分的監察御史薛仲璋主動向武則天要求到揚州查案，這樣薛仲璋就有了名正言順進入揚州城的機會。薛仲璋進入揚州城後，李敬業安排了一個人前往晉見，這個人向薛仲璋告密說揚州長史陳敬之叛亂，隨即陳敬之遭到逮捕。

幾天後，李敬業不知道從哪裡弄到了一套朝廷專用的驛站馬車，他乘著這輛馬車大搖大擺地進入了揚州城，對外聲稱是揚州城新到任的司馬。李司馬上任伊始就發布了一個驚人的消息：奉太后旨意，高州蠻夷酋長謀反，即刻調兵平叛。

「謀反」是假，調兵卻是真，李敬業以平叛為名將揚州全州的兵馬調動了起來，真實目的是起兵造武則天的反。

揚州並非所有人都想造反，錄事參軍孫處行拒絕參加，旋即他遭到了李敬業的公開問斬，這一斬，李敬業鎮住了陣勢，進而把揚州一州的兵馬裹脅了進來。

然而如此裹脅而來的兵馬也在不經意間決定了李敬業起兵的走勢，如果能夠一切順利，或許這支兵馬也能席捲天下，然而一旦戰事不利，裹脅來的兵馬來得容易，去得更容易。

李敬業卻不去想這些，在他心中這是一場經天緯地的大業，他以擁護李哲復位為名，期待掀起全國的風起雲湧。

在李敬業的授意下，駱賓王寫就了傳世千古的《為徐敬業討武曌檄》：

偽臨朝武氏者，性非和順，地實寒微。昔充太宗下陳，曾以更衣入侍。洎乎晚節，穢亂春宮。潛隱先帝之私，陰圖後房之嬖。入門見嫉，蛾眉不肯讓人。掩袖工讒，狐媚偏能惑主。踐元后於翬翟，陷吾君於聚麀。加以虺蜴為心，豺狼成性。近狎邪僻，殘害忠良。殺姊屠兄，弑君鴆母。神人之所共嫉，天地之所不容。猶復包藏禍心，窺竊神器。君之愛子，幽之於別宮。賊之宗盟，委以重任。嗚呼！霍子孟之不作，朱虛侯之已亡。燕啄皇孫，知漢祚之將盡；龍漦帝后，識夏庭之遽衰。

敬業皇唐舊臣，公侯冢子。奉先帝之成業，荷本朝之厚恩。宋微子之興悲，良有以也。袁君山之流涕，豈徒然哉！是用氣憤風雲，志安社稷。因天下之失望，順宇內之推心，爰舉義旗，以清妖孽。

南連百越，北盡三河。鐵騎成群，玉軸相接。海陵紅粟，倉儲之積靡窮。江浦黃旗，匡復之功何遠！班聲動而北風起，劍氣沖而南斗平。喑嗚則山嶽崩頹，叱吒則風雲變色。以此制敵，何敵不摧？以此圖功，何功不克？

公等或居漢地，或協周親，或膺重寄於話言，或受顧命於宣室。言猶在耳，忠豈忘心。一抔之土未乾，六尺之孤何託？倘能轉禍為福，送往事居，共立勤王之勳，無廢大君之命，凡諸爵賞，同指山河。若其眷戀窮城，徘徊歧路，坐昧先幾之兆，必貽後至之誅。請看今日之域中，竟是誰家之天下！

《討武曌檄》讓武則天背上千古罵名，也讓駱賓王成就了自己的千古盛名，從某種角度而言，駱賓王便是為《討武曌檄》而生。

當《討武曌檄》傳入宮中時，武則天饒有興趣地讀了一遍。

看到「入門見嫉，蛾眉不肯讓人。掩袖工讒，狐媚偏能惑主」時，武則天笑了，儘管這是罵人的話，但也能從反面證明武則天的美豔，女人都希望別人說自己漂亮，武則天也不例外。當看到「一抔之土未乾，六尺之孤何託」時，武則天也被作者的文采折服了，寫得真好！

這時武則天抬頭問左右：這是誰寫的？

左右回答說：駱賓王。

武則天一聲歎息：宰相安得失此人！

成功是什麼？成功就是連你的對手都深深佩服你，這就是成功，這才是成功。

數百年後，駱賓王的《討武曌檄》被另外一個人引用，這個人在檄文的最後寫道：請觀今日域中，仍是朱家之天下。

這個人就是吳三桂，他的檄文是《討闖賊李自成檄》。

遺憾的是，無論是駱賓王還是吳三桂，他們面對的都是無言的結局。

兵敗

儘管駱賓王的檄文寫得氣吞山河，然而「班聲動而北風起，劍氣沖而南斗平」的局面始終沒有出現，李敬業和駱賓王所期待的全國各地風起雲湧並沒有發生，自始至終只有他們這一支反抗軍，並沒有想像中的一呼百應。

這是為什麼呢？為什麼沒有人來回應李敬業的起兵呢？

這是因為武則天在朝廷中的奪權損害的只是李唐王朝上層人物的利益，對於全國老百姓而言，李姓當皇帝和武姓當皇帝沒有區別，無論誰當皇帝他們都照樣種地、照樣交租，所以李敬業起兵並沒有群眾基礎。

得不到群眾呼應的李敬業叛軍注定只是一支孤軍，而這支孤軍在起兵後不久就注定了失敗的命運。

揚州起兵之後，往哪裡打成為一個現實的問題，魏思溫主張直接往洛陽打，這樣能引起全國的風起雲湧，而薛仲璋主張往金陵（南京）打，那裡據說有王氣，而且有長江天險，可以作為根據地。李敬業做出決定，全部兵力一分為二，一部分留守揚州，一部分由他親自率領前往攻打潤州（江蘇鎮江），進而進攻金陵。

分配完畢，李敬業率軍出發，軍師魏思溫卻歎息一聲，完了，敗局已定。

魏思溫是對的，如果直接往洛陽打還有些許成功的可能，然而分兵去打金陵則是必敗無疑。試想此時的李唐王朝還是鐵板一塊，即使李敬業佔領金陵一座孤城又有什麼用呢？由古至今，一貫講究行軍用險，而李敬業在起兵之後卻不銳意進攻，而是提前為自己準備退路。

事實證明，凡是起義之初就給自己準備退路的，必敗無疑。起義只有一條路，這條路就是向前再向前，向前未必生，向後一定死，李敬業的結局將再次證明這一點。

武則天派出左玉鈐衛大將軍李孝逸率領三十萬大軍前往平叛，此時李敬業手下只有雜牌軍十萬。

戰事一開始並沒有向著有利於朝廷軍的方向發展，雙方互有勝負，李孝逸幾次進攻都遭到了挫敗。李孝逸有些慌亂打算就此撤退，這時殿中侍御史魏元忠建議乾脆趁著風勢發動火攻。一句話提醒了李孝逸。

火起，風勁，戰事頓時朝有利於朝廷軍的方向發展，遭遇火攻的起義隊伍四處逃竄，就此注定了李敬業的敗局。

自知大勢已去的李敬業一路逃到了海陵（江蘇泰州），他想從這裡乘船出海，前往朝鮮半島避難，然而人到走霉運時連老天都不幫你，這時海上起了大風，而且是逆風。原本還想跟李敬業去朝鮮半島逃難的人改變了主意，他們決定改過自新，從頭開始。李敬業的頭就是他們投誠的投名狀。混亂中，李敬業、李敬猷被手下叛將殺害，唐之奇、魏思溫在被逮捕後也被處決，至於駱賓王則是下落不明。

駱賓王的最終結局究竟是什麼呢？

《舊唐書》：敬業敗，伏誅。

《新唐書》：敬業敗，賓王亡命，不知所之。

《唐才子傳》：及敗亡命，不知所之。

《全唐詩》：敬業事敗，賓王亡命，不知所終。

有人說他死了，有人說他跑了，總之在那個喪亂的時節，初唐四傑之一的駱賓王不知所終。

關於駱賓王的最後結局已經說不清了，明代有人記載，曾經在江蘇南通城東黃泥口發現了一座古墓，墓碑刻著「駱賓王之墓」。清代乾隆年間有人在南通發現這座古墓，並找到了刻有「唐駱」

的石碑和枯骨，於是便把它重新葬在了狼山腳下。

現在狼山駱賓王墓有一石坊，上寫：

筆傳青史，一檄千秋著；
碑掘黃泥，五山片壤棲。

隔山打牛

李敬業的起兵前後只持續了三個月，最後以失敗告終，不僅自己兵敗身死，還連累祖父李勣被打回原形，從此不能再姓李了，只能再改回姓徐，因此歷史書上稱這次起兵為「徐敬業起兵」。受徐敬業起兵連累的遠不止李勣一個，後面還有一串人，武則天這個古今少有的女政治家，用她慣用的隔山打牛方式，將一船人打落水中。

被她率先打落水的是先帝李治的託孤重臣裴炎。

此前在追贈武氏祖先、籌建七座祭廟的問題上，裴炎擋了武則天的道，從那時起武則天就在思考如何扳倒裴炎，現在藉著徐敬業起兵，她找到了機會。

原來跟隨徐敬業起兵的薛仲璋是裴炎的親外甥，這樣裴炎就難脫關係了。

到這個時候，如果裴炎能順從武則天意思還不至於惹上殺身之禍，然而裴炎又說了一番話，愣是把自己扔進了萬劫不復的深淵。

當武則天向裴炎詢問如何平叛徐敬業時，裴炎如是說道：「皇上的年紀已經比較大了，卻不能親自處理國事，所以那些小子就以這作為起兵的藉口。如果太后還政於皇上，那麼他們就沒有起兵的理由，不需要出兵，叛亂就能平定。」

哪壺不開提哪壺，裴炎的悲劇就此注定。

不久就有監察御史上疏武則天，指控裴炎陰謀叛亂：「既是先帝託孤大臣，手握國家大權，還勸太后交權，其背後必定有著不可告人的陰謀。」

裴炎被打入大獄，先帝託孤重臣就這麼輕易被武則天扳倒，而他的命運在入獄的第一天就已經注定了。不過裴炎卻很坦然：「哪有宰相下獄還能活著出去的？」

裴炎入獄之後，侍中劉景先和鳳閣侍郎胡元範力保裴炎，然而也沒有用，武則天已經認定裴炎謀反，那就是謀反。

武則天：「裴炎謀反證據確鑿，只是你們不知道而已。」

胡元範：「既然裴炎謀反，我們也是謀反。」

武則天：「我知道裴炎謀反，我也知道你們沒有謀反。」

一句話把胡元範和劉景先噎住了。

武則天為了省事，索性把胡元範也關進了大獄，省得再來說情。

西元六八四年十月十六日，託孤重臣、中書令裴炎在洛陽被公開斬首，此時距離他接受先帝李治託孤還不到一年。

為裴炎拼命辯護的侍中劉景先被貶為普州（四川安岳縣）刺史，五年後被酷吏陷害，自縊於獄中；同樣參與辯護的鳳閣侍郎胡元範被流放瓊州（海南定安縣），後來在當地逝世。

到這個時候，李治所倚重的幾位重臣都被武則天手指輕彈，各得其所，由此可見李治當年壓縮相權，最終還是搬起石頭砸了自己的腳。僅僅在他死後一年，他倚重的託孤重臣就煙消雲散，而他最為倚重的皇后已經對李唐王朝虎視眈眈。

處理完裴炎、劉景先、胡元範這些人還不算完，武則天又把裴炎謀反事件做成了一個筐，她還要裝另外兩個人進去，這兩個人非同小可，因為他們手握兵權。

被武則天第一個鎖定的是單于道安撫大使、左武衛大將軍程務挺。

程務挺是唐朝的一員名將，坐鎮唐朝邊境北部防範突厥，戰功赫赫，他與父親程名振是父子兩代名將，現在這位名將也被武則天惦記在心。程務挺之所以被武則天忌憚，一是因為他有兵權，二是因為他在李治的手下受到重用，這樣的人在將來武則天革唐命開周朝時可能是潛在障礙，因此需要提前預防。

在不久之前的裴炎謀反事件中，程務挺還上書為裴炎辯護，這讓武則天更加不快。雪上加霜的是程務挺與參與徐敬業起兵的唐之奇等人關係甚篤，這下程務挺跑不了了。在裴炎被處斬兩個月後，程務挺在自己的大營中被處斬，死後家產被全部充公。

當程務挺被處斬的消息傳到突厥之後，突厥各部紛紛舉行宴會大肆慶祝，更諷刺的是不久之後突厥人為程務挺興建了一座廟，每次出兵都要到程務挺的像前禱告。

不知道這樣的消息傳到武則天的耳朵裡，她將作何感想？

程務挺被處斬之後，又一位名將被裝到了武則天的筐中，名將的名字叫王方翼。

王方翼對外作戰很有一套，而且還是個有情有義的人。

顯慶四年，李治和武則天整肅長孫無忌、韓瑗等人的勢力，涼州刺史趙持滿受長孫無忌以及韓瑗的牽連被公開處斬，屍體橫臥於長安城西的血泊之中，親戚無人敢去收屍。

趙持滿生前的朋友王方翼出現了，他歎息一聲，將趙持滿的屍首收拾起來讓他入土為安，能頂著莫大的關係替朋友收屍，王方翼可謂有情有義。

王方翼讓武則天很忌憚，因為他的身分很特殊。他既是程務挺的朋友，又是跟武則天爭寵失敗的王皇后堂兄，兩種身分疊加到一起，注定武則天不會放過王方翼。不久武則天徵召王方翼前往東都洛陽，打入大獄，後又將王方翼貶到崖州（海南瓊山市），最終王方翼的人生在崖州定格。

就這樣，借力打力，隔山打牛，在李治的身後，武則天肆意閃轉騰挪，將朝政玩弄於鼓掌之間。

垂拱二年（六八六年）正月，六十二歲的太后武則天下詔要將政權交還給二十四歲的皇帝李旦，沒想到卻遭到了李旦的堅決拒絕，一個皇帝居然拒絕接受權力，這種鬧劇或許只會在武則天母子身上上演。

沒辦法，皇帝太「謙讓」，太后很「無奈」，那就「勉為其難」地再度臨朝，再替皇帝管理一段時間吧。

謙讓是假的，無奈也是假的。

告密風起

武則天已經控制了朝政，然而控制朝政易，掌控天下卻難，因為天下太大了，武則天只有兩隻手，她根本控制不了繁雜的天下事。

即便如此，武則天還是想盡辦法多了解天下事，尤其是遍布各地的李唐皇族動靜，如果能夠掌握他們的一舉一動，那麼就可以提前做好準備，從容應對。

武則天想到了一個方法：鼓勵告密。

武則天的鼓勵告密是破天荒的，她給了告密者古今少有的好待遇。

如果你是一個告密者，那麼恭喜你，你獲得了使用朝廷驛馬車的權力。只要你跟地方官說我要告密，地方官就會馬上給你安排驛馬車送你前往洛陽告密，而且你不需要向地方官說明告密的內容，他無權過問。

順便提醒一句，凡是告密，不需要自帶乾糧，沿途的驛站會按照五品官（司局級）的待遇給予接待。到了洛陽之後，朝廷會安排你住進鴻臚寺的賓館，然後等待太后的親自召見，召見時也不需要緊張，如果舉報屬實且應答得體，那麼恭喜你，你將獲得超常規的提拔任用，即便此前你只是一個農民，從現在起你是一名官員了，而且官階不會太低。

如果舉報並不屬實會不會有懲罰呢？放心吧，不會，即便不屬實也不會處罰，為的就是保護告密者的積極性。

有這麼便宜的事情？還真的有。

在武則天的鼓勵下，天下的告密者風起雲湧，告密之風興起，很多人都在心裡打著如意算盤，如果告密成功就能邁入官場，即便告密不成也能免費到洛陽旅遊，此等好事何樂而不為？

在洛陽的朝堂外，武則天命人打造了一個多功能銅櫃，這個銅櫃內分四個小箱，分別對應著四個開口，每個小箱對應著自己的功能分區：

銅櫃東面為綠色的「延恩箱」，專門接收歌功頌德文章以及當官的請求。

銅櫃南面為紅色的「招諫箱」，專門接收批評朝廷的奏疏。

銅櫃西面為白色的「申冤箱」，專門接收要求申冤的訴狀。

銅櫃北面為黑色的「通玄箱」，專門接收天象災變的分析以及奇思妙計。

總之這是一個多功能接收箱，自動將全天下的信息進行分類。

這樣一來，百姓如果有什麼話想對朝廷說，就可以轉為文字往這個銅櫃裡投遞，於是天下信息就源源不斷彙總到武則天那裡，不僅實現了自動分類，而且還保護了投遞人的安全。

說起這個多功能銅櫃，背後還有一個故事。

本來武則天還在苦惱，如此海量的信息怎麼進行分類呢？侍御史魚承曄的兒子魚保家站了出來：「陛下別急，我自有辦法。」

不久，多功能銅櫃誕生了，武則天非常開心，對魚保家很是欣賞。

好景不長，魚保家很快栽了，正是他親自設計的多功能銅櫃害了他。

原來魚保家曾經參與過徐敬業叛亂，雖然沒有直接上陣殺敵，但是曾在徐敬業的大本營教授製造刀槍劍戟等上陣打仗的兵器。徐敬業覆滅後，他的保密工作做得很好，因此一直安然無事。多功能銅櫃出現之後，魚保家的仇家將告密文書投進了銅櫃，魚保家的底牌全被揭開了。

「發明家」魚保家被武則天誅殺，他沒有死於徐敬業起兵時的血雨腥風，卻死於自己的一項全新發明。

酷吏發家

當一個朝代告密風起，這個朝代原有的社會秩序就會受到衝擊，而與告密如影隨行的，便是讓人聞風喪膽的酷吏。

如果只有告密沒有酷吏，那樣是沒有威懾力的。武則天鼓勵天下百姓群起告密，這就為酷吏提供了快速成長的土壤。在武則天的鼓勵下，一批酷吏如雨後春筍般出現了，其中留下千古罵名的有如下幾位：來俊臣、周興、索元禮、侯思止、萬國俊等人。

來俊臣出身於無賴世家，他的父親來操是一個無賴兼賭徒。關於來俊臣的身世，有一段插曲：來俊臣的父親來操跟同鄉一個叫蔡本的人關係不錯，本著「朋友妻不欺白不欺」的原則，一來二去，來操就跟蔡本的妻子私通了。後來蔡本與來操賭錢輸了，沒錢還債，索性就將妻子送給來操抵債。蔡本妻子進入來家之前就有孕在身，過門後不久就生下了來俊臣，這樣一來來俊臣的身世就說不清了。

長大後的來俊臣繼承了老爹的優良傳統，繼續將無賴事業發揚光大，幹些雞鳴狗盜的事情打發日子。後來來俊臣在和州因為盜竊被關押了一段時間，出獄後趕上了武則天鼓勵告密的大好時光，來俊臣便踏上了公費告密的道路。

不過來俊臣的告密是誣告，沒有效果，只是免費遊了一趟洛陽就又回到了和州。和州刺史東平王李續痛打了他一百大棍，因為來俊臣誣告的正是李續。

被痛打的來俊臣消停了一段時間，不久之後他迎來了轉機，李續因為「謀反」被誅殺了，來俊臣又看到了希望，再次踏上了告密的道路。這一次來俊臣又受到了武則天的接見，他聲淚俱下地控告李續當年對自己的迫害，言下之意：您看，李續還是反了，說明我當初的告密是對的。

這一下打動了武則天，原來這不是個無賴，這是個忠臣啊。

來俊臣很快受到了重用，被提拔為侍御史，進而成為武則天手下得力的酷吏之一。

同來俊臣的無賴出身不同，周興的出身還是比較正統的，他從小學習法律，對法律條文非常熟悉，憑藉自己的努力做到了從七品的尚書都事（國務院總務官），起點比來俊臣高多了。

索元禮跟他們都不一樣，來俊臣和周興都是漢人，而索元禮則是貨真價實的胡人，這個胡人跟一般的胡人不同，相比之下他更看得懂局勢。當武則天鼓勵天下人告密時，他敏銳地嗅到了機會，趕上了第一撥告密的快車，這讓武則天非常滿意，一下子就委任索元禮為從五品游擊將軍，武則天要樹立索元禮這個典型，鼓勵天下人都來告密，尤其是針對李唐皇族的告密。

侯思止和來俊臣一樣也是無賴出身，自己混不下去了，就進入渤海高元禮家打雜。如果沒有武則天鼓勵天下告密，侯思止這輩子可能也就是打一輩子雜。

武則天鼓勵告密後，侯思止在別人的指點下走上了告密的道路，一下子成了武則天面前的紅人，這下原來的主人高元禮也不能小看他了，而是殷勤地拉著他與自己平起平坐，而且稱呼他為

「侯大」。考慮到侯思止不識字，不能在武則天面前長久紅下去，高元禮教了侯思止一招：如果太后問你不識字怎麼辦，你就說獬豸獸也不識字，但是同樣能鎮住邪惡。這一招果然管用，武則天對侯思止非常滿意，侯思止也憑藉這句話成為與來俊臣並肩作戰的酷吏之一。

至於萬國俊，此人出身跟周興有些類似，發跡之前已經混跡於官場，不過職位不高，為從八品的司刑評事（最高法院助理審判官）。

這些酷吏從五湖四海走來，為了一個共同的理想走到一起來，這個理想就是整人。

事實證明行行出狀元，來俊臣、周興這些人在整人這方面一直追求在「更快更猛更狠」的道路上不斷進取，沒有止境。

為了達到抓住一兩個，整肅一大片的目的，胡人索元禮採取了觸類旁通以一敵百的手法，只要抓住一個人，經過他的審訊能一下子扯出幾十人甚至數百人，打擊面之大，讓武則天很滿意。

不過索元禮跟來俊臣和萬國俊相比，那就是小巫見大巫了，他只停留在行動上，來俊臣和萬國俊已經上升到理論高度，兩人一起撰寫了長達數千字的《羅織經》。在這本小冊子裡詳細解析了如何陷害平白無辜的人，進而如何把故事編圓了，而且務求結構緊湊，邏輯嚴密，同時又無懈可擊，只要把這個小冊子通讀一遍就可以成為一個幹練的酷吏。

來俊臣、周興等人還不斷研製新興刑具，你能想到的刑罰他們有，你想不到的刑罰他們也有，比如索元禮研製開發了大號的木枷，總共分十個型號：一曰定百脈，二曰喘不得，三曰突地吼，四曰著即承，五曰失魂膽，六曰實同反，七曰反是實，八曰死豬愁，九曰求即死，十曰求破家。只要這十個型號一上，估計沒有人能扛得住。

如此一來酷吏們的審訊就變得非常容易，只要把犯罪嫌疑人往堂上一帶，然後把刑具往地上一扔：「說不說，不說就用這個讓你說！」

到這個時候，絕大多數人已經崩潰了，只要不用刑，你讓怎麼說就怎麼說，連大名鼎鼎的狄仁傑在這個時候也得認罪，可見刑具的威力之大。

我們必須承認武則天是古今中外少有的傑出女政治家，然而也要承認在她的治下很多歷史不僅是用文字寫就的，同時還有血，很多人的血，這其中包括原本貴不可言的李唐皇族。

反抗

武則天已經磨刀霍霍，李唐皇族也不準備坐以待斃，除了李顯被幽禁、李旦靠邊站外，一些李唐皇族正在醞釀一場針對武則天的革命，他們的隊伍集中了老中青三代皇族。

醞釀革命的主要有這樣一些人：

李淵的兒子韓王李元嘉、霍王李元軌、魯王李靈夔。

李世民的兒子越王李貞。

李元嘉的兒子黃公李撰、李元軌的兒子江都王李緒、虢王李鳳（李淵的兒子）的兒子東莞公李融、李靈夔的兒子范陽王李藹、李貞的兒子琅琊王李沖。

他們為了同一個目的聯繫到了一起。

事件的導火索由李元嘉的兒子黃公李撰提供，他先是給李貞的兒子琅琊王李沖寫了一封信，信上寫道：我的妻子病了，很嚴重，得趕快治，要是拖到冬天就無藥可醫了。

顯然李撰將起事的最晚期限定為這一年的冬季，然而武則天一紙詔書，讓他們的起事被迫提前。

這一年七月，武則天要在洛水河畔舉行盛大的祭拜洛水神儀式，她給全國的高官以及李唐皇族都下了詔書，要求在祭拜儀式開始前十天都到洛陽集合，一紙詔書讓李唐皇族成了驚弓之鳥。

集合皇族，而且還提前十天，莫非武則天準備動手了？

小道消息開始在皇族內部流傳：武則天將會利用大宴群臣的機會將李唐皇族一網打盡，一個活口不留。

沒法活了，反吧！

這時黃公李撰偽造了一份李旦發給李沖的詔書：朕已經被軟禁了，各位親王速來營救。李沖接到這份假詔書之後，自己又偽造了另外一紙詔書：武則天要將李唐王朝轉移到武姓之手。

事情發展到這個程度，起兵已經不可避免。

西元六八八年八月十七日，琅琊王李沖拉開了序幕，在起兵的同時他給其他皇族成員傳去消息，相約一道起兵，然後自己率先在博州城（山東聊城）招兵買馬。

消息傳到洛陽，正中武則天下懷，她早就盼著李唐皇族有人起兵，這樣就給她的整肅提供了藉口。在武則天的部署下，曾經逼死李賢的左金吾大將軍丘神勣從洛陽出發，帶領大軍浩浩蕩蕩前往平叛，丘神勣以為自己已經走得夠快了，然而還是來晚了。

因為李沖實在太不經打了。

李沖率領拼湊的五千人馬攻打博州西北的武水城遭到了守軍的抵抗。眼看強攻不成，李沖想到用火攻，然而沒想到火勢剛起風向就突然變了，不僅沒有燒向守軍，反而燒向了李沖一方，這下形勢亂了。

有意志不堅定的人想跑，李沖想都沒想將他斬於馬下，本以為能就此鎮住局勢，沒想到如此一來跑的人更多了，本來帶出來五千人，跑到最後只剩下李沖左右親信幾十人，仗已經沒法打了，還是回家吧。然而家也回不去了，李沖剛回到博州城下，就被守門的士兵給斬了，他的起兵從開始到結束只持續了七天。

李沖被斬之後，率領大軍平叛的丘神勣抵達了博州，迎接他的是白衣白服的博州官員，官員們告訴他：您來晚了，李沖已經被我們斬了。

本以為丘神勣會就此收兵，沒想到他卻眼珠子一轉，盯上了前來迎接的官員：李沖反了，你們也不乾淨，殺！

一聲令下，博州城內一千多戶家破人亡，他們都成了丘神勣的戰利品。

博州李沖的叛亂草草收場，李沖遠在豫州的父親越王李貞卻陷入到了彷徨之中。

原本他也想起兵，聽說兒子起兵後，李貞就安排人出去招兵買馬，然而沒想到短短七天之後就傳來了兒子李沖兵敗被殺的消息，李貞想想還是算了吧，咱根本不是起兵的材料，索性給自己戴上了刑具，準備前往洛陽向武則天自首。

就在準備出門的一瞬間，戲劇性的一幕發生了，手下居然已經召集到了兩千兵馬，這下該怎麼辦呢？李貞想了一下，算了，既然人馬都已經齊了，還是接著起兵吧，他便摘下了刑具，投入到轟轟烈烈的起兵大業中。

其實只要看到李貞前後的反覆，就能看到他悲劇的結局。

不久武則天派出的另外一路平叛大軍兵臨豫州，離豫州只有四十里。李貞派出自己的軍隊前往迎戰，本以為這是揚名立萬的一戰，沒想到一出豫州城，招募來的軍隊一哄而散，李貞一下子成了光桿司令。手足無措的李貞只能守住自己的王府做最後掙扎，這時身邊侍衛的一句話提醒了他：大王，你怎麼還等在這裡挨刀？

侍衛的話話中有話，他提醒李貞與其被人亂刀砍死，不如自己從容自殺，至少還能保留臨死前的尊嚴。走投無路的李貞最終選擇了自殺，他的兒子以及妻子也一同自殺，他們的這次起兵總共持續了十七天，比兒子李沖僅僅多了十天。

李唐皇族的起兵就這樣剛開了頭就收了尾，不僅沒有引起全國的風起雲湧，甚至連些許的震動都沒有，這一切還要怪李沖的匆忙起兵。

原本李靈夔的兒子范陽王李藹告誡過李沖：如果全國的親王同一時間一道起兵，那麼大事必成。然而李沖急沖沖地率先起兵，此時其他親王的密使還在往來聯繫的路上，根本沒有做好起兵的準備。

當初醞釀起兵的名單就這樣成了一張死亡通知書，凡是在名單上的一個都沒能跑得掉，武則天女婿薛紹一家讓武則天很意外，他們居然也參與了李沖的叛亂。

平定叛亂之後，武則天在同黨的名單上看到了薛紹三兄弟的名字，這讓武則天出離了憤怒。

要說薛紹的兩個哥哥參與叛亂還情有可原，薛紹也參與針對武則天的叛亂就有點說不過去了，畢竟他的妻子太平公主是武則天最寵愛的女兒，薛紹跟著太平公主沾光還來不及，為什麼還要起兵造丈母娘的反呢？

或許薛紹心中藏著別人不知道的苦，唐朝的公主多數不是省油的燈，太平公主更是其中的典範，或許就因為被太平公主欺負慘了，薛紹才投入了叛亂的行列。

一切都晚了，兄弟三人得為這次叛亂付出代價。

薛紹的兩位哥哥被公開處斬，薛紹則被網開一面免於處斬，先打了一百大棍，然後投入監獄。不殺你，也不打你了，那就活活餓死吧。

當年與太平公主大婚的風光無限歷歷在目，那是西元六八一年七月的一天，儀仗隊伍從皇宮興安門南一直延伸到薛家的宣陽坊西，慶祝的火炬密密麻麻的一個接著一個，那個場面真是壯觀。或許這一輩子最大的幸運就是娶了太平公主，最大的不幸也是娶了太平公主，在不斷出現的幻覺之中，駙馬薛紹帶著對食物的思念永遠地離開了人世。

念天地之悠悠

在武則天大肆任用酷吏對李唐皇族以及朝廷高官迫害時，其實有很多人持不同意見，持不同意見的人中有一位名人——大詩人陳子昂。

陳子昂在後世聲名顯赫，在那時他的官卻很小，只是正九品的麟台正字（皇家圖書館文員）。

對於武則天的大肆整肅，陳子昂提出了自己的觀點：雖然之前有徐敬業叛亂，但海內升平，陛下沒有必要任用酷吏大肆搜捕，那樣只會適得其反。歷史上有過多起任用酷吏導致亡國的案例，希望前事不忘後事之師，願陛下考慮。

陳子昂說得很有道理，但是武則天根本聽不進去，為了達到改朝換代的目的，她不惜付出任何代價，因此也就注定陳子昂在武則天的手下不會迎來仕途曙光。

順著陳子昂的話題，不妨說一說這個才子的結局。

由於陳子昂與武則天政見不同，因此注定政壇上的陳子昂是失意的，後來他一度因批評朝政被當成「逆黨」關進監獄。出獄之後的陳子昂繼續著自己的一腔熱情，一年後他得到了一個機會，追隨武則天的侄子武攸宜統軍北討契丹，陳子昂為管記，軍中文翰皆由陳子昂負責。

陳子昂本以為這是一次建功立業的機會，沒想到武攸宜是個棒槌，一個百無一用的棒槌。

當陳子昂與武攸宜率軍抵達漁陽（今天津薊縣）時，前方傳來前鋒部隊潰敗的消息，武攸宜不懂軍事，無所適從，索性下令全軍原地待命，是進、是退、是走、是留，沒譜。陳子昂連忙進言，請求派出一萬精兵作為前鋒，火速進軍，自己願意跟隨一萬精兵充當先鋒。

武攸宜看了陳子昂一眼：懂軍事嗎？下去！

不久陳子昂又來獻計，武攸宜認為這不是獻計，而是對自己權威的冒犯，武攸宜煩了，這個陳子昂不知好歹，降職！一邊待著去！

此時終有滿腔抱負，說與誰人聽？

機緣巧合，武攸宜停留不前的漁陽不遠處便有一處名勝，叫薊北樓，也就是幽州台。

幽州台相傳為燕昭王所建，燕昭王千金市骨，表達自己對千里馬的渴望，同時又在幽州台上置金，延請天下奇士良將為燕國效力，名將樂毅就是這樣被燕昭王收入帳下。

當陳子昂登幽州台時，早已物是人非，苦悶的陳子昂找不到古人燕昭王的足跡，也看不到自己未來的伯樂在哪裡，於是一腔悲憤噴湧而出：「前不見古人，後不見來者，念天地之悠悠，獨愴然而涕下。」

寫得盡的詩篇，寫不盡的懷才不遇，寫不完的壯志難酬！

兩年後，陳子昂意興闌珊，以父老多病為由上表請辭還鄉，武則天特批：帶官取給而歸。也就是保留官職，保留待遇，回鄉安養。

此時的陳子昂已經無意仕途，他計畫靜下心來研究歷史，甚至想從漢孝武帝開始到初唐時期寫一部《後史記》，遺憾的是因為父親去世，陳子昂擱筆，從此再也沒有續寫的機會。

不久，陳子昂的家產被射洪縣令段簡盯上了，段簡採用酷吏們慣用的手法將陳子昂打入大牢，陳子昂的家屬先後給他送了二十萬緡他還嫌少，他想榨乾陳子昂身上所有的油水。在武則天統治時期，要陷害一個人只是動動手指的事情，陷害他人更是段簡這些無德縣令發財的手段。

黑帽子已經扣下，無邊的黑暗將陳子昂包圍，擅長算卦的陳子昂為自己算了一卦，一看卦相，他大驚失色：「天命不佑，吾凶死乎？」

後來陳子昂無聲無息地死在獄中，至於何種死因沒有人能說得清楚，總之他死了，死於無邊的黑獄。

到底是誰害死了陳子昂？版本有很多。

版本一：無德縣令段簡貪財將陳子昂迫害致死。

版本二：陳子昂曾經無意中得罪過武三思，武三思授意段簡害死了陳子昂。

版本三：陳子昂為父居喪，悲傷過度，身體羸弱，加上入獄後精神壓力大，鬱鬱而終。

時隔千年，陳子昂究竟是如何死去已經不重要了，他的麟台正字、他的右拾遺（官職）早已經被人們忘記，人們能記起的依然是他的詩篇。

前不見古人，
後不見來者。
念天地之悠悠，
獨愴然而涕下。

勢不可當

無論李唐皇族如何反抗，無論陳子昂這樣的官員怎樣進諫，再也沒有人能擋住武則天緊逼的腳步。

在這個過程中，武則天的侄子武承嗣活躍起來，他不僅看到了姑姑稱帝的曙光，同時也看到了自己未來的希望。

無利不起早，說的不僅僅是商家，同時說的也是武承嗣這些心比天高的人。

西元六八八年，武承嗣命人找來了一塊白色石頭，然後把這塊石頭認真地加工了一番。他先在這塊石頭上寫上了「聖母臨人，永昌帝業」，然後又把紫色的石頭磨成粉末，再夾雜著草藥把刻字的地方填平。經過一番加工，白色石頭看上去就像自然長出了那八個字，看上去就是天意。

武承嗣這招是陳勝、吳廣玩剩下的。

早在秦末陳勝、吳廣起義時，兩人就玩過這種把戲：先是讓人扮成狐狸在野外嚎叫「大楚興，陳勝王」，接著吳廣又買來一條魚，結果魚肚子裡有一塊布條，布條上寫著三個字：陳勝王。

連魚都知道陳勝要稱王，看來這是天意。實際上都是騙人的把戲。

當武承嗣加工這塊石頭時，他自己知道這是騙人的，而且騙不了聰明人，不過為了姑姑的稱帝，他還是要把騙人進行到底，不然自己的皇帝夢無法實現。

這一年四月，雍州居民唐同泰為武則天奉上了一塊石頭，聲稱是不久前從洛水打撈上來的，武則天仔細一看：聖母臨人，永昌帝業。

天意啊，天意！

武則天隨即將這塊石頭命名為「寶圖」，同時擢升唐同泰為游擊將軍，從五品（副局級）。

五月十一日，武則天下詔，將擇期前往洛水，舉行盛大的接受「寶圖」儀式。

七天後，武則天自己給自己加了一個封號：聖母神皇。

到這個時候武則天的用心已經路人皆知。

仔細推敲起來，武則天想走上前臺不是一天兩天了，往前推，可以推到西元六七五年。

在前面曾經提到過，李治因為患病嚴重產生了讓武則天攝政的念頭，結果念頭一經產生就被郝處俊給叫停了。事實上在那個時候武則天就有走上前臺的打算，只不過經過郝處俊的反對，她只能暫時停下自己的腳步，繼續躲在幕後操持著國政。

屈指算來，走上前臺的想法至少被壓制了十三年，這一切都拜郝處俊所賜，武則天自然對郝處俊一直咬牙切齒。

郝處俊一直沒有把柄落在武則天手裡，等到武則天任用酷吏肆意迫害高官時，郝處俊早已入土為安了，這讓武則天更加憤恨，她把對郝處俊的憤恨轉嫁到了他的孫子、太子通事舍人郝象賢身上。

郝象賢沒有躲過去，家奴誣告他謀反。

放在正常的環境下，郝象賢謀反案很容易查實，然而此時已經是武則天一手遮天的恐怖時期，而負責審理此案的正是武則天的得力幹將周興。周興已經今非昔比，再也不是那個從七品的尚書都事了，人家已經扶搖直上成為從三品的秋官侍郎（**司法部副部長**），一下子跨越了八個等級。

經周興審訊，郝象賢的謀反罪坐實了，等待他的是滅族。本來武則天以為事情到這個時候可以告一段落了，令她意想不到的是在處斬郝象賢的過程中居然發生了意外。

原來郝象賢並沒有認命，他抓緊最後的機會進行反擊，押往刑場的道路上，郝象賢就是一台大喇叭，一台移動宣傳機，一路上他不斷謾罵著武則天，同時源源不斷地將武則天的隱私公布於眾，後世的人能在史書上看到武則天的諸多隱私，與郝象賢的這次傳播不無關係。

刑場之上，郝象賢更加活躍，他甚至衝進了看熱鬧的人群，搶過別人還沒有出售的柴火掉頭攻擊劊子手，刑場一下子亂了起來。維持秩序的士兵沒有辦法，只能衝上去亂刀將郝象賢殺死，這才消停了下來。

然而這次傳播的效果是非常可怕的，它讓武則天的諸多隱私被公布於眾，武則天惱火不已，下令將郝象賢分屍，然後挖開郝象賢父親以及爺爺的靈柩，通通付之一炬。

痛定思痛，武則天做出了一個規定：以後處決犯人一律用木球塞住嘴巴。無疑，這個規定由郝處俊的孫子郝象賢而起。

清算完郝處俊和郝象賢，武則天的腳步繼續加快，西元六八八年十二月二十五日，武則天前往洛水祭拜，在洛水邊舉行了盛大的接受「寶圖」儀式。跟在她身後一同前往的有當朝皇帝李旦以及李旦的皇太子李成器，不知道李旦父子在那個儀式上作何感想？

太后接受寶圖，寶圖上分明寫著八個大字：聖母臨人，永昌帝業。

還有比這更刺激的嗎？

不久不安分的和尚也來湊熱鬧。來湊熱鬧的是洛陽東魏國寺的和尚法明，他聯合幾個師兄弟撰寫了四冊《大雲經》，然後將這四冊《大雲經》呈現給了武則天，順便還給武則天上了一道奏章。在奏章裡，法明奏報了自己的研究成果：太后您是彌勒佛轉世，應該取代李唐王朝，開創屬於自己的王朝。

看看，和尚也來跟著起鬨了。武則天並不覺得和尚在起鬨，她反而認為和尚說得很有道理，隨後她將和尚的奏章轉發到全國各地，看看人家和尚的境界。

順著《大雲經》的話題延伸一下，在現存的《舊唐書》、《資治通鑑》、《新唐書》中，一致指出《大雲經》是偽作，是幾個和尚一起杜撰的。

然而經過陳寅恪、王國維兩位國學大師考證後發現，《大雲經》並非杜撰，歷史上真的有《大雲經》。《大雲經》是古印度人曇無讖於南北朝北涼時期在敦煌譯出，翻譯時間當在四二一年到四三三年之間。武則天授意別人印發《大雲經》時，《大雲經》已經存在了兩百六十年左右。

武則天為什麼盯上佛教裡的《大雲經》了呢？這是因為裡面有她想要的東西，而這個東西儒教裡沒有。

儒教裡有什麼呢？

《尚書　牧誓》中有一句古語：「牝雞無晨，牝雞之晨，惟家之索」，意思是說，母雞不能報曉，倘若母雞報曉，其家必然敗落，大儒孔安國的解釋是：「婦奪夫政則國亡」。

歷朝歷代只要有皇后或者太后想要干政，就會有大臣指責其「牝雞司晨」（母雞打鳴），無疑，這是套在歷代皇后太後頭上的緊箍咒，同時也套在武則天的頭上。

武則天想要除掉緊箍咒，儒教是指望不上了，她尋尋覓覓，最後將目光盯上了《大雲經》。

《大雲經》裡有一個故事：淨光天女曾在同性燈佛那裡聽過大涅盤經，由此因緣釋迦佛在世時生為淨光天女，再次聽聞佛法深義。後世捨天身生為女人成為國王，得到轉輪王統領疆土的四分之一，得大自在，受持五戒，成為優婆夷，教化所屬的城鄉男女老少受持五戒、守護正法，摧伏外道的各種邪見異見，作菩薩事業。

如此一來武則天就找到了自己想要的東西：淨光天女，女身，女王，女菩薩，幾項有利因素疊加到一起，誰說女人不能當皇帝？

再整肅

「寶圖」接受了，和尚的奏章也全國傳閱了，武則天稱帝的腳步已經越來越快，這時她對李唐皇族又進行了一次整肅。

整肅的焦點人物是先帝李治的兩個兒子，一個是澤王李上金、一個是許王李素節。

論起來許王李素節的命運是最坎坷的，他的母親是曾經最當紅的蕭淑妃，而他本人一度有望憑藉母親的得寵榮立為太子。原本美好的一切隨著武則天的進攻都被打碎了，僅僅幾年之後，母親被迫害致死，而他從此成了沒媽的孩子。

相比於那兩個曾經幽閉宮中的姐妹，李素節已經算幸福的，不過對於武則天的恐懼一直伴隨著他，從西元六五五年一直持續到了西元六八八年。

當西元六八八年被徵召入京時，李素節已經意識到凶多吉少，李唐皇族已經有多人受到整肅，自己這個多年死敵的兒子自然不會被放過。心如死灰的許王李素節來到了東都洛陽，就在洛陽城南龍門，李素節被武則天派來的使節絞死。

幾乎與此同時，澤王李上金被勒令自殺，他們的兒子和朋友都沒有倖免。

隨著兩人的離去，高宗李治名下的八個兒子已經消失了六個，剩下的兩個，一個被長期幽禁，一個被當作臺前的木偶，如果李治地下有知，該如何評價自己這一生呢？

在李上金和李素節之後，又一批李唐皇族被整肅，前太子李賢的兩個兒子被皮鞭活活抽死，而後來能預測天氣變化的李守禮因為年齡小被幽禁了起來，與他一起被幽禁的還有一批年齡尚小的皇族。

在武則天的整肅下，年齡稍長的皇族要麼被殺，要麼被流放嶺南，而與李唐皇族有親戚關係的也被整肅了數百家，總之近支皇族被清算得差不多了。

這其中倒有一個例外，有一位皇族成員非但沒有受到打壓，反而受到了武則天的恩寵，這是為什麼？難道武則天良心發現？

其實不是武則天良心發現，而是這位皇族成員嘴巴很甜。

這位皇族成員便是李淵的女兒千金公主，為了保全性命，避免打壓，千金公主向武則天提出了一個石破天驚的請求：娘，收下我這個女兒吧！

亂了，徹底亂套了，本來武則天還要尊稱她一聲姑姑，這下反了，姑姑反過來要認她當媽。

武則天居然同意了，還給公主一個新的封號：延安大長公主，從今天起，皇帝李旦就不用再喊姑奶奶了，喊姐就成，你們都是同輩人。

輩分亂了，綱常亂了，接下來會發生什麼呢？

改朝換代

第十一章

勸進

時間走到西元六九〇年，武則天不稱帝已經不行了，再不稱帝，群眾不答應了。

這一年九月三日，侍御史（從六品，副處級）傅遊藝前往皇宮城門投遞奏章：請求廢除李唐王朝，建立周王朝，同時將現任皇帝李旦改姓武。

傅遊藝不是一個人在戰鬥，他的背後站著九百多名熱心的關中百姓。

看了傅遊藝的奏章，武則天還在謙虛：這個不太合適，不過鑒於傅遊藝忠心可鑒，還是提拔一下吧，即日起升任給事中（御前監督官，正五品）。

榜樣的力量是無窮的，在傅遊藝的帶動下，全國各地的人們都行動了起來，加入到對武則天的勸進行列中，上至文武百官，下至普通百姓，連不相干的蠻夷酋長也加入了進來，另外還有本該不問世事的和尚和道士，最後一統計居然有六萬多人。

這時又有一個人加入到勸進的行列，他的出現讓武則天更加高興。

這個人就是現任皇帝李旦，他並沒有直接勸進，而是請求母親允許自己改姓武。

李旦雖然沒有明說，但意思已經很明顯，現任皇帝都改姓武了，那麼李唐王朝還有存在的必要嗎？答案不言自明。

九月五日，武則天又接到了文武百官報告：皇宮內外發現了鳳凰，而且還不是一隻兩隻，而是數萬隻。鳳凰們的飛行路線是這樣的，它們先飛到上陽宮，再飛到左肅政台，聚集在梧桐樹上，許久才往東南飛去，後來又聚集在皇宮南城的朝廷辦公地。

這是什麼？這是改朝換代的祥瑞啊！事情發展到這一步，武則天如果再不答應，不僅人不答應，連鳳凰也不答應。

兩天後，武則天答應了文武百官的請求，同時恩准皇帝李旦改姓為武。

萬里長征只剩最後一小碎步！

稱帝

西元六九〇年九月九日注定是永載史冊的一天，這一天中國歷史上絕無僅有的女皇武則天登基稱帝，開創屬於自己的王朝，這個王朝的名字叫作周，年號天授。

為什麼新王朝叫作周呢？因為周王朝一直是武則天心目中的典範。在儒家思想裡，周王朝才是真正的王朝，後世的很多朝代動輒拿周朝說事。

武則天認可周王朝還有自己的私心，這個私心在她心底藏了很多年，這個私心就是洗白自己的出身。眾所周知，隋唐時非常講究門第出身，門第出身在那個年代非常重要，只要出身名門望族生來就高人一等，如果你並非出身名門，即便已經做到高官，你的骨子裡依然是虛的。

武則天從一出生就受著門第的困擾，雖然她的父親武士彠對唐朝有功，甚至官至工部尚書，但是依然改變不了寒族的出身，依然讓人瞧不起，所以駱賓王在《討武曌檄》中寫道：偽臨朝武氏者，性非和順，地實寒微。「地實寒微」指的就是武則天出身不好的事實，這是武則天一生的痛，現在她要通過稱帝把這出身一改了之。

武則天將目光鎖定在周王朝，同時把自己的家族與周王朝扯上了關係，她為自己的武姓在周王室裡找到了源頭：周王朝第十三任皇帝姬宜臼的幼子姬武。

這下好了，血統問題搞清楚了，遠祖貴為周王室，歷史悠久，血統純良。

解決完祖先問題，再來解決兒子的問題。

在武則天開創周王朝之後，原來的皇帝李旦改姓武，李旦不再存在，取而代之的是武旦，武旦也不再是皇帝，而是「皇嗣」，理論上他是武則天的法定接班人。武旦的兒子也跟著老爹改姓，原來的皇太子李成器現在改名叫武成器，同時輩分也降了，以前他是皇太子，現在他是皇太孫。

到這個時候，我們不得不佩服武則天的勇氣，她在登基稱帝時早已不再年輕，已經整整六十六歲，按照孔子的標準該是耳順的年紀了，而她一個六十六歲的老太太居然在別人認為「風燭殘年」的時候開天闢地，開創了自己的王朝。

四天之後，武則天夢寐以求的七座祭廟終於成為了現實，再也不用五世祠堂代替了，從現在起她可以堂堂正正的擁有七座祭廟。

與一般皇帝的七座祭廟不同，武則天的七座祭廟時空跨度非常大。一般皇帝的七座祭廟都是從自己往上數七代，這就是七座祭廟。武則天不是，她從自己往上數五代，然後一下子推進到周朝，她追認的第一座祭廟的主人是姬昌（**周王朝第一任皇帝姬發的父親**），第二座祭廟的主人是周王朝第十三任皇帝姬宜臼的幼子姬武，這樣便湊起了七座祭廟。

這樣的七座祭廟是否合理？天知道，反正武則天認為合理就是合理。不服不行！

雞犬升天

武則天登基之後有很多人跟著風生水起，最典型的就是以武承嗣、武三思為代表的武姓子弟。武承嗣、武三思、武攸寧這三位因為血緣相對較近，一律晉封親王，武懿宗、武攸宜這批人則出自武則天伯父武士讓一脈，血緣相對遠一些，被封為郡王。

相比於西漢時呂后封呂產、呂祿，武承嗣和武三思這些人更加理直氣壯，當今皇帝姓武，自然是武姓當家，雖然皇帝只是一個老太太，但畢竟是皇帝，武姓皇帝。

與武承嗣一道雞犬升天的還有另外一批人，他們是在武則天登基過程中立下汗馬功勞的人，他們原本各自有著各自的姓，現在他們統統姓武了。

這個名單很長：侍中史務滋、代理中書令宗秦客（為武則天發明了「曌」等新字）、門下侍郎傅遊藝、右僕射岑長倩、右玉鈐衛大將軍張虔勗、左金吾大將軍丘神勣、侍御史來子珣。

這些人中最神奇的要屬門下侍郎傅遊藝，他的升官速度連火箭都追不上。傅遊藝僅靠著給武則天上勸進書就不斷升官，一年之內換了四套官服，從正九品一直升到了從三品，相當於現在的正股級升任副部級，時間跨度僅僅一年。

唐朝時官員的服裝有明確規定，八到九品官服為藍色，六到七品官服為綠色，四到五品官服為紅色，三品以上官服府為紫色。多少人熬到頭髮白了還沒有把這四身官服穿齊，而傅遊藝一年之內把四身衣服湊齊了！

恩寵至此，夫復何求？

然而飛得越高，摔得越慘。以上七位改姓的新寵全摔死了。

糾結

西元六九〇年，武則天成為中國歷史上絕無僅有的女皇，然而她內心中的糾結也隨之而來，這個糾結也是武則天獨有的煩惱，翻遍中國的歷史書，她找不到現成的答案。

什麼糾結呢？百年之後，皇位傳給誰？

在武則天之前，中國歷史上從來沒有一位真正的女皇，西漢的呂后只是垂簾聽政，不存在傳位煩惱，現在武則天登基了，她的苦惱來了。

如果男性當皇帝，那就一個選擇，傳給兒子，沒有兒子傳給兄弟，沒有兄弟傳給宗室，總之能夠解決，然而武則天這位女性當皇帝之後麻煩就來了，她百年之後，皇位傳給誰？

傳給兒子？皇位本來就是從兒子手裡搶來的，傳給兒子不就意味著自己這些年白折騰了嗎？傳給侄子？可是自己的身分是姑姑，百年之後，侄子會在宗廟裡供奉自己這位姑姑嗎？即使侄子供奉，侄子的後人還會繼續供奉嗎？

傳子還是傳侄，這是一個兩難的選擇，也讓武則天的內心始終糾結，這一糾結就是十幾年。

在武則天糾結的同時，武承嗣已經按耐不住內心的衝動，姑姑武則天登基之後，他的心一直撲騰撲騰直跳。如果姑姑一直是皇后，武承嗣也不會有太多想法，頂多作為外戚享盡榮華富貴，現在不同了，姑姑是皇帝，自己這個娘家侄子不正是第一順位繼承人嗎？

不行，得先把那個李旦扳倒，這個姓李的杵在那裡太礙眼。在武承嗣的授意下，有個叫王慶之的人組織了請願團，請願團目的很簡單：廢除李旦的皇嗣地位，改立武承嗣。

對於王慶之的請願，武則天很有耐心，她心中正充滿糾結，她想聽一聽來自民間的呼聲。

武則天問道：「現在的皇嗣是我的兒子，為什麼要廢黜？」

王慶之有理有據地回應：「神靈不接受非同類的祭祀，人也不祭祀不是自己家族的祖先，現在是誰的天下，怎麼還能讓他當皇嗣？」

武則天一聽不無道理，便點點頭對王慶之一揮手，好了，你可以走了。

王慶之卻如同沒聽見一樣趴在地上不起來，一邊磕頭、一邊聲淚俱下，始終堅持著自己更換皇嗣的要求。武則天沒有辦法，對於這樣的人還需要保護他的積極性，便好言相勸並發給他一張皇宮特別通行證，只要有這張通行證他就可以暢通無阻地進出皇宮，隨時與武則天溝通。

頒發這張通行證，武則天只是跟他客氣一下，沒想到王慶之跟武則天真不客氣。

隨後王慶之先後數次進入皇宮，話題是一成不變的：更換皇嗣，擁立武承嗣。

武則天煩了，她的耐性本來就很有限。

武則天叫來中書侍郎李昭德，輕聲吩咐了一下：把這個人拉出去，打一頓！

李昭德原本就對王慶之有氣，一個平民百姓不好好過自己的日子，往皇家的事情摻和什麼呢？這不是找打嗎？李昭德氣呼呼地將王慶之拉到宮門外，那裡有朝中的文武百官還有李昭德的手下，李昭德指著王慶之對文武百官說道：「就是這個王八蛋想罷黜我們的皇嗣，擁立武承嗣當皇嗣。」

這句話就是動手的號令，李昭德的手下開始動手，部分官員也參與了進來，不一會兒的工夫，世界清淨了，王慶之再也使用不了他的特別通行證了，他的請願團也隨之土崩瓦解。

處理完王慶之後，李昭德給武則天上了一道奏疏：陛下的江山來自先帝，百年之後自然該傳給先帝的兒子，如果傳給侄子，臣沒聽說皇家祭廟裡有祭祀姑姑的先例。

武則天看罷奏疏，她的心更加糾結，她知道這是個很難解開的死結，那就留待時間去解開吧。

令李昭德沒有想到的是，儘管他用一顆忠心化解了一場易儲風波，但同時也給自己埋下了一生的禍。

新寵的下場

在武則天糾結於「傳子傳侄」時，她手下的新寵接二連三地摔倒，一個接著一個，從未停息。

首先摔倒的是代理中書令宗秦客，他摔得太快了，時間跨度僅僅三個月。

西元六九〇年十二月二十一日，武則天以貪贓枉法之名將宗秦客剝奪官職，貶作遵化（廣西靈山縣）縣尉，品級從九品（副股級），被貶之前宗秦客為從三品（副部級）。被貶之後他的人生便定格在遵化，不久就在那裡病死。

一個月之後，左金吾大將軍丘神勣因罪被誅殺，至於什麼罪史無明載。想想也是，丘神勣注定是難逃一死，因為他知道的事情太多了（曾經奉命逼死李賢）。

丘神勣被誅殺後，緊接著輪到了侍中史務滋。

原本史務滋跟來俊臣一起審理一起疑似謀反案件，案件審理過程中，來俊臣給武則天上了一道奏疏：史務滋有意包庇。

武則天一看奏疏馬上批示，那就連史務滋一塊審了吧。見識過來俊臣手法的史務滋一下子看到了自己的末日，毫不遲疑自己了斷，他成為第三位摔死的新寵。

半年後，第四個倒楣蛋出現了，這回是右玉鈐衛大將軍張虔勗，他摔得更慘。

張虔勗同樣被誣告謀反，他不甘心，便託人向侍御史徐有功申訴。徐有功這個人公正嚴明，他的爺爺也是一位名人，隋朝名士徐文遠，徐文遠有兩位門生，一位是瓦崗寨李密，一位是卷毛將軍王世充。

當張虔勗申訴的信件交到徐有功手上時，徐有功準備仔細查證一番，爭取還張虔勗一個公道，然而沒有想到負責審案的來俊臣並沒有給他查證的時間。就在張虔勗申訴的當晚，來俊臣命人將張虔勗亂刀砍死了，然後抬起張虔勗已經沒有知覺的手，重重地在事先已經準備好的「訴狀」上按上了手印。第四個倒楣蛋就這麼死了。

又過了一個月，第五個倒楣蛋產生了。

第五個倒楣的是原本紅的發紫的門下侍郎傅遊藝，他死於自己的一場夢。

紅的發紫的傅遊藝有一天做了一個夢，他夢見自己登上了湛露殿，這象徵著什麼呢？是否意味著自己有天命呢？

他只把這個夢說給了最親近的朋友聽，然後囑咐說千萬保密，跟誰也別說。

朋友鄭重地點了點頭，傅遊藝這才放心了。

這位朋友確實誰也沒告訴，他只告訴了武則天。

隨後傅遊藝倒楣了，四身官服全部作廢，該換身囚衣了。已經看不到曙光的傅遊藝在獄中自殺，告別了這個曾經給過他無限幻想的人世，也告別了曾經讓他無限風光的四身官服。

傅遊藝摔倒之後，第六個倒楣蛋接踵而至，他就是右僕射岑長倩。

岑長倩出身名門，伯父是貞觀年間的名臣岑文本，太宗李世民的十八學士之一。自小受岑文本影響，岑長倩勤奮好學，靠自己的努力在仕途上不斷拼爭，後來在武則天稱帝的過程中表現不錯，因此被拔到了尚書右僕射的高位，這個高位已經超越了他的伯父岑文本。

然而好景不長，岑長倩在領會皇帝意圖上栽了大跟頭。

他陷入了皇帝「傳子還是傳侄」的糾結之中。

在岑長倩看來，皇帝百年之後當然要傳位給自己的兒子，根本沒有傳給侄子的道理，為此他還專門給武則天上了一道奏疏，要求嚴厲斥責組織請願團的王慶之，並且把請願團解散。這一次岑長倩看走眼了，他以為王慶之只是孤零零一個人，沒想到人家的背後還站著武承嗣。

就此武承嗣將岑長倩惦記上了，除掉他只是時間問題。

西元六九一年五月，岑長倩奉命出征吐蕃，剛出發沒多久就被召了回來，一回來就被打入大獄，理由是貽誤戰機。

欲加之罪，何患無辭。

在武承嗣的羅織之下，岑長倩一案牽連數十人，這些人或多或少都曾經反對過他當皇嗣，現在到了清算的時候。西元六九一年十月十二日，岑長倩等數十人被公開處斬，當初的新寵名單上只剩下來子珣一人。

由於來子珣屬於酷吏團隊，還有一定的利用價值，因此他摔倒的速度要緩慢一些，一年後他被發配愛州（位於今天的越南境內），一去不返。

前後不到兩年，所謂的新寵一一煙消雲散，沒有辦法，誰讓他們遇上了武則天這樣的九段高手，在武則天的眼裡他們只是一顆顆棋子，並沒有黑白之分。

狄仁傑

新寵灰飛煙滅，難道武則天手下再沒有受寵之人？

其實有一個，這個人就是名垂青史的狄仁傑。

狄仁傑第一次給李治和武則天留下印象是因為一次據理力爭。

西元六七六年九月七日，李治接到了一封奏報：太宗李世民昭陵上的柏樹被砍了。

李治頓時頭髮豎了起來，這是誰幹的？

李治接著往下看，大理寺卿奏報說是左威衛大將軍權善才和左監門軍中郎將范懷義。在奏報的結尾，大理寺卿建議按照法律將二人開除官職。

李治壓抑不住內心的憤怒，自己在位，先帝陵上的樹卻讓人砍了，這不是把自己往不孝的深淵推嗎？李治隨即下令將這兩個人誅殺。

這時大理丞（**最高法院主任秘書**）狄仁傑一挺身站了出來，按道理他沒有必要出來說話，他的領導是大理寺卿（最高法院院長），天塌下來有領導頂著。

狄仁傑說道：「法律條文明明都在，陛下卻不遵守，法律失去了公信力，百姓就會手足無措，而且這種事情西漢已經有先例，罪不至於誅殺。」

聽了狄仁傑的話，李治冷靜了下來，想想狄仁傑的話不無道理，雖然砍先帝陵上柏樹可恨，但按照法律只能開除，不能誅殺。

李治接受了狄仁傑的說法，權善才和范懷義總算保住了命，被開除官職，流放嶺南。

幾天後，給皇帝李治留下深刻印象的狄仁傑被任命為侍御史，李治看中了他的人品。

其實李治並不是第一個欣賞狄仁傑人品的人，早在狄仁傑只是并州一個小小法曹時，人品就讓同事折服。有一次同事鄭崇質被派到一個邊遠的地區出差，鄭崇質一下犯了難，因為他的母親年老多病，急需他的照顧。就在鄭崇質左右為難時，狄仁傑主動找到了安排鄭崇質出差的并州長史藺仁基，請求替鄭崇質出差。

狄仁傑說：「鄭崇質的娘親病得不輕，怎麼能讓他出差在萬里之外擔心不已呢？還是我替他去吧！」

別人躲閃猶恐不及，狄仁傑卻主動請命，這一下感動了在場所有的人。

藺仁基答應了狄仁傑的請求，從此對這個年輕人刮目相看。

藺仁基找到跟自己素來不睦的并州司馬李孝廉，兩個人談起了狄仁傑，然後相視一笑：「相比這個年輕人，難道我們不慚愧嗎？」

心寬了，天地就寬了。

後來狄仁傑在仕途上兢兢業業，做好官的同時也做好人。

李唐皇族之一的李貞在豫州起兵失敗後牽連出六七百人，這六七百人又牽連到各自家屬，達到了五千多人。按照一般人的邏輯，一殺了之，簡單省事。負責行刑的官員已經開始催促行刑，身為豫州刺史的狄仁傑卻請求暫緩，隨後給武則天上了一道奏疏。

奏疏中狄仁傑反覆說明，這五千人並無謀反之心，只是被人牽連，懇請武則天仁慈網開一面。經狄仁傑的懇請，武則天抬手放過了這五千人，由之前的斬立決變更為流放，五千人由此獲得新生，這一切都因為有狄仁傑這個好人好官。

在武則天的手下，狄仁傑雖然起起伏伏，但武則天對他的信任始終不減。

西元六九一年九月二十六日，狄仁傑升任地官侍郎（**財政部副部長**），同時參預政事，成為宰相團成員之一。

任命之後，君臣二人有一番對話很經典。

武則天：「你在豫州做出很多成績，還是有人打你小報告，你想不想知道是誰？」

狄仁傑：「陛下如果認為我有過失，我願意改正；陛下如果認為我沒有過失，那是我的幸運，因此我並不想知道誰打我的小報告。」

此番對話，讓武則天深深折服，若非心底無私，何來胸襟如此坦蕩？

然而令狄仁傑沒有想到的是，即便他坦蕩如此，還是有人想對他背後出招。

身在仕途，防不勝防。

酷吏的結局

第十二章

請君入甕

在武則天革唐命開創周朝的過程中，很多人看到了其中的商機，他們義無反顧地擠上了「武則天號」幸福快車，他們期待著能搭乘「武則天號」到達幸福的終點，然而他們沒有想到即便是搭上了幸福快車，到頭來還是有被甩下列車的那一天。

前面已經說過一一摔死的新寵，接下來該關注一下那些曾經紅極一時的酷吏，他們是武則天改朝換代的有力工具，只是到頭來依然免不了被拋棄的命運。

西元六九年一月，左金吾大將軍丘神勣因罪被誅，他是第一個倒楣的酷吏，卻不是最後一個。丘神勣被誅後，第二個很紅的酷吏也被甩下了幸福列車，這個酷吏就是周興，此時他已經是文昌右丞（國務院秘書長之一），今非昔比。

不過這一切都是虛的，武則天能捧起他，照樣能摔下他。

丘神勣伏誅後，有人密奏武則天：周興與丘神勣同謀。一頂鐵帽子扣住周興。如果武則天想保周興，一句話事情也就過去了，然而這時武則天已經對周興厭煩了，便把調查周興的事情交給了另外一個酷吏——來俊臣。

來俊臣審周興的過程很經典，經典到創造了一個千古流傳的成語。

來俊臣接到武則天指示，表面不動聲色，平常兩人依然稱兄道弟，依然共同審案，依然同桌吃飯喝酒。喝酒的時候，來俊臣很苦惱、很困惑，便問周興：「最近我審案經常有人硬挺著不招供，有什麼辦法能讓他招供？」

周興白了來俊臣一眼，不以為然地說道：「這個容易得很，拿一個大缸（甕），四面生起炭火，把那個被告放裡面，看他招不招！」

來俊臣似懂非懂，似乎還是沒有弄清其中的技術原理，索性讓人抬來大缸，生起炭火，火烤大缸的裝置在周興的指導下大功告成。

正當周興想趁機炫耀時，來俊臣瞬間變了臉：奉皇上密令，調查兄長，請兄長入甕吧！

周興瞬間崩潰了。入甕就免了吧，我自動認罪！

隨後周興按照來俊臣的要求和盤托出，讓他怎麼說他就怎麼說，態度比一般人好得多。審訊完畢，周興的心裡也有了底，按照武則天的規定，第一次審問就坦白交代的就有可能免於一死。現在自己已經坦白交代，保住這條命有希望了，至少已經比死在自己手上那些人幸運很多。

武則天果然念在周興以往有功而且又坦白交代的份上免除他的死刑，只是把他流放到嶺南。

這一年二月，酷吏周興踏上了前往嶺南的路，他心中暗自慶幸能保住一條命。

慶幸還是太早了。前往嶺南的路上早有仇家等著他。

前後被周興殘害的總共有數千人，這些人的家屬每天都在心中問候他，現在已經派代表埋伏在周興的必經之路上，他們要讓周興知道出來混一定要還的。

不久，橫行一時的酷吏周興死在前往嶺南的路上，死於自己的仇家之手。

周興死後，武則天探聽了一下民間反應，她發現很多人都拍手稱快，看來酷吏的民憤還真大。

武則天眼角掃過酷吏的名單，眼神鎖定在了胡人索元禮身上，此時的索元禮是從五品游擊將軍，他一度跟周興和來俊臣比賽殘暴，看誰殺的人更多，三個人的民憤都很大。

武則天在索元禮的名字下做了個記號，這個記號標誌著索元禮酷吏生涯的終結。不久索元禮也被武則天誅殺。

還剩下一個來俊臣怎麼辦？

先留著吧，畢竟狡兔還在。

狄仁傑謀反

狄仁傑做夢都沒有想到，自己剛剛升任宰相三個月就被來俊臣盯上了。

來俊臣盯上狄仁傑並不是三個月之後的事，在狄仁傑剛升任宰相時，來俊臣就已經盯上了他，在來俊臣眼中這是一條大魚，比其他小魚小蝦重要得多，如果能把他搞倒，那麼來俊臣就能踩著狄仁傑的身體不斷上位。

來俊臣是這麼想的，也是這麼做的。

不久來俊臣羅織罪名，將謀反的大帽子一下子扣在了狄仁傑的頭上，與狄仁傑一起被扣上大帽子的還有司禮卿崔宣禮、御史中丞魏元忠等六人，他們都是當時的高官。

無邊的黑獄向狄仁傑襲來，狄仁傑的心也有些不安，雖然他不能預知接下來會發生什麼，但他知道在黑獄裡面死扛是沒有用的，因為來俊臣的刑具一定比自己的骨頭硬。

狄仁傑一直在思考，他在尋找一切可能的機會。

來俊臣向他展示了一份詔令，詔令的內容是這樣的：如果在第一次審問時主動招認，那麼將免除死刑，減刑一等處置。

狄仁傑抬頭看了看來俊臣，他看到來俊臣眼中得意的神色，那眼神似乎在說，你是招啊，還是不招啊？

狄仁傑看懂了來俊臣的挑釁，同時也讀懂了武則天的詔令，他必須抓住這個機會，然後再跟來俊臣慢慢周旋。

狄仁傑馬上說道：「大周革命，萬物惟新，唐朝舊臣，甘從誅戮。我承認謀反是實。」

狄仁傑的坦白倒讓來俊臣吃了一驚，他沒想到狄仁傑這個老傢伙坦白得這麼快，看來是自己早就名聲在外，狄仁傑也怕自己三分。既然承認謀反，那就好辦了，接下來慢慢審。

來俊臣手下判官王德壽湊到了狄仁傑面前，他心中也有自己的如意算盤。

「尚書大人，您這次肯定會免除死刑，我受長官指派來審查這個案件，同時也希望能通過這個案件得到升遷。您看，您能不能在口供中提一下新上任的宰相楊執柔，最好也把他扯進來。」

王德壽說完，眼巴巴地看著狄仁傑。

狄仁傑同時看著王德壽，他不明白人怎麼能無恥到這種程度。

狄仁傑冷冷地問道：「該如何牽連呢？」

王德壽忙不迭地回應：「您曾經跟他是同事，就從這上面牽連。」

狄仁傑悲愴地說道：「皇天后土，怎麼能讓我做這樣的事情！」

說著，狄仁傑往柱子上撞去，鮮血頓時覆蓋了他的臉。這一幕一下子把王德壽震住了，他立刻扶住了狄仁傑，嘴裡不停地道歉。

寧可自殺，也不牽連他人，狄仁傑用自己的道德暫時震懾住了王德壽的小人之心，也為自己贏得了喘息的機會。來俊臣對狄仁傑的興趣頓時大減，既然已經承認了謀反，剩下的事情就好辦了，先讓他在裡面待著吧。

從此之後，來俊臣對狄仁傑的看管鬆懈了下來，這便給了狄仁傑自救的機會。

狄仁傑向負責看守的王德壽提出了一個要求：「天氣熱了，請把我的棉衣送回我家，改成單衣。」王德壽看了一眼棉衣，沒有多想，便讓手下將棉衣送到了狄仁傑家裡。王德壽沒有想到棉衣裡居然藏著一塊被面，被面上便是狄仁傑親筆寫的訴冤狀。

當狄仁傑的兒子狄光遠拿到棉衣時，他立刻意識到棉衣裡可能有玄機，剪開棉衣，果然有一份訴冤狀正在裡面躺著。狄光遠馬上拿著訴冤狀到宮門口喊冤，將訴冤狀交到了武則天手裡。

事情發展到這一步，狄仁傑謀反一案出現了曙光，然而這一點點曙光，隨後就被經驗豐富的來俊臣給扼殺了。

讀罷訴冤狀之後，武則天召來了來俊臣問道：「你不是說狄仁傑已經招認謀反了嗎？那這訴冤狀是怎麼回事呢？」

來俊臣的回答滴水不漏：「陛下，自從他們下獄之後，我把他們照顧得很好，連他們的衣服都沒碰過，確實是他們主動招認的。如果他們沒有真的謀反，又怎麼會主動招認呢？所以他們謀反是真的。」

武則天想想也有道理，不過還有一點不放心，還是派人去看看是不是真像來俊臣說的那樣。

通事舍人周綝奉武則天之命前往查看，然而這次查看也只是走個形式，因為周綝往來俊臣身邊一站，腿肚子就軟了，他不敢得罪這個酷吏，因此就注定這次查看將是一場徒勞。

大獄中，來俊臣早有準備，獄吏安排狄仁傑等人穿戴整齊，一排站好，當然事先已經警告過不准亂說話。

膽小的周綝甚至不敢抬頭，他知道面前站了一排人，這些人據說是狄仁傑、魏元忠等人。過了一會兒，周綝點了一下頭，示意來俊臣自己已經查看過了，沒有問題。

就在周綝轉身想走時，來俊臣攔住了他：「不急，順便把他們的《謝死表》帶走。」

周綝這才注意到判官王德壽早已在一旁龍飛鳳舞起來，原來是在替狄仁傑寫《謝死表》。不一會兒的工夫，《謝死表》寫好了，周綝帶著《謝死表》落荒而逃，這個鬼地方他一分鐘也不想多待。

如此一來，狄仁傑謀反的罪名便坐實了，《謝死表》都上了，你還有什麼話要說？即使不死，流放已經跑不掉的。

狄仁傑，你就等著受罪吧。

峰迴路轉

目睹來俊臣的所作所為，狄仁傑的心裡充滿了悲哀，來俊臣這個酷吏居然心狠手辣到這個程度，怪不得什麼人落到他手裡都沒有好結果。

狄仁傑已經認命了，他這個好官好人可能注定鬥不過這樣的惡人。獄中的狄仁傑沒有想到，他的命運居然被一個八九歲的小孩改寫。小孩是前門下侍郎樂思晦的兒子，去年樂思晦被來俊臣羅列進岑長倩的案子，被公開處決，樂思晦死後他的兒子也被罰沒，成為司農寺的奴僕。

史書上沒有留下孩子的名字，我們姑且稱他為樂小弟吧。

原本樂小弟跟狄仁傑的案子毫無關聯，他是因為憤慨於來俊臣的肆意橫行選擇向武則天告發。這時我們還得感謝武則天當初鼓勵百姓告密，同時為百姓告密提供了方便的管道，倘若沒有這個管道，樂小弟是沒有機會見到武則天的。

樂小弟面對面地站在武則天面前，他告發的對象是來俊臣。

樂小弟對武則天說：「我的父親已經被處死了，我的家庭也破碎了，今天我說這些不是為我的家裡，而是為了陛下的法律。現在法律已經被來俊臣等人玩弄。陛下如果不信我的話，可以挑一個最信得過的人交給來俊臣審判，最後的結果肯定是承認一切指證，供認不諱。」

武則天聽完頓時想到了狄仁傑，這個自己最信任的人居然也承認謀反，而且還寫了《謝死表》，是不是真的是被來俊臣逼迫？

狄仁傑的轉機就此到來。

見到狄仁傑時，武則天問道：「為什麼要承認自己謀反啊？」

狄仁傑回應道：「如果不承認謀反，恐怕我早就死於第一輪棍棒之下了。」

武則天心頭一震，追問道：「那《謝死表》是怎麼回事？」

狄仁傑搖了搖頭：「臣從未寫過《謝死表》。」

等武則天讓人拿來《謝死表》一對照，真相大白，狄仁傑的《謝死表》是他人代寫，並非狄仁傑本人筆跡。

事情到了這一步，狄仁傑終於洗脫了謀反嫌疑，這一切還要感謝樂小弟的童言無忌。史上中沒有提到過樂小弟後來的事情，不知道勇敢的樂小弟事後有沒有遭到來俊臣的報復，不敢想，也不願想，歷史不忍細讀。

儘管狄仁傑謀反並不屬實，但武則天並不準備給他徹底平反，這是武則天的政治手腕，明明知道你無辜，但卻刻意在你身上留個污點。不久狄仁傑等七人被貶出洛陽，分散到全國各地，狄仁傑到了陶淵明曾經當過縣令的彭澤，出任彭澤縣令。

至此狄仁傑謀反案告一段落，不過在即將收尾時，司禮卿崔宣禮的外甥霍獻可鬧出了么蛾子。霍獻可此時擔任殿中侍御史，與崔宣禮同朝為官。本來武則天已經免除了崔宣禮的死刑，貶作夷陵縣令，沒想到居然遭到了霍獻可的抗議：「陛下一定要嚴懲崔宣禮，將之處斬，不然我就死在陛下的面前。」

武則天沒有答應，霍獻可便以頭撞金殿臺階，血流滿地，武則天最終還是沒有答應。

此後霍獻可便多了一個裝飾——綠色絲帶。這個綠色絲帶纏住了霍獻可的傷口，然後在綠色絲帶之上，霍獻可再戴上官帽。這個過程需要一定的技巧，既要蓋住綠色絲帶，又不能完全蓋住，總之要露出一點點，讓武則天時時能看到霍獻可大公無私的心。

大義滅親是一種政治美德，同時也可以是一場政治秀。

登峰造極

陷害狄仁傑失敗，來俊臣並沒有停止陷害的腳步，他的腳步越來越快，膽子越來越大。在狄仁傑之後，左衛大將軍淵獻誠慘遭毒手。

淵獻誠遭毒手的起因很簡單：來俊臣向他勒索黃金，他沒有給。

僅僅因為勒索未成，來俊臣就把淵獻誠推向了萬劫不復的深淵，以陰謀造反為由將淵獻誠打入大獄，不久就將他絞殺。

說起來，淵獻誠的身世很讓人唏噓。淵獻誠是高句麗權臣淵蓋蘇文的孫子，淵男生的兒子，本來在國內過著富貴公子的生活，沒想到父親與叔叔產生了矛盾，最終兵戎相見。

淵獻誠奉父親淵男生的命令向唐朝求援，進而引發了唐朝的又一次東征，高句麗最終亡國，而淵獻誠隨後成為唐朝禁軍的一名將領，憑藉自己的英勇善射在禁軍中逐漸站穩了腳跟。然而沒想到的是最終遭遇了來俊臣的陷害，僅僅是因為沒有滿足來俊臣貪婪的心。

從此之後，來俊臣更加膽大妄為，他甚至想把皇嗣武旦審定為謀反。

西元六九三年一月，有人誣告武旦意圖謀反，武則天下令追查，重任便落到了御史中丞來俊臣身上。

來俊臣從一開始便堅持「有罪認定」，現在他依然堅持，這個認定直接照搬到皇嗣武旦身上。來俊臣從武旦身邊的侍從下手，他要從他們嘴裡得到武旦謀反的「真相」。在來俊臣的逼問之下，武旦的侍從一個個都「如實」招供，畢竟他們的骨頭沒有刑具硬。

這時來俊臣有些得意，皇嗣謀反「屬實」，絕對大功一件。不過來俊臣的得意還是有點早，因為有一個人還沒有招認。沒有招認的人叫安金藏，太常寺的工匠，跟武旦並沒有淵源，在此之前可能武旦都不知道他的名字。而就是這個武旦不知道名字的工匠，讓武旦逃過了一劫。

當安金藏受到逼供時，他始終堅持著自己的口供：皇嗣從未謀反。他的堅持讓來俊臣有些煩了，而這時安金藏也煩了。

安金藏站了起來，帶著哭腔向來俊臣喊道：「你還是不信我的話，那我就把心挖出來，讓它證明皇嗣沒有謀反。」

安金藏說完，拿起佩刀刺向自己，肚子被割裂開，五臟六腑頓時露了出來，他要用自己的命證明武旦的清白。安金藏倒在了血泊之中，來俊臣被震住了，他從來沒有見過如此不怕死的人。

消息很快傳到了武則天的耳朵裡，武則天命人將安金藏抬進宮中，並讓御醫緊急搶救。一天一夜過去了，安金藏終於活了過來，這時武則天來到了他的床前，她被這個忠肝義膽的工匠感動了。

武則天感慨地說了一句：「因為我自己不了解我的兒子，結果把你害成這樣。」

說這話時，武則天已經拿定了主意，一個跟武旦沒有多少淵源的工匠都願意證明他沒有謀反，自己這個當母親的難道還要繼續懷疑下去嗎？

不查了，事情到此為止。

真的到此為止了嗎？來俊臣並不甘心，他還在等待機會。

喪心病狂

酷吏來俊臣一直在忙碌，同為酷吏的萬國俊也沒有閒著，他也在積極地尋找機會。

西元六九三年，萬國俊找到了機會，他以從八品司刑評事（最高法院助理審判官）身分奉武則天之命前往嶺南調查一起陰謀叛亂，這次出使讓他露出了酷吏本色。

抵達廣州之後，萬國俊集合了嶺南道全部三百多名流放犯人，對他們假傳聖旨：勒令全部自殺。

本來是奉命調查，結果成了勒令全體自殺，萬國俊這個酷吏與來俊臣有得一拼。流放犯人們不相信是真的，紛紛拒絕自殺，這時萬國俊露出了劊子手的面目，居然將犯人們一個個逼到河邊，然後一一處決。

在這之後他偽造了三百多份口供，生生坐實了一起謀反大案。

令人悲哀的是喪心病狂的萬國俊回京覆命之後，居然得到了武則天的重用，由從八品的司刑評事，一下子提升到從五品的朝散大夫。

這時萬國俊又向武則天提出了一個建議：全國其他地方的流放犯也有可能謀反，不如早點誅殺。

武則天點頭同意，若干個像萬國俊一樣的變態殺手奔赴全國各地，流放犯們最黑暗的日子來了。

在萬國俊的影響下，奔赴各地的索命欽差明爭暗鬥地比賽起殺人，各個都是劣跡斑斑、血債累累。

不久之後，武則天跳出來當了一把好人：沒有被處決的流放犯人，可以連同家屬回到流放之前的住所。這道詔書算是血雨腥風後的一絲慰藉。

令當時人略感欣慰的是那些替武則天犯下滔天罪行的人下場都很慘，萬國俊等幾人在幾年後就莫名其妙地死去，有人說或許是因為罪行太多，最終被鬼神索走了他們的命。另外一些人則被流放嶺南，在無人問津中死去。

我相信世間真的有報應，畢竟天行有常。

天令其亡

西元六九七年，酷吏來俊臣達到了人生頂點，他升任司僕少卿（畜牧部副部長，從三品），不過酷吏的本質依然沒有改變。

這時的來俊臣紅得發紫，隨心所欲，只要哪位官員的妻子或者小妾讓他動心，那麼這位官員很快就會被打入大獄，他的妻子或者小妾隨即便被來俊臣收入房中，如此反覆多次，屢試不爽，不由得來俊臣自己都佩服自己。

來俊臣在家中做了一本名冊，他把宰相以下的官員都羅列在上面，然後這份名冊就成了他的萬惡之源。每次心血來潮他就在家中抽籤，抽到哪個官員就陷害哪個，一切就是如此隨心所欲。

不過在他的心頭始終有一個固定目標，那就是一直跟他不睦的李昭德。宦海浮沉的李昭德一直討厭來俊臣，兩人成了難解難分的冤家，都想將對方踩在腳下。

不過先被踩倒的還是李昭德。

李昭德倒楣還是倒楣在嘴上，起因是他曾經在金鑾寶殿之上侮辱過秋官侍郎（司法部副部長）

皇甫文備，這次被侮辱皇甫文備一直記在心裡。現在皇甫文備與來俊臣為了同一個目標走到一起，他們一起誣告李昭德謀反，李昭德就此下獄。

得手後的來俊臣感覺十分良好，他已經不再滿足於小小的李昭德，這一次他要撒一張大網，紮紮實實打幾條大魚。

天欲其亡，必令其狂。來俊臣的經歷表明了一個人是可以自我膨脹死的，他就是死於自我膨脹。

還是來看看來俊臣打算陷害的名單吧，這個名單很驚人：

皇嗣武旦、廬陵王李顯、武氏皇族親王、太平公主、部分朝廷高官。

來俊臣列出這個名單就是想把這些人一網打盡，《資治通鑒》的分析是來俊臣想打擊完這些人後自己奪取政權，在我看來這是司馬光的臆測。

酷吏出身的來俊臣未必有不臣之心，反而這樣的人一般都忠心耿耿，認準一個主子就會一條道跑到黑，他們陶醉於自己鷹犬的角色，而在這個過程中甚至忘記了自身的存在。酷吏們的邏輯是只要忠心、只要賣命就一定會得到重用，於是他們不斷地變本加厲，卻不知道酷吏其實也有底線。

來俊臣不知道自己的底線，他把自己與武則天緊緊捆綁在一起，他以為自己的忠心就一定會換來武則天的不離不棄。

當來俊臣列出這樣一張名單時，他已經掘開了自己的墳墓。他太膨脹了，他把所有的人都趕到了自己的對立面。原本他以為這依舊是一次簡單的任務，沒想到卻成了不可能完成的任務，在他動手之前消息已經走漏，太平公主與武氏諸王行動了起來，他們展開了自救。

太平公主是武則天唯一的女兒，她說的話比武旦、李顯更管用，當來俊臣將她逼到對立面，便注定來俊臣敗局已定。得知消息的武則天將來俊臣投入大獄，不過她的心中充滿了猶豫。幾年來她一直靠這個人整肅異己，她知道這個人冷酷無情，而且假公濟私，但是她需要這樣一個人，一個真正對自己死心塌地的人。武則天的猶豫還在繼續，宮廷內外民意卻已經沸騰，要求將來俊臣處死的呼聲越來越高。武則天拿不定主意，她還是有點捨不得。

這時一個關鍵人物出現了，這個人叫吉頊，他的官職不大，只是明堂尉，也就是專門負責管理明堂的人。

明堂是古代帝王宣明政教的地方，凡朝會、祭祀、慶賞、選士、養老、教學等大典都在明堂舉行。唐王朝原本沒有明堂，武則天當國後便大張旗鼓地建立了明堂，同時任命吉頊為明堂尉。

明堂尉吉頊說話很對武則天的心思，此時正受重用。他與來俊臣一樣都被收在《舊唐書》的《酷吏傳》裡，《舊唐書》對他的評價是「陰毒敢言事」。

就是這個「陰毒敢言事」的人將來俊臣推進了萬丈深淵。

這一天，吉頊為武則天牽著馬在明堂閒逛，君臣雙方有了一番對話。

武則天：「如今民間有什麼動向？」

吉頊：「民間對陛下不批准來俊臣的死刑議論紛紛。」

武則天：「來俊臣對國家有功，我不能不考慮。」

吉頊：「以前于安遠舉報李貞謀反，後來李貞果然謀反，于安遠現在不過是成州司馬；來俊臣糾集烏合之眾，陷害忠良、接受贓物，被害死的冤魂塞滿道路，這樣的人有何可惜？」

該賞不賞，該罰不罰，吉頊一番話點醒了武則天，當一個國家到了賞罰混亂的時候，國家就危險了。看來來俊臣這個卒子得捨棄了。

來俊臣就此被武則天拋棄，李昭德同時也被拋棄。

來俊臣被拋棄是因為惡貫滿盈，李昭德則是因為過多的參與了「傳侄傳子」的爭奪，不僅得罪了武承嗣，同時也得罪了武則天，因為武則天的心中比誰都清楚，不需要李昭德一次又一次的揭自己的傷疤。

西元六九七年六月三日，李昭德和來俊臣一同被處斬，處斬當天天空下起了雨，有人說這場雨「一喜一悲」，喜的是來俊臣遭到了報應，悲的是忠心可鑒的李昭德難逃厄運。

刑場之上，李昭德與來俊臣待遇天壤之別，圍觀的人無不為李昭德痛惜，同時也為來俊臣的伏誅感到無比的痛快。來俊臣被處斬之後，他曾經的生命痕跡迅速消失，沒有給這個世界留下什麼，因為他被痛恨他的人給吃掉了。

伴隨著來俊臣的伏誅，武則天的統治終於有了一絲暖色，不過酷吏並沒有就此絕跡，終武則天一生酷吏始終存在，只是再無往日輝煌。

李隆基開元十三年三月十二日，御史大夫程行諶奏：來俊臣、周興、萬國俊、侯思止等二十三人殘害宗支、毒陷良善，情狀尤重，子孫不許為官。陳嘉言、魚承曄、皇甫文備、傅遊藝四人情狀稍輕，子孫不許近任（在長安附近為官）。

中國有句古話：夜路走多了總會遇到鬼。或許這句話可以贈給所有的酷吏。

第十三章

女皇的面首

面首

面首，《辭源》的解釋為：「面，貌之美；首，髮之美。面首，謂美男子。引申為男妾、男寵。」

原本面首並沒有貶義，只是經過有些人的加工，面首就有了貶義。第一個對這個詞進行加工的人是南北朝時期南朝劉宋的前廢帝劉子業，這是一個荒唐的皇帝，這是一個疑似有精神疾病的人，他的淫亂和好色已經遠遠超出世人能夠想像的範圍。他愛上自己的親姑姑，毒死了自己的姑父，然後把姑姑收入宮中；他驅使宮女嬪妃全部參與天體運動，在後宮的廣闊天地裡一絲不掛地嬉戲；他驅使諸多官員的夫人進宮，然後授意提前安排好的侍衛進行大規模的性侵。

人活到這個份上就不能稱為人了。還好僅僅荒唐了一年他就被刺殺了，結束了他的荒誕人生，他沒有給後世留下年號，卻留下了一個名詞：面首。

面首是怎麼來的呢？

《宋書・前廢帝紀》中，山陰公主淫恣過度，謂帝曰：「妾與陛下，雖男女有殊，俱托體先帝。陛下六宮萬數，而妾唯駙馬一人。事不均平，一何至此！帝乃為主置面首左右三十人。」

看明白了吧，面首就是這麼來的，是劉子業為了滿足姐姐山陰公主的需求安排的，他為姐姐找了三十個美男子，讓他們成為面首，而他們的功能便是男妾、男寵。

如果說女人靠臉蛋吃飯是天經地義，那麼男人靠臉蛋吃飯就是離經叛道，而面首就是那些靠臉蛋吃飯離經叛道的男人。

女皇武則天的身邊便圍繞著一群面首，他們與酷吏一樣成為史家詬病武則天最多的話題。

其實對於女皇武則天而言這並不公平，武則天納面首之所以遭到如此多的詬病，是因為她處於男權社會的大背景之下。

什麼是男權社會？國學大家辜鴻銘的話最有代表意義：男人是茶壺，女人是茶杯，一個茶壺肯定要配幾個茶杯，總不能一個茶杯配幾個茶壺。

這就是中國歷史上習以為常的男權社會，也就是一個男人即使有多個情婦也不會有人大驚小怪，而一旦一個女人有多個情夫必定輿論譁然，說到底就是因為男權社會的思維亙古未變。

然而對於武則天而言，並不能完全用男權社會的標準來看待她。

她是非常之人行非常之事、成非常之業、留非常之名，她是一個「我定規則我就贏」的人。

如果我們換一個角度，只把她和她的面首當作一個皇帝與她的三宮六院，當成中國歷史的一次錯位，如此一來其實一切都很正常。

薛懷義

提起武則天的面首，薛懷義這個名字是繞不過去的，他是武則天的第一個面首，也是最有名的一個，他是武則天面首的發端。

薛懷義是陝西鄠縣人，早年間在洛陽街頭賣藥，就是這麼一個街頭賣藥的人，後來成為炙手可熱的男寵，那麼他是如何走進武則天生活的呢？

關於薛懷義的發跡至少有兩個版本，這兩個版本與兩位公主有關。

一個版本是那位自甘墮落認武則天為娘的千金公主（李淵的女兒，李治的姑姑）向武則天引薦；另一個版本是太平公主向武則天引薦。總之通過公主的引薦，薛懷義進入了武則天的視野。

在太平公主版本中，情節很香豔，太平公主在介紹薛懷義時，給了這樣的評語：「他有非常材用，可以引做近侍。」說完母女倆會心一笑。

總之試用期過後，薛懷義的發跡開始了，他的發跡與秦朝的嫪毒一樣，因為他們有相同的功能。

其實薛懷義並不姓薛，他原本姓馮，叫馮小寶。原本街頭賣藥的馮小寶通過試用期後，武則天十分寵愛，然而接下來便面臨一個問題，這個賣藥出身的馮小寶如何才能頻繁出入宮中與女皇私會呢？

想了一下，武則天準備將馮小寶改頭換面、重新包裝。經過包裝，街頭賣藥的馮小寶從世間消失，取而代之的是和尚薛懷義。

為什麼又是和尚，又是薛懷義呢？

武則天信佛，和尚可以頻繁出入宮中。太平公主的丈夫姓薛（薛紹），可以把馮小寶列進家譜，當成最小的叔叔。

經過如此包裝，賣藥的馮小寶已經被洗白了，他再也不是貧賤出身，而是駙馬薛紹的叔叔，他再也不是沒有身分的人，而是洛陽名寺白馬寺的和尚。

從此他不用賣藥了，賣笑就行。

儘管童話裡有醜小鴨變白天鵝，灰姑娘變王后的故事，但是薛懷義這個醜小鴨即使變成白天鵝也沒有變徹底。從骨子裡說，他是一個淺薄的人，經受不了從街頭賣藥到御前受寵的巨大起伏，於是他膨脹了，膨脹得有些變形。

膨脹

自從在武則天面前得寵之後，薛懷義今非昔比。此時的薛懷義，進出皇宮乘坐御馬，身前身後是十幾個低眉順眼唯他馬首是瞻的宦官，在他前進的道路上，無論是官員還是平民都得提前遠遠躲避，躲避不及的都會收到薛懷義的禮物：一頓暴打，然後順手扔到路邊。

發跡後的薛懷義無比膨脹，膨脹到他把朝廷的高官也不放在眼裡，而朝廷的高官要反過來巴結薛懷義。他們有的以最卑微的禮儀晉見，有的以最甜蜜的話語相送，即使連武承嗣、武三思這些得寵的高官，也爭相為薛懷義牽馬執鞭，因為他們知道薛懷義的背後就是武則天，他們可以不給薛懷義面子，但他們不能不給武則天面子。

不過在諂媚大軍之外也有例外，右臺御史馮思勗就是其中一個，他就不買薛懷義的帳。

薛懷義糾集了一批地痞流氓，把他們全部剃度為僧，這樣這批人就成了穿著袈裟剃著光頭的流氓，這些人經常四處闖禍，一般沒有人敢惹，而右臺御史馮思勗卻幾次秉公處理，狠狠地教訓了這批流氓和尚。

馮思勗沒有想到薛懷義已經將他記在了心裡、刻在了骨頭裡，不久兩人在路上偶遇了，薛懷義一聲令下，流氓和尚群起攻之，差點把馮思勗活活打死。

在此之後沒有人敢輕易惹薛懷義，不過還是有一位，他不僅惹，而且抬手就打。

這個人就是尚書左僕射蘇良嗣。

蘇良嗣跟薛懷義是在朝廷辦公的朝堂不期而遇的，蘇良嗣前來上班，而薛懷義自恃有特別通行證前來閒逛，他要穿過朝堂到武則天居住的北宮去。他把朝堂當成他可以隨便閒逛的市場，眉宇之間一副小人得志的樣子，不經意中對蘇良嗣還露出了不屑的表情，這一下觸動了蘇良嗣的肝火。蘇良嗣命令左右將薛懷義架了起來，自己親自擼起袖子，狠狠地抽了薛懷義幾十個耳光，直到打腫了薛懷義的臉才停手。

薛懷義捂著腫起來的臉走了，他很快來到武則天面前，他要投訴這個無法無天的尚書左僕射。

武則天聽後心中苦笑，雖然她知道蘇良嗣是借題發揮，但她還是不能替薛懷義出頭，那樣做就太明顯了。武則天想了一下，對薛懷義說道：「你明天起走北宮的玄武門吧，南宮是蘇良嗣那些宰相辦公的地方，別去招惹他們。」

薛懷義心中委屈，也有些不服，不過既然武則天都這麼說了，他也只能認了，從明天起改走玄武門，避開那個連抽自己數十個耳光的人。

明堂

薛懷義被打，武則天表面不動聲色，其實內心心疼不已，畢竟他是自己的人。

想來想去，武則天找到了癥結的所在，薛懷義被打歸根結柢還是因為他沒有像樣的官職，如果有官職，蘇良嗣斷斷不能下那麼重的手，因為那樣就是侮辱朝廷命官。

看來是時候給薛懷義一個官職了，不過這個官職不能憑空給，要給他製造立功的機會，然後在立功之後大張旗鼓地授予，這樣誰都無法反對。

武則天想到了明堂（皇家大會堂），明堂是她一直的夢想，而在夢想成真的過程中，順便可以讓薛懷義立個功。

明堂在武則天心目中就是一個王朝正統的象徵，李治在位時曾經討論過明堂的建設，不過最終沒有形成統一意見，暫且擱置。現在武則天準備重啟明堂的建設計畫，就在皇宮內，拆掉建立了二十一年的皇宮正殿乾元殿，在原址上興建明堂，這個任務她要交給薛懷義。

為此武則天對外發詔：鑒於薛懷義心靈手巧，特命他進入後宮負責工程設計。如此一來，就給薛懷義進宮披上了合法外衣，從此蘇良嗣再也沒有痛打薛懷義的理由。

不過武則天的這紙詔書馬上遭到了一些人反對，左補闕王求禮更是上了一道令武則天難堪的奏疏：太宗時，有個叫羅黑黑的人琵琶彈得很好，太宗就把羅黑黑閹了，然後招入後宮教授後宮嬪妃；陛下如果覺得薛懷義心靈手巧，準備招入後宮使用，那麼請先將他閹割了，以免污染宮廷。

看完奏疏，武則天搖了搖頭，這個書生純粹讓朕難堪。武則天將奏疏扔在一邊，隨他去吧，懶得跟他解釋。

不久之後，明堂工程開動了，薛懷義出任工程總指揮，在他的指揮之下一座氣勢磅礴的明堂即將在皇宮內拔地而起。事實證明薛懷義並非一無是處，在工程指揮方面他還是有些才能，儘管在他的指揮下明堂工程耗資巨大，歷時一年武則天夢想中的明堂拔地而起。

明堂高二百九十四尺，方三百尺，上中下共三層。下層象徵一年四季，每個季節都有對應的方位，同時有自己獨特的顏色；中層象徵每天的十二個時辰；上層是圓形的屋頂，象徵二十四個節氣，有九條龍柱在下面撐住，上面聳立一隻鐵鑄的鳳凰，高一丈，外貼金葉。

看出這個布局了嗎？這個布局不正是武則天的寫照嗎？一隻金鳳高高在上，九條龍在下面支撐，鳳在上，龍在下，武則天就是要顛覆龍和鳳的位置，打破歷史固有的格局。

除了明堂格局設計巧妙之外，明堂的結構也是巧奪天工，明堂的中央是一根十個成年人合抱才能抱得住的巨大木柱，木柱從地下一直延伸到屋頂，這是明堂的支撐柱，在巨柱的周圍，橫梁像樹枝一樣伸出，而在這些橫梁上面，再豎起短柱，短柱旁再配置其他構造。

在明堂的周圍是用鐵皮鑄成的河床，河水在鐵皮河床上靜靜流淌，將明堂烘托地更加氣勢磅礡。這就是武則天的明堂，夢想中的明堂，歡喜不已的武則天還給明堂起了一個小名：萬象神宮。

現在武則天終於有了給薛懷義封賞的理由，她馬上晉封薛懷義為左威衛大將軍，封梁國公。賣藥的薛懷義從此登上了人生巔峰。

物極必反

把薛懷義打造為大將軍並不是武則天的最終目的，她還想為他做更多，她期待著這個男人能夠做出更多讓人信服的事情。

西元六八九年五月十八日，成為左威衛大將軍不久的薛懷義被任命為新平軍大總管，率軍討伐又開始鬧騰的東突厥汗國。然而這次出征最終成了一個鬧劇。

一心想立功的薛懷義帶著二十萬大軍興沖沖地抵達了紫河（黃河支流，流經內蒙古清水河縣），卻沒有發現東突厥的軍隊，別說人了，連條狗都沒有。顯然這一次注定薛懷義兩手空空。

不過薛懷義不這麼想，他認為這依然是大功一件：我來了，東突厥跑了，這不是戰功嗎？

隨後在單于臺（呼和浩特北），薛懷義鄭重刻石立碑，與霍去病的封狼居胥一樣隆重，以紀念這一次「偉大」的勝利。經過這次「偉大」的勝利，武則天再次封賞薛懷義，封薛懷義為右衛大將軍，封鄂國公，較之原來待遇更加豐厚。

西元六九四年二月，薛懷義再次被武則天推上戰場，他被委任為代北道行軍大總管，打擊目標依然是東突厥。

這一次出征結局會如何呢？

又是一場「偉大」的勝利。薛懷義抵達前線，東突厥人又恰巧撤退了，還是沒有給薛懷義建功立業的機會。

經過這兩次「偉大」勝利，薛懷義的自信心達到了頂點，他產生了一系列錯覺，最終這些錯覺讓他徹底迷失了自己。

武則天的寵愛成就了他，最終也毀滅了他。

當初在建設完明堂之後，武則天又交給他一個大工程，建設一座「天堂」用來存放一幅用夾層麻粗布製成的巨幅佛像。

巨幅佛像有多大呢？佛像的小拇指上可以站數十個人。

接受任命的薛懷義馬不停蹄開始了「天堂」的建設，不過這次興建品質大打折扣，居然是一個豆腐渣工程。「天堂」剛剛完工居然就被大風吹倒，工程品質之差可見一斑。武則天並沒有埋怨，而是讓薛懷義再接再厲，薛懷義也「不辭辛苦」，每天動用一萬人進行施工，同時派人前往嶺南砍伐木材，幾年的時間裡，「天堂」的興建費用達到數億規模，國庫因此有所枯竭。

對此武則天依然沒有怨言，薛懷義的錯覺進一步升級，他開始熱衷於開「無遮大會」。「無遮大會」是佛教方面的一個寬容祈禱大會，薛懷義卻把這個大會當成自己揚名立萬的大會。每次開會他都會攜帶一萬串錢，然後將這些錢分裝到十輛車上，他站在車上扮演散財童子。當薛懷義一把一把地將錢撒向瘋狂的人群，他的錯覺越來越強烈，渾然忘記了自己本來的角色。

即便如此，武則天還是保持寬容，於是薛懷義朝著自己的深淵高速前進。

他居然不願意進宮了。

眾所周知，薛懷義的富貴都是由進宮侍寢而來，而現在他卻不願意進宮了，他不願意再向武則天賣笑，而同時卻想保有現在的富貴，這就是癡人說夢了。也是薛懷義活該，在薛懷義厭倦進宮侍寢的同時，他的位置迅速被御醫沈南璆填補了，這下薛懷義坐蠟（**指遇事束手無策，陷入困境**）了。

為了奪回失去的位置，薛懷義還是動了一番腦筋，事實證明這個人確實有些小聰明。

西元六九五年十一月十六日，武則天在明堂舉行「無遮大會」，薛懷義為這次大會製造了一個噱頭。他先在明堂地下挖了一個五丈深的大坑，放進一幅佛像，然後在坑的上面用綢緞紮成了一個宮殿，再用繩子拴在佛像上，將佛像從坑底緩緩拉出，從外面的視覺效果來看，好像是佛像顯靈自動上升，整體效果非常震撼。

在這之後，薛懷義又用牛血畫了一幅高二百尺的佛像，對外卻宣稱是用自己的鮮血畫的，這就是吹牛不打草稿了，一幅兩百尺的佛像，十個薛懷義的血也不夠。

然而即便如此，薛懷義依然沒能挽回武則天已經冷落的心，女人寵愛男人跟男人寵愛女人一樣，一旦寵愛過了期就像火車過了站，過去了也就過去了，無法掉頭再開回來。

失寵的薛懷義如同被冷落的孩子，他的心中充滿了委屈，他想努力造成一些聲響，引起大人武則天的注意。他想到做到，而且確實引起了武則天的注意。

他放了一把火，火燒「天堂」。

這把火從「天堂」燒起，一直蔓延到明堂，把明堂也燒著了，把洛陽的夜空燒亮了，大火整整燒了一夜，驚動了整個洛陽城，當然也驚動了武則天。

武則天看出了大火背後的醋意，她對這個薛懷義失望了，而且失望透頂。

不久武則天宣布重建明堂，依然任命薛懷義為工程總指揮，然而這一切只是偽裝，她已經對薛懷義起了殺機。

拋棄

薛懷義是如何被武則天拋棄的呢？

歷史上留下了兩個版本，跟當初他的發跡一樣。

版本一：武則天授意堂侄武攸寧率領勇士在瑤光殿將薛懷義打死。

版本二：武則天授意太平公主的乳娘率領諸多健壯強悍的宮女在瑤光殿將薛懷義打死。

這兩個版本，哪一個更可信呢？

我傾向於後者，因為這裡面涉及到一個隱私問題。

儘管武攸寧也深受武則天寵愛，但是處死情夫這樣的事情還是知道的人越少越好，即便武攸寧是自己的娘家侄子。相比之下，太平公主的乳娘值得信任，她是太平公主的人，也就是自己的人，而健壯強悍的宮女與外界接觸的機會更少，因此是最佳人選。

西元六九五年二月四日，薛懷義也就是馮小寶被亂棍打死，在他死後成了一座佛塔。武則天命人將他的屍體送回了白馬寺，火化成灰燼，然後摻進泥土裡建成了一座佛塔。

男寵兄弟

在薛懷義伏誅兩年後，中國歷史上最有名的一對男寵兄弟張易之、張昌宗隆重登場。

張易之和張昌宗並非無名之輩，他們的出身還算不錯，同族有一位爺爺輩的高官張行成曾經當過李治的尚書左僕射，因此在《舊唐書》便把張易之和張昌宗併在張行成的傳裡。

初入官場時，哥哥張易之要在弟弟張昌宗之上。張易之憑藉家族門蔭進入官場，逐漸升遷到管理御馬的尚乘奉御。當時張易之二十多歲，皮膚白皙，相貌俊美，擅長音律歌詞，身邊的同事都非常喜歡他。

不過兄弟倆最先發達還是弟弟張昌宗，他是因為太平公主的推薦進入武則天的視野，經過試用期後，武則天大為滿意。這個張昌宗比薛懷義強多了，不僅相貌英俊，舉止得體，而且各方面都很優秀。就此薛懷義徹底成為歷史，他曾經的輝煌傳承到了張昌宗身上。

要說張昌宗這個弟弟很講手足情深，自己發達之後，也沒有忘記拉哥哥張易之一把，不久他向武則天隆重推薦了哥哥張易之。

張昌宗說：「臣兄易之器用過臣，兼工合練。」

張易之的春天就這樣不期而至。

經過試用，果如張昌宗所說，至此兄弟二人同時得到武則天的垂青，在古今中外的歷史上都十分罕見。很快地張昌宗和張易之被武則天提拔使用，張昌宗為雲麾將軍，代理左千牛中郎將，隨後又擢升為銀青光祿大夫（從三品，副部級），張易之為司衛少卿（軍械供應部副部長，從四品），同時賞賜二人房子，綢緞五百匹，奴婢駄馬若干。

因為兄弟倆的得寵，他們已故的父親張希臧被追贈為襄州刺史，他們各自的母親韋氏、臧氏被封為太夫人，同時武則天對臧氏太夫人還有一個特別賞賜：指定中書侍郎李迥秀為臧氏的情夫。

皇恩浩蕩！

如此一來，張易之、張昌宗紅極一時，原本給薛懷義牽過馬執過鞭的人又帶著誠意向張易之、張昌宗撲面而來。這些人有武承嗣、武三思、武懿宗、宗楚客、宗晉卿，他們都是當時的紅人，不過此時他們都願意為張易之、張昌宗執馬墜鐙，因為張易之、張昌宗比他們更紅。

從此之後，張易之和張昌宗的名字在這些人的口中消失，取而代之的是「五郎、六郎」。

張昌宗和張易之的政治待遇還在不斷提升，張昌宗不久出任左散騎常侍（從三品，副部級）。

西元六九九年，武則天又為張易之安排了一個官職——控鶴監。

控鶴監便是管理控鶴府的官員，所謂控鶴府便是宮廷親衛府，這個宮廷親衛府主要功能便是取悅武則天，讓武則天開心，而在這個親衛府中多是張易之、張昌宗這些被寵愛的人，同時也有少數有才能或者文學素養的人。

總之，這是一批極受寵愛的人。

榜樣的力量

桃李不言，下自成蹊，榜樣的力量總是無窮。

在張易之和張昌宗的示範下，一些人的心思動了，他們也渴望複製張易之和張昌宗的成功之路。這些人有的是經他人推薦，有的則是自薦。

經他人推薦的是柳良賓，推薦人是他的父親上舍奉御柳模，推薦理由是：柳良賓潔白美鬚眉。

與此同時也有自薦的，比如左監門衛長史侯祥，自薦理由：壯偉過於薛懷義。

在自薦人群中，還有一位名人，詩人宋之問，他也想賣身求榮。說起來，起步時期的宋之問是上進的，也曾憑藉自己的努力得到武則天的青睞。

武則天巡幸洛陽龍門，令隨從官員賦詩，左史東方虬詩先成，武則天以錦袍賜之。等到宋之問詩成，武則天稱其詞愈高，於是從東方虬手中奪過錦袍賞給了宋之問，這是宋之問宦海生涯濃墨重彩的一筆，名曰：「奪袍賞宋」。

然而宋之問漸漸發現，要想真正贏得武則天的心，僅僅靠詩篇是不夠的，還需要有些特殊才能，比如像張易之、張昌宗兄弟那樣的特殊才能。宋之問也是不情願的，但在那個特殊的背景下，張氏兄弟紅得發紫，這一切在很大程度上刺激了他。

人都是被逼出來的！

論條件，宋之問也是不差的，「偉儀貌，雄於辯」。（《新唐書・宋之問傳》）

宋之問決定投石問路，為武則天寫了一首《明河篇》。

《明河篇》的最後幾句是這樣寫的：

明河可望不可親，

願得乘槎一問津。

更將織女支機石，

還訪成都賣卜人。

宋之問這是借用歷史典故向武則天表白心跡：陛下，我能登船嗎？

沒想到落花有意流水無情，武則天在看了他的詩後說道：「我並不是不知道宋之問是個有才氣有情調的人，可惜他有口臭啊！」（吾非不知之問有才調，但以其有口過。）

或許是傷了自尊，或許是另闢蹊徑，搭不上武則天客船的宋之問轉而抱住了張易之、張昌宗的粗腿，為了表示忠誠，宋之問甚至搶著為張易之倒夜壺，真是豁得出去啊。

宋之問的結局

儘管宋之問在大唐王朝的詩人中算不上最有名的，但是他的宦海浮沉值得一說，尤其是他經歷了武則天時代以及後武則天時代，在我們關注歷史宏大敘事的同時，不妨騰出一點點時間，關注一下一個詩人在大時代背景下的命運。

宋之問在唐史中留下名字不僅因為他的投機，同時也因為他的詩篇，不過他的詩篇也留下了千古謎案，這個謎案就是「年年歲歲花相似，歲歲年年人不同」版權的歸屬問題。

從現有的史料來看，如此風華絕代的詩句背後可能隱藏著一起驚天血案，血案的被害人名叫劉希夷，而疑似凶手便是宋之問，值得一提的是宋之問還是劉希夷的親舅舅，不過宋舅舅倒是比劉外甥還年輕五歲。

劉希夷的《代悲白頭翁》全文如下：

洛陽城東桃李花，飛來飛去落誰家？
洛陽女兒惜顏色，坐見落花長歎息。
今年花落顏色改，明年花開復誰在？
已見松柏摧為薪，更聞桑田變成海。
古人無復洛城東，今人還對落花風。
年年歲歲花相似，歲歲年年人不同。

寄言全盛紅顏子，應憐半死白頭翁。
此翁白頭真可憐，伊昔紅顏美少年。
公子王孫芳樹下，清歌妙舞落花前。
光祿池臺開錦繡，將軍樓閣畫神仙。
一朝臥病無相識，三春行樂在誰邊？
宛轉蛾眉能幾時？須臾鶴髮亂如絲。
但看古來歌舞地，惟有黃昏鳥雀悲。

劉希夷的這首詩收錄在全唐詩中，而在全唐詩中宋之問的眾多詩篇中有一篇叫《有所思》，兩相對照讓人大跌眼鏡，兩首詩居然只有第二句有所區別，劉希夷詩中為「洛陽女兒」，而宋之問詩中則為「幽閨女兒」，其餘部分完全相同。

那麼兩人到底是誰剽竊誰的呢？至今是一樁無頭公案。不過絕大多數人將矛頭指向了宋之問，多數人認定是宋之問剽竊了劉希夷的詩篇。

關於這段公案，唐人筆記《劉賓客嘉話錄》有如下記載：

劉希夷詩曰：「年年歲歲花相似，歲歲年年人不同。」其舅宋之問苦愛此兩句，知其未示人，懇乞，許而不與。之問怒，以土袋壓殺之。宋生不得其死，天報之也。（言之鑿鑿）

按照這個說法，劉希夷這風華絕代的詩篇之後確實藏著這樣的一起血案，而凶手正是他的舅舅宋之問。

不過《大唐新語》則記載說：詩成未周歲，為奸所殺。或云宋之問害之。（有此一說）

總之，這是一起無頭公案，矛頭所指大詩人宋之問。

為什麼大家都把矛頭指向他？究其原因，此人雖聲名赫赫，卻也劣跡斑斑。

如果把宋之問的一生做一個梳理，你會發現原本他也是一個勤學苦讀之人，他也想靠自己的學識和詩篇為自己贏得一條終南捷徑。

宋之問弱冠知名，尤善五言詩，當時無能出其右者。剛進入仕途時，他與初唐四傑之一楊炯是同事，不久成為洛州參軍，後來輾轉升遷為尚方監丞、左奉宸內供奉。在擔任左奉宸內供奉期間，他深受張易之和張昌宗兄弟賞識，張氏兄弟的不少文章都是由宋之問代筆，宋之問以為就此找到了一條快速升遷之路，因為他抱住了張易之和張昌宗的粗腿。

然而好時光總是短暫，短暫到稍縱即逝。

西元七〇五年正月二十二日，張易之和張昌宗兄弟出了點小事，事也不大，也就是被實行軍諫的張柬之把腦袋搬了家。

宋之問的天塌了下來。

作為張易之、張昌宗的黨羽，宋之問與弟弟宋之遜被趕出洛陽，貶到瀧州做一個小小的參軍。瀧州位於今天廣東雲浮市下屬的羅定市，在唐代那裡是典型的瘴癘之地。

環境如此惡劣，宋之問心裡打起了退堂鼓，難道就在這瘴癘之地坐以待斃？難道就這樣錯過洛陽的花花世界？不，絕不！

不久，宋之問與弟弟宋之遜未經皇帝批准便從瀧州逃回了洛陽，宋之問的一個名篇就是在這次逃亡路上寫就：

嶺外音書斷，終冬復立春。
近鄉情更怯，不敢問來人。

兩隻叫做宋之問、宋之遜的流浪狗不敢公開露面，而是躲進了張仲之家裡。對於張仲之而言，這一次不是引狗入室，而是徹徹底底地引狼入室。

當時張仲之正在與駙馬都尉王同皎謀劃徹底剷除武三思，張仲之和王同皎情緒高昂、話語激動，他們以為是在自家私宅便不以為意，卻忘記了家裡多了兩隻姓宋的流浪狗。

宋之問在門外聽得清清楚楚，裡面人的談話讓他心驚肉跳，同時又心潮澎湃，自己一直在等待東山再起的機會，這不就是機會嗎？

用恩人的血染紅你的頂子？沒錯！

在宋之問的授意下，宋之問的侄子宋曇火速向武三思做了密報，結果毋庸多言，張仲之、王同皎死於非命，家產被沒收，所有的告密者都得到了重用。宋之問、宋之遜這兩隻流浪狗再也不用流浪了，從今以後你們就在洛陽為官，加授朝散大夫，從五品，享受副局級待遇。

之後的宋之問繼續著尋找粗腿的道路，他像一隻花蝴蝶，在武三思、太平公主、安樂公主之間飛來飛去，一個倒下了，再去找下一個，一個勢頭弱了，立刻再找勢頭強的。

武三思死了，他投向了太平公主。太平公主的勢頭弱了，他又投向了安樂公主。

在宋之問留下的詩篇中，有一首詩便是為安樂公主作的，題目是《宴安樂公主宅得空字》。

英藩築外館，愛主出王宮。賓至星槎落，仙來月宇空。
玳梁翻賀燕，金埒倚晴虹。簫奏秦臺裡，書開魯壁中。
短歌能駐日，豔舞欲嬌風。聞有淹留處，山阿滿桂叢。

宋之問滿懷深情地寫下了這首詩，在他的眼前似乎一片陽光燦爛，或許不久之後他就能在安樂公主的庇護下更進一步，為大唐王朝發揮更多的光和熱。

事實上，宋之問在中宗朝還是做了一些事情的，中宗選拔文學之士，宋之問與杜甫的祖父杜審言一起成為修文館學士。後來宋之問主持典舉，所引拔的人才多數都是後來知名的人物，由此可見宋之問選人還是非常有眼光。

有如此良好的表現做基礎，再加上有安樂公主這棵大樹，中宗李顯準備提拔宋之問為中書舍人。中書舍人為天子近臣，負責起草詔令，如果能夠得到這一官職，日後登堂入室進而成為宰相也猶未可知。金光大道就在眼前，宋之問離成功只差一釐米。

這時一個位高權重的人物站了出來，對中宗李顯說道：「我反對。」

說這話的人是太平公主，因為宋之問棄她而去而懷恨在心，在這個關鍵時刻她投下了反對票。宋之問完了，他得罪了皇帝尚要禮讓三分的太平公主。

太平公主反對的理由很簡單：宋之問在主持典舉時收受賄賂，聲名狼藉。

前面便是中書舍人，宋之問卻無法邁過眼前的鴻溝。中書舍人的夢破滅了，宋之問被貶作汴州長史，還沒啟程，新的任命又下來了，不用去汴州了，直接去越州吧。汴州在今天的開封，越州在今天的紹興，前者離洛陽很近，後者離洛陽已遠。

睿宗即位，宋之問在越州也待不住了，睿宗以宋之問曾經依附過張易之、武三思為由將他發配欽州，欽州在今天廣西的欽州，那裡有防城港及北部灣。

困頓在欽州的宋之問不會想到，在人生的最後時刻，他連欽州也待不住了。

李隆基登基後，除惡務盡，宋之問這個先後依附於張易之、武三思、太平公主、安樂公主的問題人物終於走到了路的盡頭。

關於宋之問的最後時刻，《新唐書》如是記載：宋之問得詔後汗流不止，滿地亂走，不知道該怎麼辦。一同被賜死的冉祖雍向使者求情說「之問有妻子，請允許他們告別。」使者許之，而宋之問哆哆嗦嗦詞不達意，什麼事也沒有交代成。冉祖雍怒曰：「我和你都辜負了國家按罪當死，你還囉嗦什麼呢？」宋之問聞言，乃飲食洗沐就死。

其實拋開人品不談，單就詩詞成就而言，宋之問稱得上初唐詩壇上的一顆巨星。

《新唐書》如是評價：宋之問、沈佺期，又加靡麗，回忌聲病，約句准篇，如錦繡成文，學者宗之，號為「沈宋」。

在宋之問的身後，他的詩風深刻地影響了一個人，這個人就是他曾經的同事杜審言的孫子——詩聖杜甫。

卿本佳人，奈何為賊？

登峰造極

如果把張氏兄弟與之前的薛懷義相比，我們會發現薛懷義跟張氏兄弟根本不在一個等級上，薛懷義只是處於受寵的初級階段，而張氏兄弟已經到了登堂入室的高級階段。

西元七〇〇年六月，武則天將控鶴府改為奉宸府，同時委任張易之為奉宸令（內衛親衛主管），張氏兄弟的地位再次上升。從此之後只要武則天在內殿舉行宴會，張氏兄弟與諸多武姓皇族親王一起陪坐，喝酒賭博、嬉笑怒罵，儼然已是皇族一員。

這時拍馬屁的人蜂擁而至，其中的極品居然奉承張昌宗是周靈王王子姬晉的轉世。

為何有此說呢？

這還得從姬晉的傳說說起。

傳說姬晉有一次偶遇道行高超的道士，於是就辭別父王周靈王跟隨道士進山修道，數十年後的七月七日，姬晉得道升天，騎著白鶴緩緩從地面升起，直沖太空，遠近無數人見證了姬晉升空的奇蹟。

無疑姬晉是仙人，而張昌宗就是這位仙人的轉世。

這馬屁拍得正合武則天的心意。

隨後武則天就給張昌宗置辦了一身行頭，然後將張昌宗照傳說中的姬晉打扮了起來。張昌宗身穿羽毛編織成的衣裳，吹著簫，在後宮的庭院裡乘坐著木製的仙鶴，在音樂的伴奏下儼然已是姬晉的化身，這幅場景「打動」了諸多逢迎拍馬的人，他們紛紛寫詩讚美這個奇妙時刻。

其實在我看來，形容這個時刻用兩字最簡練：鳥人。

當然，張昌宗並非總是扮演鳥人，在一些時候他還需要做一些正事，比如編撰《三教珠英》。《三教珠英》其實就是編撰佛教、道教、儒教的精華，將三教中的精華按照門類編撰起來，之所以要編撰《三教珠英》是武則天為了藉此堵住天下人的嘴，藉此表明招張氏兄弟進宮不是為了享樂而是為了編書，同時編撰《三教珠英》是也是為張昌宗和張易之尋找立功的機會。

經過張昌宗和張易之的「努力」，經過宋之問、張說、李嶠等二十六人的不斷努力，一千三百卷的《三教珠英》編撰成功，張昌宗和張易之由此得到了封賞的機會。

不久，張昌宗被加官司僕卿（畜牧部部長），張易之為麟台監（皇家圖書院院長）。

兄弟倆受寵之勢天下無雙。

在兄弟倆受寵的同時，他們的其他兄弟也活躍起來，他們的弟弟張昌儀這時正擔任洛陽縣令，藉著兩位兄長的光，他成為遠近聞名的能人，想買官的人紛紛來求他幫忙，而他也是來者不拒，反正都是無本萬利的買賣。

一天在上朝的途中，他遇到了一位候補官員，他並不認識這位官員，但是他認識這個人手中的五十兩黃金。這一幕對於張昌儀來說太熟悉了，兩人沒有多餘廢話，一個交錢，一個收錢，然後張昌儀就把這位官員的申請書交到了吏部侍郎張錫的手中。

整個過程一氣呵成，毫不拖泥帶水，張昌儀只是掃了一眼申請書，記得那個候補官員姓薛。

沒過幾天，吏部侍郎張錫找來了，有麻煩了。原來張錫不小心把候補官員的申請書弄丟了，而他又沒記住那個官員的名字，這才急三火四跑來問張昌儀。

張昌儀一聽火冒三丈：「你問我？我問誰去？我只記得他姓薛。我看這樣得了，把所有姓薛的候補官員都安排個官當吧！」

幾天後，六十多位姓薛的候補官員都被補上了實缺，這一切都是拜張昌儀所賜。

不久，張昌儀又鬧出了一個段子，起因是他的新居。

在哥哥們的提拔下，張昌儀由洛陽縣令升任尚方少監（宮廷供應副總監），藉著升官的喜慶，他建造了一座新居，新居的規模排場甚至超過親王和公主的住宅，在洛陽城內很是扎眼。

沒過幾天，張昌儀家的大門上多了一行字：一天絲，能做幾天絡？

這行字是什麼意思呢？翻譯過來就是「你總有一天會死，還能快樂幾天？」

看了這行字後，張昌儀有些惱火，不過也無可奈何，只能擦去了事。

沒想到第二天這行字又出現了。

再擦、再寫、反覆了六七次。最後張昌儀煩了，索性在這行字下回了一個貼：快樂一天就好！之後整個世界安靜了下來，寫字的人沒有再寫，張昌儀隨後便把這兩行字統統擦去，新居的惡作劇終於告一段落。

然而歷史上的很多話往往一語成讖，張昌儀以為自己只是隨便一寫，不算數的，卻沒想到在不經意間他們兄弟的命運已經注定了。

他們確實不只快樂了一天，他們快樂了很多天，但是總有一天他們會死的，而且是慘死。

第十四章

天平兩端

左右為難

天平兩端，左右為難，這是登基稱帝的武則天其心情寫照。

傳子還是傳侄的問題在武則天登基之前已經存在，因為她是女兒身，就注定她要有這樣兩難的抉擇，而當時她正忙著登基，對這個問題她一直無暇顧及。

現在武則天終於停了下來，而此時開始她必須思考傳子還是傳侄的問題，於是這個煩惱就伴隨了她很多年。

剛登基時，武則天心中的天平其實是傾向於侄子的，因為她開創了新的王朝，而且建立王朝的七座祭廟其主人都姓武。所以武承嗣、武三思等人因此都被她推上了高位，武承嗣被封為魏王，武三思被封為梁王，她對這兩個侄子寄予厚望。

最能說明武承嗣和武三思地位的便是祭祀儀式，西元六九三年，武則天在明堂舉行祭祀儀式，她本人作為第一位供奉祭品，緊隨其後的便是武承嗣，第三位是武三思。此時我們不知道皇嗣武旦排在第幾位，或許在母后武則天的心裡，他至少已經排到了第三位，而排在他前面的則是那兩位春風得意的表兄弟。

如果事情就這麼一直發展下去，沒有人對這個格局表示反對，或許武則天就會把寶一直押在侄子的身上，然而關係到國家的傳承大計，總是會有很多人出來說道的，李昭德就是第一個。

在前面我曾經提到過，李昭德多次旗幟鮮明地表示武則天應該傳位給兒子，並因此得罪了武承嗣，最後導致了自己的身死。李昭德針對武承嗣等人的上疏並不只一次，西元六九二年，他跟武則天還有一次面對面的對話，這次對話嚇出了武則天一身冷汗。

武則天為什麼會嚇出冷汗呢？因為李昭德實話實說。

李昭德對武則天說道：魏王武承嗣的權勢太重了。

武則天不以為然地回應：因為他是我的侄子，所以需要倚重他。

李昭德接過武則天的話說：「侄子跟姑媽，兒子跟父親，哪一個關係更親密？歷史上不乏兒子謀殺父親的案例，更何況侄子和姑媽？現在武承嗣既是親王又是宰相，還是陛下的侄子，他的權勢幾乎與陛下相等，我擔心陛下的位子恐怕很難長久地做下去。」

武則天聞言，吃驚地看著李昭德，他的話不無道理，自己以前怎麼就沒想到這一層啊？

武則天在心中認可了李昭德的說法，衝李昭德點了點頭：「你說得很對，我以前從來沒有想過。」

在此之後，武則天暫時解除了武承嗣的宰相職務，把他放到了位置更高卻沒有實權的特進職位上，算是做了一個小小的防範。

然而解除武承嗣的宰相職務只是權宜之計，說到底她還是要指望這個侄子的，如果兒子不能相信，侄子也不能相信，那麼她還能相信誰呢？

武則天陷入到空前的苦惱之中。

度日如年

武則天左右為難之際，她的兩個親生兒子卻在不同的地方品味著度日如年的生活。

相比之下，廬陵王李顯的日子更加難過。

在西元六八四年二月六日被廢黜之後，他就過著被拘禁的生活，先是被拘禁在洛陽，不久就被押送到了均州，住進了一所房子，這所房子的前任主人是他的四大爺——魏王李泰，現在叔侄倆隔著時空同病相憐。

均州也不是李顯的最後一站，不久他又搬家了，搬遷到了房州，房州位於今天的湖北省房縣，時至今日交通依然不算發達，在唐代就更不用提了。李顯在這裡過著擔驚受怕的生活，他見識過母親的手腕，也目睹幾個哥哥的前後落馬，對於母親下一步會做出什麼，他的心裡一直沒有底。

人最害怕的不是恐怖的結局，而是恐怖結局到來之前的過程。

這段日子裡，李顯的妻子韋氏成了他唯一的依靠，很難想像如果沒有韋氏，李顯能否挺過那段艱難歲月。每次武則天派使節前往房州，李顯都擔心不已，生怕使節是來殺自己的，韋氏倒表現地非常鎮定：「不必緊張，該來的早晚會來，不該來的永遠不會來，不用自己嚇唬自己。」

韋氏的話平復了李顯忐忑不安的心，為了表示對韋氏的感激，他經常說一句話：「如果有朝一日我們能翻身，你做什麼事我都不會攔著你。」說完兩人相對苦澀一笑，他們知道翻身對他們而言是一個可望而不可即的夢。

兩人苦笑時她們的女兒李裹兒就在一邊玩耍，看著女兒，李顯的心再次揪了起來。

如果自己還是皇帝，那麼女兒就是大唐王朝貴不可言的公主，然而現在呢？她連平民的女兒都不如。平民的女兒至少還有自由，而她卻要跟著父母一起受監禁，甚至在出生時連衣服都沒有，還得用自己的衣服包裹起來，並由此得到乳名：裹兒。

看著窗外，洛陽遙不可及，不知道弟弟李旦在做什麼，至少他比自己強一點，他目前還是皇嗣。其實如果哥倆能夠隔著時空通話，武旦會對哥哥李顯報以苦澀的一笑：其實我比你強不了多少。武旦為什麼會有這樣的想法？不是貴為皇嗣嗎？不是當朝僅次於武承嗣、武三思的人物嗎？貴為皇嗣不假，可你見過連自己的妻子都保護不了的皇嗣嗎？

長壽二年（六九三年）十一月二日，這一天是對於武旦而言永遠刻骨銘心，對於李成器和李隆基而言同樣刻骨銘心，因為在那一天他們家發生了重大變故。武旦的劉妃（**李成器的母親**）和竇妃（**李隆基的母親**）在這一天前往宮中晉見武則天，然而進宮之後兩人就再也沒有回來，永遠地在這個世界上消失了。

《資治通鑑》記載說，這次事件的幕後黑手是深受武則天寵愛的宮女韋團兒，她因為忌恨武旦，所以便從他身邊的王妃下手，捏造了劉妃和竇妃祈求鬼神大行詛咒的事實。

這段記載有些莫名其妙，一個宮女與武旦李旦之間能有什麼利害衝突呢？韋團兒對李旦的忌恨又從何而來呢？莫名其妙。

世界上沒有無緣無故的愛，同樣也沒有無緣無故的恨，在我看來這次事件的幕後黑手還是武則天，是她看不慣自己的兩位兒媳，更重要的是她擔心這兩個兒媳將來會對自己不利。於是武則天便授意韋團兒處死了兩位王妃，而她順手又除掉了韋團兒。

令人心酸的是，劉妃和竇妃被處死之後不知道被埋到了什麼地方，竇妃的親生兒子李隆基登基之後曾經多方查探，卻始終沒有找到母親的埋骨之處，由此可見武則天太狠了，對待自己的兒媳，生不見人，死了連骨頭都找不到。

遭逢如此大變故時，李隆基不過八歲，他的大哥李成器也不過十四歲，他們在同一天成了沒娘的孩子，凶手居然是自己的奶奶。

在此之後，我們就必須要佩服武旦的心理素質了，他居然裝作什麼事情都沒有發生，在母親武則天面前表現得與以往一樣，絲毫看不出兩個王妃去世對他的影響。不是他不想動情，而是他不能動情，因為他的脖子上始終架著一把刀，而握著刀把的那個人居然是他的親生母親。

武旦心中只有一個信念：忍耐，忍耐，繼續忍耐。

即便如此，麻煩還是很快找上了他。

兩個月後，武旦在府中接見了兩個人，一位是前任宮廷供應總監裴匪躬，一位是皇宮宦官總管府總管范雲仙，三個人只是進行了一個簡單的會晤，沒想到就是這次會晤給裴匪躬和范雲仙帶來了殺身之禍。不久裴匪躬和范雲仙被腰斬，罪名是私自晉見皇嗣武旦。

從此之後，三公及部長級以下的官員都不准晉見武旦，而即使是三公和部長級的高官，晉見武旦也需要先請示武則天。

沒過多久，武旦的麻煩又來了，居然有人指證他謀反。

負責審查武旦謀反的是酷吏來俊臣，他帶著「有罪推定」向武旦撲面而來，在他的酷刑之下，武旦身邊的人幾乎都招了，武旦「謀反」幾乎成了鐵的事實。

這時一位叫做安金藏的工人站了出來，他用刀割破了自己的肚子，用發自肺腑的方式證明皇嗣武旦沒有謀反。很難想像，如果沒有安金藏的剖腹證明，武旦會遭遇什麼？

不出意外的話，他很可能落得與哥哥李顯同樣的下場：監禁。

幸好他的身邊還有一個忠肝義膽的安金藏。

快樂的時光如水而逝，苦難的時光卻度日如年，李顯和李旦這對苦命兄弟在苦難中堅持著，他們不知道祖上的李唐王朝何時才能光復，也不知道母后的大周王朝將要去往何方。

如同黑夜裡沒有航標的航船，他們只能在黑暗中默默前行，他們不知道這樣的長夜還要熬多久，在未來的路上，是否會有一個人幫他們打開指明方向的燈？

好人好官

唐朝三百年的歷史上，郭子儀被視為「中興名將」，其實在郭子儀之前還有一位「中興名臣」，如果沒有這個人的堅持，如果沒有這個人的提前布局，李唐王朝很難光復。

如果沒有這個人，郭子儀的「中興」或許就不存在了，王朝都不存在了，又何來「中興」呢？

這個人就是好人好官狄仁傑。

狄仁傑之所以最終能說動武則天，一是因為他的人品，二是因為他的功績，他的人品武則天早已心知肚明，而他的功績則是在平定契丹叛亂期間逐漸建立，進而贏得了武則天的充分信任。

西元六九二年，狄仁傑因為被誣陷謀反，最終被貶到彭澤當縣令，這一貶就是四年。如果沒有契丹叛亂，或許狄仁傑的一生就會定格在彭澤縣令任上，西元六九六年的契丹叛亂讓狄仁傑有了東山再起的機會。

西元六九六年的契丹叛亂起因是一場饑荒。

這一年契丹部落發生饑荒，而近在咫尺的營州總管趙文翽卻不給予救濟，反而將契丹部落的酋長們當成奴隸一樣驅使，這一下引發了契丹部落的叛亂。

契丹部落松漠總管李盡忠和歸誠州刺史孫萬榮舉起了反叛的大旗，叛亂一發不可收拾。

為了平定叛亂，武則天派出數十位將領前去平叛，與此同時還玩了一個文字遊戲，將李盡忠改名為李盡滅，孫萬榮改名為孫萬斬，以此期盼早點平定這次叛亂。然而戰爭畢竟是戰爭，僅僅靠給對方改名是贏不了戰爭的。

武則天派出的第一撥平叛大軍與契丹叛軍進行了連番惡戰，結果大敗而回，契丹的叛亂繼續升級。就在這時幸運眷顧了武則天的周朝，剛剛鬧騰了幾個月的李盡忠病死了，契丹叛軍從此少了一位能征善戰的將領。契丹的壞運氣並沒有就此結束，不久與他們接壤的東突厥出動了軍隊，對契丹叛軍發動了突襲，搶走了契丹叛軍的大批戰略物資，契丹的叛亂遭遇了沉重的打擊。

不過叛亂並沒有就此結束，不久他們就在孫萬榮的帶領下重新集結聲勢又起，又開始向周朝發動攻擊。狄仁傑就是在這個時候臨危受命，由彭澤縣令改任魏州刺史，這裡是契丹向南進犯的關鍵所在，對於這個位置武則天格外看重。

狄仁傑上任伊始便做出了一個大膽決定，將進城避難的老百姓全部疏散出城，回到他們原來的土地上。原來前任刺史為了省事，索性驅趕全州的老百姓進城避難，死守堅城，這樣就把城外的廣闊田地拱手讓給了契丹。

狄仁傑卻不這麼做，他讓老百姓又回到了田間地頭，該耕種的耕種，該收割的收割，敵人還遠得很，何必慌張成這個樣子。

底下有人問狄仁傑：「萬一出事了怎麼辦？」

狄仁傑昂然回應：「出了事，有我呢。」

事實證明狄仁傑的辦法很有效，他迅速穩定了當地的局勢，安撫了人心，反而給契丹叛軍很大壓力，他們以為狄仁傑所在的魏州早有準備，於是便放棄了對魏州的進攻。

緊接著大周王朝對契丹叛軍展開了第二撥進攻，沒想到這一次又是慘敗。

這次出征的是名將王孝傑和副總管蘇宏暉，兩人吃虧在對地形不熟。王孝傑和蘇宏暉率領十七萬大軍與孫萬榮接戰，交戰後不久孫萬榮撤退，王孝傑和蘇宏暉不知是計便率領精銳部隊在身後緊緊追趕，一直追趕到懸崖峭壁邊。

這時契丹叛軍回身開始發動反擊，王孝傑這才意識到自己中了埋伏。如果此時蘇宏暉和王孝傑同仇敵愾，戰局還有機會挽回，然而這時身為大軍副總管的蘇宏暉居然扔下王孝傑自己先跑了。王孝傑只能孤軍作戰了。最終王孝傑寡不敵眾，自己摔下懸崖兵敗身死，他所帶領的十七萬大軍也隨之土崩瓦解。

契丹叛軍聲勢再起。

其實此時離契丹叛軍不遠處還有一支周朝的軍隊，這支隊伍中就有大詩人陳子昂。帶領陳子昂出征的是武則天的侄子武攸宜，他在得知王孝傑慘敗的消息後居然不敢前進，索性駐軍原地不動。經過陳子昂的再三催促，武攸宜還是不出兵，陳子昂徹底寒了心，於是就有了《登幽州台歌》：「前不見古人，後不見來者，念天地之悠悠，獨愴然而涕下。」

形勢至此完全向著有利於契丹叛軍的方向發展，此時運氣再一次眷顧了大周王朝，東突厥的部隊再一次偷襲了契丹叛軍的大本營。

原本孫萬榮派出五名使節前往東突厥，邀請東突厥與自己一起進攻周朝，東突厥可汗阿史那默啜也痛快地答應了。然而戲劇性的一幕隨後發生了。

問題出在五名使節身上。原來這五名使節不是同一時間到達東突厥，而是陰差陽錯地分成了兩撥，第一撥三人，第二撥兩人。

東突厥可汗阿史那默啜會見第一撥使節時答應了聯合出兵，而就在這時第二撥的兩個人到了，他們的姍姍來遲讓阿史那默啜非常惱火，一聲令下，推出去斬了。

眼看腦袋不保，兩個使節大聲呼喊了起來：「請讓我們說幾句話，再死不遲。」

阿史那默啜喝退了手下，然後衝著兩人說道：「說吧！」

兩個使節話一出口，阿史那默啜的眼睛亮了。

兩個使節說：「現在契丹的大本營防守空虛很容易擊破，你不妨出兵進行攻擊，收穫必定比聯合出兵進攻周朝大得多。」

古往今來，開門迎敵的家賊破壞力是最大的。

事情至此峰迴路轉，阿史那默啜隨即改變主意不再聯合出兵，而是火速出兵攻打契丹大本營。在出兵之前他還順手把先到達的三位使節斬了，轉而將後來的兩位奉為上賓。

沒有永遠的敵人，也沒有永遠的朋友，只有永遠的利益。

戲劇性的一幕就此發生，原定的盟友襲擊了契丹的大本營，再次搶光了契丹叛軍所有的家當，這一次契丹叛軍再也堅持不住了。

此時周朝的部隊已經與契丹叛軍再次正面遭遇，而契丹的叛軍已經軍心渙散，雪上加霜的是原本一起出征的奚部落這時也反水了，他們直接從側面向契丹軍隊發動了攻擊。

契丹叛軍兵敗如山倒，領頭的孫萬榮最終被自己的家奴殺死，他和李盡忠領導的叛亂就此告一段落。

不過冰凍三尺非一日之寒，契丹大規模的叛亂結束了，小規模的叛亂卻還在繼續，如果處理不得當，小叛亂很有可能演變為大叛亂。

這時狄仁傑提出一個建議：重用契丹降將。

這是一個非常有建設性的意見，但也是很冒險的想法，一旦契丹降將再反叛呢？

對此狄仁傑力排眾議：「他們能為舊主效力，也就能為新主效力，只要我們安撫得當，就一定能為我所用。」

這時旁邊有人提醒：「這樣做可是為自己埋隱患啊。」

狄仁傑卻平靜地回應道：「只要對國家有利，就不用管對我自己是否有害了。」

在狄仁傑的堅持下，契丹降將李楷固和駱務整得到重用，李楷固被委任為左玉鈐衛將軍，駱務整為右武威衛將軍，而原本他倆是要被處死的，因為他們太晚投降了。幸虧他們遇到了狄仁傑。

不久李楷固和駱務整用行動回報了狄仁傑的信任，他們率軍迅速平定了契丹部落的所有叛亂。

數月後，李楷固、駱務整和狄仁傑一同出現在三陽宮的含樞殿上，李楷固因為戰功得到了武則天的封賞，這個原本要處死的契丹降將被晉升為左玉鈐衛大將軍（從三品，副部級），封燕國公，賜姓武，這一切都是源於狄仁傑。

李楷固在心中感激著狄仁傑，同時還有一個人對狄仁傑充滿感激，這個人就是武則天。

宴會上，武則天朝狄仁傑舉起了酒杯：「這一切都是你的功勞。」

狄仁傑卻回應道：「這都是陛下的聲威和將士的功勞，我哪有什麼功勞。」

所有賞賜一概推辭不受，功勞全推給了武則天和其他將士。

老子說，夫不爭，天下莫與爭。狄仁傑讀懂了，也做到了。

金玉良言

西元六九七年閏十月二十七日，狄仁傑由幽州總管升任鸞台侍郎（副監督長），正是在鸞台侍郎任上，他為李唐王朝的光復埋下了關鍵伏筆。

這時接班人的爭奪已經進入白熱化，武承嗣、武三思都在多方活動，他們都想成為武則天的接班人，不過在各自藏有私心的同時，他們的目標是一致的，那就是先搞掉武旦。

兩個人不斷派人去遊說武則天，核心的話題只有一個：古往今來，還沒有讓不同姓之人繼承大統的。言下之意，武旦原本姓李，跟武則天是兩姓，而武承嗣和武三思卻是一筆寫不出兩個武字，他們比武旦更有繼承大統的資格。

武則天再次陷入到猶豫之中，她不知該如何抉擇。

不久之後，武則天與鸞台侍郎狄仁傑有了一次談話，這次談話對於李唐光復至關重要。

狄仁傑對武則天說：「太宗皇帝櫛風沐雨，冒著刀林箭雨平定了天下，然後將天下傳給了子孫。先帝將兩個兒子又託付給了陛下，現在陛下想把天下傳給外姓，這恐怕不是天意。陛下比較一下，姑姑與侄子，母親與兒子，到底哪一個更親？陛下立子，離開人世後會配享太廟，代代相傳，直至永遠。如果立侄，臣沒有聽說過哪個皇帝把姑姑的牌位放進太廟。」

狄仁傑話說到這個份上，立子還是立侄，明眼人都清楚。

武則天還是有些不甘心，她還在猶豫，她想暫時迴避這個話題，便對狄仁傑說：「這是朕的家事，你就不用干預了。」

這句話正中狄仁傑的下懷，他等的就是這句話。

狄仁傑接過話頭，說道：「君臨天下的王者四海為家，四海之內都是陛下的奴僕和奴婢，哪一件不是陛下的家事？陛下為元首，臣為肱骨，就如同一體，況且臣既然位居宰相之位，難道不應該參與這些事情嗎？」

國家、國家，對於皇帝而言家就是國，國就是家，家國已經一體，武則天還想用家事來搪塞狄仁傑，顯然應付不過去。

歷史就是一面鏡子，照出每個人的真實面目，在皇帝家事問題上，狄仁傑與當年的託孤重臣李勣高下立分。

李勣在武則天立后問題上說了一句話：「此乃陛下家事。」而狄仁傑則在武則天傳位的問題上說了另外一句話：「皇帝沒有家事。」

一個為私，一個為公，李勣儘管被稱為千古名將，然而跟狄仁傑相比私心還是太重。

不久之後，狄仁傑跟武則天又有了一次談話，這次談話效果更加明顯。

這一天，武則天跟狄仁傑說起了自己的一個夢，在夢裡，武則天看到了一隻鸚鵡，可是這隻鸚鵡的兩隻翅膀都斷了，這個夢意味著什麼呢？

狄仁傑接過話頭，他把這個夢又扯到了傳位的話題上。「鸚鵡，武也，象徵著陛下的姓，兩隻翅膀就是陛下的兩個兒子。陛下重新起用兩個兒子，那麼兩隻翅膀就重新振作了起來。」狄仁傑話中有話地說道。

聞聽此言，武則天的心中為之一振。

這次談話記載於《資治通鑒》之中，而在《新唐書》中，則有另外一個版本：

武則天說：「我最近做夢，打雙陸（**唐朝的一種賭博遊戲**）總是贏不了，這個夢象徵著什麼？」

狄仁傑回應道：「這說明眼下陛下無子，如果起用兩個兒子，那麼打雙陸就一定會贏了。」

兩個版本都是狄仁傑解夢，而在解夢的同時卻做著諷諫的事，主題一樣都是把皇位傳給兒子。

幾番談話下來，武則天心中的天平漸漸向兒子傾斜，如果再在這架天平上加一個砝碼，兒子這一端就會徹底勝出。

特殊砝碼

狄仁傑與武則天談話後不久，一個特殊的砝碼出現了。

這個特殊砝碼就是正當寵的張易之、張昌宗兄弟，他倆也站到了武則天兒子這一端。

兩位面首在武則天面前陳述了傳位給兒子的諸多好處，並信誓旦旦地表示，他們堅定地支持武旦和李顯，這讓武則天感到有些意外，什麼風讓他倆轉向了李旦和李顯呢？

武則天仔細想了一下，以張易之和張昌宗的智商是說不出這些話的，他們的背後一定藏著一個人，這個人應該就是吉頊。

吉頊就是那位力主處死來俊臣的明堂尉，此時他已經進入張易之和張昌宗領銜的控鶴府，與張易之兄弟成為無話不談的朋友。吉頊這個人非常複雜，相比於狄仁傑的「好官好人」，吉頊這個人則一分為二，他是一個好官，但不是一個好人，為了達到自己的目的有時會不擇手段。

在酷吏橫行的時代，吉頊也不是省油的燈，《舊唐書》中他的名字與來俊臣等人並列，被編進到《酷吏傳》中。他曾經協助武懿宗審案，一下子牽連出三十六家無辜的官員，這筆血債最終記在了武懿宗頭上，而吉頊在其中也扮演了重要角色。

儘管做人要打一些折扣，但是吉頊這個人大事不糊塗，他知道「立子還是立侄」關係到王朝的傳承問題，因此他在心裡暗自計畫，張易之和張昌宗兄弟就是他計畫中的關鍵環節。

在一次三人的宴會中，吉頊的臉色突然沉了下來，話語也沉重了許多，他對張易之和張昌宗說道：「你們兄弟現在恩寵到了極點，可是卻並非因為品德或者功業取得，天下人對你們恨之入骨、咬牙切齒的人多了，你們沒有大功於天下，將來如何保全自身呢？」

吉頊的話深深刺痛了張易之、張昌宗兄弟，其實兩人在心中也有這樣的擔憂，儘管現在恩寵無邊，但是女皇年齡已高，總有一天會駕鶴西去，到那個時候兄弟倆又該怎麼辦呢？

他們想過很多次，也沒有想到辦法，現在吉頊把話挑明了，兩人倒想向吉頊討個計策。「依你之見，我們兄弟倆該怎麼辦呢？」

吉頊回應道：「天下沒有忘記李唐王朝的恩德，一直在思念廬陵王。皇上現在年齡已經很大了，江山社稷早晚要託付出去，而武氏諸王都不是女皇中意的。你們兄弟倆何不勸皇上指定廬陵王接班，以滿足天下蒼生的願望。如此不但能免禍，而且還能長保富貴。」

吉頊的話深深打動了張易之和張昌宗兄弟，於是便有了武則天面前張氏兄弟擁立廬陵王李顯的一幕。

事情發展到這一步，武則天心中的天平再也無法保持平衡了，狄仁傑把票投給了李顯，張易之和張昌宗把票投給了李顯，吉頊同樣也把票投給了李顯，而他們的背後還隱藏著眾多支持李顯的人。

想到這裡，武則天不禁歎息一聲，如果自己的侄子們成器，能夠堵上天下人的嘴，或許就沒有太多非議。而現在武承嗣和武三思這兩個侄子在朝中的口碑都不好，即使自己想立也擋不住天下人的悠悠之口。

而如果立兒子，自己這些年又算什麼呢？

武則天的心情複雜到了極點，糾結到了極點，自己追求了一輩子、奮鬥了一輩子已經成為前無古人的女皇，到頭來卻發現所謂女皇居然有這麼多煩惱。

好吧，還是尊重民意吧，既然這麼多人屬意李顯，還是把機會留給李顯吧。

歸來

西元六九八年三月九日，廬陵王李顯的命運發生了逆轉。

在這一天，武則天對外宣稱廬陵王病了，特恩准回京醫治，隨後派出使節前往房州迎接廬陵王李顯回京。

為了這一天，李顯已經等了十四年。

十四年前被廢黜時，李顯二十八歲，現在重新回京，他已經是四十二歲的中年人了，人生最寶貴的十四年，他在房州有限的天地裡被無情地磨盡了。

其實從李顯的一生來看，他適合當一個平安王爺，就是不適合當君臨天下的皇帝。原本李顯也沒有野心，二十四歲之前，他根本沒有想過自己能當皇帝。

李顯出生於顯慶元年十一月，這一年正月，他的大哥李弘被立為太子，從他記事起就知道太子就是日後的皇帝，而他將是皇帝的弟弟，一個平安王爺而已。

轉眼二十多年過去了，大哥李弘死了，二哥李賢成為新太子，到這個時候李顯依然不認為自己能當皇帝，因為二哥李賢受到了交口稱讚，二哥必定是日後的皇帝。然而令他沒有想到的是天有不測風雲，二哥李賢居然被認定為「謀反」，太子之位便這樣輾轉傳給了他。

都說機會只垂青有準備的頭腦，對於太子之位李顯並無準備。終其一生都是一個得過且過的人，一個品質不壞，同時也沒有多大追求的人。這樣的人可以做一個好人，可以做一個平安王爺，就是做不了一個合格皇帝。

幸福的時光轉瞬即逝，二十四歲的李顯成為太子，二十七歲的他成為李唐王朝的皇帝，然而在皇帝寶座上屁股還沒有坐熱就被母親從皇帝之位上趕了下來，距離他登基稱帝還不到兩個月。

接下來便是體會人生的巨大落差，他一下子從人生的巔峰摔到最低谷，儘管他還有一個廬陵王頭銜，然而那個頭銜只不過是一塊遮羞布，他這個被廢黜的皇帝比囚犯好不了多少。

十四年的大好時光就這樣無情逝去，就算他原本還有一點雄心壯志，現在已經都磨沒了，此時的他已經認命，既然母親讓自己回京，那就聽從她的安排，至於下一步會如何，只能走到哪算哪，隨遇而安了。

西元六九八年三月二十八日，李顯回到了闊別十四年的洛陽，隨後進入母親寢宮，被藏在寢宮的帳後。他在帳後聽見一位官員進來與母親談話，內容是關於自己的。

談話的官員是狄仁傑，此時他還不知道李顯已經回到洛陽，他還在為李顯求情，懇請武則天在李顯回來之後正式確定李顯的接班人位置。說到動情處，狄仁傑聲淚如下，他既是為李顯十四年的遭遇感慨，也是在為李氏皇族力爭。

說到最後，武則天也有些傷感，她走到帳子外面，把帳子一掀，對狄仁傑說道：「還卿儲君。」

李顯從帳子後面走了出來，狄仁傑的眼淚再一次流了下來。狄仁傑快步走上前去行君臣之禮，嘴裡不斷地向李顯祝賀，李顯在聽聞剛才那一幕後內心感動不已，自己能有今天便是拜狄仁傑這樣的忠臣所賜。

幾天後，狄仁傑給武則天上了一道奏疏：應該讓百姓知道太子還宮的消息比較妥當。

武則天准奏，讓李顯回到洛陽南門外，以隆重的禮儀迎接回宮，這樣天下人都知道廬陵王回來了，而且是以隆重禮儀迎接回來的。

歸位

李顯回來了，有一個人卻失落到了極點，這個人就是魏王武承嗣。

原本他在嶺南之地流放，對自己的人生沒有奢望，沒想到爺爺原定的繼承人賀蘭敏之犯了事，自己這才有機會結束流放生活，回到洛陽的花花世界；原本他已經滿足於繼承爺爺周王的爵位，沒想到姑姑武則天卻開天闢地開創了新的王朝，這一下把他的心勾了起來，再也無法平復。

從姑姑西元六九〇年稱帝開始，他就看到了繼位的曙光，古往今來還沒有一個皇帝將皇位傳給異姓之人，自己這個親侄子必定要排在第一順位，有朝一日必定要繼承姑姑的大統。

武承嗣開始對皇嗣之位望眼欲穿，這一望就是八年，這八年中，他知道武旦的皇嗣之位一直形同虛設，他受到的恩寵還不如自己，如果自己運作得當，絕對有希望成為真正的皇嗣。

他是這麼想的，也是這麼做的，而且苦苦努力了八年。

然而八年之後的三月二十八日，他猛然發現自己八年來的努力都化為烏有，廬陵王李顯又回來了，自己的皇嗣之夢就此破滅。

事實證明，武承嗣這個人確實心比天高。李顯回到洛陽五個月後，心比天高的武承嗣帶著遺憾離開了人世，只能到另一個世界繼續做自己的皇嗣夢了。

在武承嗣死後不久，皇嗣武旦向武則天上表堅決請求退位，將皇嗣之位讓給哥哥李顯，表奏上去後武則天同意了。

西元六九八年九月十五日，武則天正式冊立李顯為皇太子，糾結八年的「傳子還是傳侄」終於塵埃落定，皇太子之位還是回歸到了之前的皇帝李顯那裡。

兩天後，武則天任命皇太子李顯為河北道元帥，徵兵討伐東突厥汗國，隨後讓武則天五味雜陳的一幕出現了，全國老百姓聽說李顯掛帥之後紛紛回應，沒過多久就集合了五萬餘人，而之前每個月來投軍的不足一千人。

從這次徵兵，武則天看到了天下的民心。她既欣慰同時也充滿了憂慮，自己這麼多年苦心經營，最後換來的是什麼呢？

光復

第十五章

盟誓

李顯被立為皇太子，這意味著武則天的天平最終傾向了兒子，然而侄子那一邊她同樣不想放棄，在她內心裡希望兒子和侄子能夠和平共處，共用來之不易的榮華富貴。

為了達到這個目的，武則天在宮中做了一個實驗，她命人同時養了一隻貓和一隻鸚鵡，然後把它們長期放在一起，希望它們能和平相處。

做這個實驗，武則天付出很大代價，她克服了自己的心理陰影，原本她一直怕貓，因為蕭淑妃的詛咒，她一直覺得貓的身上有蕭淑妃的靈魂附體。現在為了讓兒子和侄子和平相處，她願意克服心理陰影在宮中養貓。

經過實驗，貓和鸚鵡相處得不錯，武則天認為自己的實驗成功了，她想把這個實驗成果向大臣們展示。

令她沒想到的是在展示的過程中發生了意外。

原本貓和鸚鵡確實相處得不錯，但前提是要貓不煩躁也不餓，只有在這種情況下貓和鸚鵡才能和平相處。展示開始之後，貓看到圍觀的人有些多，心裡有些煩躁。時間一長，貓的肚子咕咕叫了，這時貓的本性露了出來，它毫不猶豫地撲向了朝夕相處的夥伴，一口咬住了它的脖子，然後將夥伴變成了大餐。

目睹這一幕的大臣一下子僵住了，他們不知道該說什麼，再看武則天的臉上更是一臉難堪。貓和鸚鵡和平共處的實驗就此失敗。

在此之後，武則天開始想別的辦法，她想在有生之年調和兒子和侄子的矛盾，從此時起，她更加渴望長壽。

不久之後，長壽的兆頭出現了。武則天的眉毛上邊又生出了眉毛，兩道新出生的眉毛呈八字形，一個老壽星的形態躍然而出，文武百官一齊向武則天道賀。

或許這就是天意吧，武則天心中有些得意。不過得意沒有持續多久，一個多月後她患病了，而且有些嚴重。

這時武則天想起了少室山，她命給事中閻朝隱前去少室山祈禱，以期減輕自己的病痛。

閻朝隱沒有辜負武則天的信任，他在少室山上演了一齣天體運動：洗澡淨身之後，赤裸裸地來參加祈禱儀式，他趴在剁肉的砧板上，以自己的身體替代了祭祀用的犧牲，以此向上天乞求用自己代替武則天受罪。

老天都被感動了。

閻朝隱祭祀之後，不知道是巧合還是藥物的作用，武則天的病情緩解了，聽說了閻朝隱的事蹟後武則天龍顏大悅，厚賞了閻朝隱。

又過了一段時間，武則天終於想到了讓兒子和侄子和平相處的方法，那就是盟誓。

西元六九九年四月十二日，洛陽的明堂上，一場隆重的盟誓儀式如期進行。

參加這場盟誓的有皇太子武顯（**不久前賜姓武**）、相王武旦、太平公主以及定王武攸暨等武姓親王，他們一起參加了這場隆重的盟誓儀式。在武則天的主持下，他們一起寫下盟誓，然後一起焚香禱告，然後將盟誓內容寫在鐵券上，藏進了國史館。

這下武則天的心稍稍平定了一些，有盟誓的鐵券在，或許兒子和侄子就能和平相處了。

此時的武則天不斷向上天禱告，希望再多活一些年。在這之後，武則天開始服用和尚胡超煉成的「長生不老」之藥，服用過後效果比較明顯，病情有所減輕，隨後她又將胡超派往嵩山，再次向上天禱告。

說起嵩山值得多說一點，歷代帝王都喜歡到泰山封禪，而武則天最喜歡的是到嵩山封禪，終其一生多次前往嵩山，而如今嵩山所在的登封，正是出自武則天的命名。

西元六九六年，武則天前往嵩山舉行封禪儀式，她在嵩山頂添土祭天，在少室山開闢場地祭祀地神，隨後她將年號改為「萬歲登封」，同時傳旨將嵩陽縣改為登封縣，將陽城縣改為告成縣，取「登封告成」之意。

這就是登封的由來。現在我們知道登封是因為這裡有少林寺。

武則天派胡超前往嵩山便是向天禱告表示感謝，同時投遞自己的金簡。

金簡相當於武則天遞給上天的名片，由黃金製成，正面鐫刻雙鉤楷書銘文三行總計六十三個字，內容如下：

大周國主武曌，好樂真道，長生神仙，謹詣中嶽嵩高山門，投金簡一通，乞三官九府除武曌罪名。

太歲庚子七月甲申朔七日甲寅，小使臣胡超稽首再拜謹奏。

金簡的大體意思是這樣的，大周國皇帝武曌信奉道教真神，在中嶽嵩山向天地諸神遞上這枚金簡報到，請求諸位神仙除去武曌在人間的罪過。

金簡投遞完畢之後，胡超就回宮覆命，胡超對武則天說金簡已經投遞了，武則天的心安了下來，她以為上天已經收到了她的金簡。其實上天並沒有收到她的金簡，時隔一千兩百多年後，河南一位叫屈西懷的農民收到了這份金簡，可惜武則天沒能等到他的回覆。

一九八二年五月二十一日，在嵩山太室山主峰植樹造林的屈西懷無意中撿到了這份金簡，起初他以為是銅條，沒想到回來一鑑定居然是黃金打造。屈西懷撿到金簡的消息傳開以後，很多文物商人找上了門，最高給他開出了十萬人民幣的天價，屈西懷還是沒有答應。這位商人隨後給屈西懷寫了一封「血書」，鄭重承諾先給付十萬元現金，另外日後將金簡銷售之後，兩人平分銷售所得。

面對血書，屈西懷有點動心，但他還是一溜小跑上交給了登封市人民政府。後來登封市人民政府頒發給屈西懷榮譽匾，同時獎勵人民幣一千五百元，這下屈西懷的心踏實了。

登封市人民政府後來將金簡送到了河南省博物院，經鑑定屈西懷所撿的金簡正是當年武則天向上天乞求「除罪」的金簡，這份金簡長三十六公分、寬八公分、厚一公釐，重二百二十三克，目前是河南省博物院的鎮館之寶。

如果武則天地下有知，她會作何感想呢？她是否會把辦事不利的胡超和尚痛打一頓呢？

變臉

西元七〇〇年，武則天七十六歲了，儘管她還在追求長壽，但是她很清醒地知道自己剩下的日子不多了。在這不多的日子裡，她還是需要清理一些隱患，她不能把這些隱患留給兒子，也不能留給侄子。

武則天的腦海中閃現過一個人，這個人就是擁立李顯有功的吉頊。此時的吉頊已經升任天官侍郎（文官部副部長）而且參與政事，已經是宰相之一。武則天知道吉頊很有才幹，因此有這樣的任用，但是她腦海中一直浮現著兩年前的一幕，這一幕讓她揮之不去。

那是兩年前的一場廷爭，爭辯的雙方是武懿宗和吉頊，雙方在爭論一場戰役，他們都在為自己表功。爭論的現場很熱鬧，身材魁梧的吉頊反應敏捷、措辭激烈，身材矮小而且還駝背的武懿宗相對口拙，被吉頊擠兌得應接不暇、疲於招架，朝堂之上所有人都在看武懿宗的笑話。

然而吉頊贏得了口舌之爭，卻丟掉了武則天的信任，從此在武則天的心裡留下了陰影。對於這一幕，武則天大為惱火地說道：「吉頊在朕面前還看不起武家，一旦到了某一天，這樣的人怎麼能依靠？」

由此武則天雖然繼續重用吉頊，但是她心中的陰影揮之不去，總有一天會在不經意中迸發。

西元七〇〇年的一天，武則天內心的陰影終於發作了。陰影發作之前毫無徵兆，當時吉頊還在滔滔不絕地向武則天陳述事情，自我感覺非常好。

就在這個時候，武則天發作了：「夠了，你這一套我早聽得太多了。」

接著武則天講述了「獅子驄」事件，她講這次事件，是有深意的。

武則天說道：「太宗有一匹馬叫做獅子驄，沒有人能駕馭得了。朕作為宮女在一旁陪侍，對太宗說：『我能制服它，不過需要三樣東西，一鐵鞭，二鐵錘，三匕首。鐵鞭擊之不服，則以鐵錘敲它的腦袋，還不服，則以匕首斷其喉。』連太宗都對我很讚歎。」

吉頊靜靜地聽著，以他對武則天的了解，他知道武則天下一句肯定不是好話，便豎起耳朵仔細聽著。

武則天提高了聲音，怒喝道：「今天你難道認為有資格弄髒朕的匕首嗎？（想逼我殺你嗎？）」圖窮匕見，殺機頓起。

這時吉頊才意識到自己闖了禍，趕緊跪在地上求饒，武則天暫時放過了他。然而事情還沒有完，一直痛恨吉頊擁立李顯的武三思抓住了這次機會，他想把吉頊徹底趕出朝堂以洩心頭之恨。

事實證明，只要用心找就一定能找到政敵的破綻，不久吉頊的破綻被武三思找到了。吉頊的弟弟為了當官，居然偽造過證件。這個破綻經過武三思放大，很快成為壓在吉頊身上的最後一根稻草，武則天將吉頊由天官侍郎貶為安固（浙江省里安市）縣尉，天官侍郎為從三品、副部級，而安固縣尉為從九品、副股級。

吉頊就此倒了，不過在上路之前他跟武則天還有一次談話，這次談話讓武則天坐立不安，手足無措。

吉頊對武則天說：「臣今天遠離朝廷，恐怕有生之年再無面見聖上的機會，請允許我再說幾句話。」

武則天給吉頊賜了座，說：「還有什麼話？說吧！」

吉頊看著武則天說：「把水和泥土和在一起成為泥，它們之間有爭鬥嗎？」

武則天回應：「當然沒有。」

吉頊繼續說：「如果把泥一分為二，一半做成佛像，一半做成道教的天尊像，他們之間有爭鬥嗎？」

武則天點了點頭說：「有了。」

吉頊站了起來，一邊向武則天叩頭，一邊說：「宗室和外戚各得其所，天下就能安定。如今太子已經復位，而外戚還被封為親王，這就是陛下逼他們爭鬥，他日必定兩不相安。」

武則天糾結了起來，有些無奈地對吉頊說：「朕也知道，可是已經這樣了，不這樣又能有什麼辦法呢？」

談話過後，吉頊離開了洛陽前往安固，不久便在安固病逝。

數年後，吉頊的預言成為現實，武則天畢生追求的和平共處還是沒能實現。

國老離別

同樣是擁立李顯，吉頊與狄仁傑的境遇可謂天壤之別，吉頊只能在安固寂寞死去，而狄仁傑則在有生之年享盡了武則天的恩寵。

說到狄仁傑受恩寵，這一切都是狄仁傑應得的。

西元六九八年八月，鸞台侍郎狄仁傑兼任侍中，禮部尚書武三思則兼任中書令，武則天這樣布局便是把狄仁傑放到了與侄子武三思平起平坐的位置上。

在這之後，武則天給每個宰相出了個小難題：每人推薦一名尚書郎。

武則天看似不動聲色，實際卻是暗中考察每個宰相的眼力和人品。如果眼力不行，那麼推薦的人選必定會出問題；如果人品不行，那麼推薦過程中或許就會徇私舞弊。武則天是在藉這個方法考察宰相，她等著看宰相們的表現。

狄仁傑推薦的人選很快報了上來，武則天一看有些吃驚。

狄仁傑報上來的人選名字叫狄光嗣，時任司府丞（**庫藏部主任秘書，從六品**），狄光嗣同時還有一個身分：狄仁傑的親生兒子，武則天吃驚正是吃驚在狄仁傑居然推薦了自己的兒子。

半信半疑的武則天將狄光嗣委任為地官員外郎（**財政部會計司副司長，從六品**），這樣狄光嗣的品級還是一樣，不過位置更加重要了。

經過一段時間的考察，武則天發現狄光嗣完全勝任地官員外郎的職位，這下她放心了。為此武則天對狄仁傑說道：「你足以繼承祁奚的美譽了。」

祁奚是誰？為什麼武則天會這麼說？

祁奚是春秋時期晉國大夫，字黃羊，後世也有人稱他為祁黃羊，這個人有一個特點：外舉不避仇，內舉不避親。當晉國國君讓他推薦接班人時他推薦了解狐，而解狐跟他的關係勢同水火，可以稱得上是仇人。不巧的是解狐不久去世了，接班人的人選再次空缺。這時他又推薦了一個人——祁午，他的兒子。後來祁午接替父親，果然表現出色，深得國君賞識，由此祁奚成為知人善用的典範。

其實狄仁傑的知人善用並不只是在自己兒子身上，他還向武則天推薦了很多人，比如開元年間著名的宰相姚崇，監察御史桓彥範、太州刺史敬暉，這些人在唐朝歷史上都留下了濃墨重彩的一筆，而他們的伯樂都是狄仁傑。

由於狄仁傑經常向武則天推薦人才，武則天感慨地說了一句：「天下桃李，都在你的門下。」「桃李滿天下」就是由這句話精煉而來，成語的主角便是狄仁傑。

就這樣，狄仁傑一步步受到了武則天的信任，成為武則天最不可缺少的一位重臣，到這時武則天已經不再稱呼狄仁傑名字，而是直接稱之為「國老」，狄國老就是這麼叫出來的。

不久狄國老與武則天一起外出遊逛，意外發生了。

意外由一陣大風引起，狄仁傑的帽子被颳到了地上，馬受到驚嚇驚慌地跑了起來，武則天見狀趕緊讓太子武顯衝上去拉住了狄仁傑坐騎的韁繩，然後從地上撿起狄仁傑的帽子遞給了他，一直等到狄仁傑把帽子戴好才鬆開了韁繩。

恩寵便是這樣無以復加。

狄仁傑有些感到不安，況且他也老了，已經將近七十歲了，他向武則天請求退休，然而武則天卻不同意，朝中誰都能走，狄國老不能走。

幾次請求退休未果，狄仁傑只能繼續留在朝中，同時也繼續受著武則天的恩寵。

每次晉見時，狄仁傑還是堅持下跪，然而卻被武則天攔住了：「免了吧，我看著你下跪，我心裡都難受。」

除此之外，武則天還恩准狄仁傑不需要值夜班，同時警告狄仁傑的同僚：「除了軍國大事，不要輕易讓狄國老操勞。」

然而仕途千里，終有一別，西元七〇〇年九月二十六日，狄仁傑抵達生命的終點，享年七十歲。狄仁傑逝世之後，武則天說了一句話：「朝堂空矣！」

一句話點出了狄仁傑的人生價值。

後來在數次朝堂討論時，武則天都感慨道：「老天為什麼這麼早奪走我的國老？」

為官做到這個份上，人生無憾。回想狄仁傑的一生，非常難得。有的人做得了好官做不了好人，比如許敬宗；有的人做得了好人做不得了好官，比如曾經推薦狄仁傑的婁師德。人在官場往往容易公德與私德分裂，而狄仁傑卻將兩者完美的合二為一。

對武則天，他一向忠誠，天地可鑒；對李唐王朝，他忠心耿耿，暗下伏筆。難得的是他同時獲得了武則天和李唐王朝的雙重認可。對上無愧於天，對下無愧於地，對自己無愧於自己這一生，或許正是這樣才鑄就了狄仁傑的無憾人生。

而在無憾人生的背後，狄仁傑也完成了身後的關鍵布局。

布局

在狄仁傑身後，他在武則天的朝中埋下了一顆釘子，在未來的某個時刻，這顆釘子將發揮重要功效。

這顆釘子的名字叫張柬之。

說起來張柬之的仕途夠坎坷的，他是太學生出身，後來通過進士科考試步入仕途，輾轉升遷到青城丞，後來與數千人一起參加策論考試，他排名第一，由此升任監察御史。然而從此之後他的升遷速度幾乎為零，到狄仁傑推薦他時還只是荊州長史，而且也不再年輕了，已經七十五歲了。

狄仁傑早就知道張柬之的能力，他便暗中為張柬之尋找機會，不過一般的機會他是看不上眼的，他知道張柬之是要做大事的人，日後李唐王朝的光復可能就要依仗這個人。

狄仁傑一直為張柬之留意著機會，不久機會真的來了。

這一天，武則天跟狄仁傑閒聊，武則天說：「我打算提拔一個真正的人才，你可有人選？」

狄仁傑忙問：「陛下是要用這個人做什麼？」

武則天說：「用他做大將或者宰相。」

狄仁傑當即意識到機會來了，他不動聲色的說：「如果論文學素養，現有的蘇味道等人已經足以勝任。如果陛下要找天下奇才，那麼荊州長史張柬之就是，他雖然已經老了，但是確實是個宰相之才。」

不久武則天果真聽從了狄仁傑的建議，將張柬之從荊州長史擢升為雍州司馬，相比之下，雍州司馬的位置更為重要。然而這還不是狄仁傑想要的結果，他還在尋找機會。

幾天後，武則天又問狄仁傑：「還有沒有合適的人才推薦？」

狄仁傑回應說：「我之前推薦的張柬之還沒有用呢！」

武則天有些驚訝：「我已經用了啊，不是已經委任為雍州司馬了嗎？」

狄仁傑說：「我推薦的是宰相，不是司馬。」

聽了狄仁傑的話，武則天又將張柬之由雍州司馬升任為秋官侍郎（司法部副部長）。又過了一段時間，經過狄仁傑和姚崇的聯合推薦，張柬之終於得以參知政事，成為名副其實的一員宰相，這時他已經七十九歲了。

張柬之成為宰相之後，光復李唐王朝的布局開始深入進行，這時張柬之想起了一個人，這個人就是接替他出任荊州長史的楊元琰。

西元七〇〇年九月，張柬之由荊州長史升任秋官侍郎，楊元琰則前往荊州接替張柬之留下來的位置，兩人在交接之後一起到長江泛舟，就是這次泛舟讓兩人的手緊緊握到一起。

船划至江心時，能夠傾聽他們交談的只有不斷奔流的江水，這時兩人一起談論起武則天，談到武則天的顛覆唐朝開創周朝，言談之中楊元琰慷慨激昂，渴望光復的心噴薄而出，張柬之看在眼裡、喜在心裡，他慶幸又找了一個志同道合的人。

等到張柬之成為宰相之後，便把楊元琰從荊州長史擢升為右羽林軍將軍，同時還把狄仁傑推薦過的桓彥範和敬暉都安插進左右羽林軍，成為羽林軍的將軍，同時被張柬之安插進去的還有倒臺多年的李義府兒子李湛，這些人一起構成了日後光復李唐王朝的主力。

而他們其實都是狄仁傑推薦的人選，正是狄仁傑在不經意間布下了光復李唐王朝的主力格局。

黎明前的黑暗

西元七〇一年，這一年武則天七十七歲了，然而她依然沒有交權的意思，依舊把權柄牢牢地握在自己的手中，然後適當放權給她信任的人。

在侄子武承嗣憋屈死後，張易之和張昌宗兄弟成為武則天最信任的人，他們的受信任程度已經超過了當年的武承嗣，由此天下人對此議論紛紛。

在議論的人中，有三個人很是扎眼，他們是太子李顯的兒子李重潤、李顯的女兒永泰郡主李仙蕙，以及李仙蕙的丈夫魏王武延基，武延基是武承嗣的兒子，武則天娘家的侄孫。三個年輕人涉世未深，並不知道皇家有那麼多禁忌，他們便在一起議論起二張的專權，沒想到消息很快走漏，傳到了張氏兄弟和武則天的耳中。

三個年輕人的厄運從天而降。

得到消息的武則天下詔，勒令李重潤、李仙蕙、武延基在家中自殺了斷。

由此可以看出武則天的心有多狠，這三個人中，李重潤是她的親孫子，李仙蕙是親孫女，武延基是她的侄孫同時還是她的孫女婿，就是這樣親密的關係依然勒令三個年輕人自殺。

君心似海，武則天的心更似吞噬一切物質的宇宙黑洞。

遭此重大打擊，太子武顯沒有任何表示，跟弟弟武旦一樣表現得若無其事。其實他的心比誰都痛，因為李重潤是他和韋氏唯一的兒子，他對這個兒子格外看重，日後是要繼承大統的，而現在這個兒子卻死於自己的母親之手，武顯心中的痛已經無法用語言形容。儘管痛，卻只能埋在心裡。

一年後，強忍悲痛的武顯與弟弟武旦以及妹妹太平公主一起做了一件違心的事：上疏母親武則天請求給張昌宗晉封王爵。

這是武顯和武旦最不願意做的事，然而為了自己的生存空間，兄妹三人還是要去做這件令他們難堪的違心事。

沒想到第一次上疏居然遭到了母親的拒絕。兄妹三人決定繼續上疏，幾天後他們再次上疏，強烈要求晉封張昌宗王爵，這一次武則天答應了，不過打了一個折扣，王爵太扎眼了，還是公爵吧。

隨後武則天封張昌宗為鄴國公，武顯兄妹「得償所願」。

顯然此時朝中的矛盾已經發生轉移，已經由原來的武氏勢力與李唐皇族的矛盾，轉移成李唐皇族和張昌宗張易之兄弟的矛盾，而對於李唐皇族而言，這段時間便是黎明前的黑暗。

魏元忠

身處黑暗之中，要麼同流合污，要麼特立獨行，要麼與之抗爭，在武則天放權給張氏兄弟的日子，左臺大夫（**中央總監察官**）魏元忠成為與張氏兄弟抗爭的人。

說起魏元忠，他成名很早，早在他還是太學生時，就因為上疏言事得體被皇帝李治看重，後來在平定徐敬業叛亂時他也有功勞，正是他建議採取火攻，一舉擊敗了徐敬業的叛軍。

進入酷吏橫行的時代，魏元忠的日子不好過了，在與張昌宗、張易之對抗之前，他曾經被判過三次死刑。

魏元忠第一次被判死刑是因為酷吏周興的誣告，他被判處了死刑，幸好之後死刑又改判為流刑，他躲過第一劫。

魏元忠第二次被判死刑是因為酷吏來俊臣，他再次被判處了死刑，而且已經被押解到了法場，最後時刻武則天赦免的詔書來了，詔書還沒到，傳詔人的聲音先到。別人聽到赦免的消息後立刻跳了起來，魏元忠依然不動，他說：「還不知道真假呢，等詔書公布了再說。」

使節抵達之後，魏元忠說：「請您公布詔書。」

使節照本宣科地讀完詔書，魏元忠三拜九叩然後起身，臉上毫無表情，在別人的詫異的眼神中揚長而去。

魏元忠的第三次被判死刑是因為目不識丁的酷吏侯思止，他被侯思止打進了大牢，捆住了雙腳，然後拽著繩子，在地上倒拖著走。

淪落到這步田地，魏元忠依然保持幽默：「哎，我只不過是運氣太差，從驢身上摔下來了，腳還掛在鐙子上，卻還要被畜生拖著走。」

魏元忠沒瘋，侯思止瘋了，他加快了倒拖的速度。

這時魏元忠大吼一聲：「侯思止，你想要我的頭就拿去，何必還逼著我承認謀反。」

就這樣，魏元忠被判處了第三次死刑。

不過他是屬貓的，不久他跟狄仁傑一起被放了出來，只是再次被貶而已。

武則天對這隻叫魏元忠的貓產生了興趣，一次宴會上，武則天對魏元忠說：「你三番兩次被判死刑，到底是怎麼回事？」

魏元忠幽默回應：「臣就是一隻梅花鹿，酷吏們三番兩次想割我的肉做肉湯，我有什麼辦法？」

一句笑話便跟過去的不愉快告別，同時也給武則天留下了深刻的印象，魏元忠功力了得。

後來在多人的推薦下，魏元忠得到了武則天的信任，一路升遷到左臺大夫，不過也由此遭遇了人生中第四次險情。魏元忠這一次的對手是張昌宗和張易之，較之以往的三個酷吏，這兩個人更難對付。

魏元忠原本就與張昌宗有仇，而且是很深的仇。

張昌宗的弟弟張昌儀藉著兄長們的勢力非常狂妄，身為洛陽縣令卻經常不經允許便直闖洛州衛戍區總司令部的長史辦公室，而按照規定他應該是在外面等待召喚。

張昌儀一直保持著這個習慣，一直保持到魏元忠出任洛州長史。

這一天張昌儀依舊直闖長史辦公室，他發現辦公室裡換了一張新面孔，這個人就是魏元忠。就在張昌儀準備與魏元忠搭話時，魏元忠站了起來一聲大喝，把張昌儀震住了，然後把他趕了出來。以後不聽召見不准進來。

這是魏元忠給張昌儀立下的規矩。

張氏兄弟把魏元忠記在了心裡，這是個不給他們面子的人。

不久張氏兄弟把魏元忠這個名字又記了一遍，因為魏元忠逮捕了他們在外行凶的家奴，然後活活打死了。打狗還得看主人，魏元忠這是打狗給主人看。

張氏兄弟的忌恨又加了一層。

後來張氏兄弟的忌恨再加一層，因為魏元忠又一次沒有給他們面子。

本來武則天準備把張昌宗另外一個弟弟張昌期擢升為雍州長史，武則天提名張昌期後，其他宰相立刻表示同意，然而魏元忠卻說「我反對」。

魏元忠單獨晉見了武則天，給出了自己的反對意見：「張昌期只是個愣頭青，當岐州刺史時，百姓都跑光了，可見他沒有能力。雍州長史是重要職務，怎麼能交給這樣的人呢？」

武則天無奈，只能放棄了委任張昌期的念頭。

如果僅僅是反對張昌期升官，或許張昌宗還不會對魏元忠下死手，然而不久之後，魏元忠再次晉見了武則天，這次晉見讓魏元忠與張昌宗的矛盾再也不可調和。

魏元忠對武則天說：「臣從先帝在時就一直承受國家的恩德，可是我身為宰相，卻不能忠於職守，讓一些無恥之徒縈繞在陛下身邊，這是我作為宰相的過錯。」

魏元忠說完，武則天很不高興，張昌宗、張易之很不高興，後果自然非常嚴重。

不久張昌宗的誣告不期而至：魏元忠與太平公主府中的高戩密謀，說皇帝已經老了，不如擁立太子繼位，那樣富貴才能長久。

張昌宗的誣告一下子扎進了武則天的心窩，「太子繼位」已經成為她的炸點，儘管她已經確認武顯為太子，但是一想到太子繼位她就頭疼。雖然無可避免，但這是她在有生之年最不願意想，也不願意看到的事情。現在魏元忠居然有這樣的密謀，武則天一下子狂怒起來。

為了坐實魏元忠「擁立太子繼位」的事實，張昌宗還安排了一個托，這個托便是李隆基時期的著名宰相張說，當時他還是鳳閣舍人（**立法官**）。

張昌宗交給張說的任務很簡單：你就說你親耳聽到魏元忠說過那樣的話。

張昌宗承諾，事成之後給你一個更高的官職作為回報。

張說同意了，他知道張昌宗說得到就辦得到。

張昌宗放心了，他把已經下獄的魏元忠拉到了武則天面前，然後通知張說前來當面對質。

魏元忠一看張說，當時便吃了一驚：「張說，你要跟張昌宗他們一起陷害我，是不是？」

張說不以為然地看了魏元忠一眼：「魏元忠身為宰相怎麼說話跟市井小民一樣。」

張昌宗顧不上看兩人鬥嘴，忙催著張說趕緊發言。

張說悠悠地看了張昌宗一眼，開始發言：「陛下請看，在陛下面前張昌宗都把我逼成這樣，可以想像他在外面的氣焰有多囂張。其實我沒有聽到魏元忠說那些話，是張昌宗逼我來作偽證，陷害魏元忠。」

張昌宗傻眼了，自己被張說耍了，他是來拆臺的。

張昌宗索性一不做二不休，喊道：「張說和魏元忠一起謀反。」

問題大了。

張說不慌不忙問道：「你的證據呢？」

張昌宗整理了一下思緒，說：「張說曾經形容魏元忠是伊尹、姬旦，伊尹罷黜子太甲，姬旦更是自己代理皇帝，這不是謀反的言論是什麼？」

張昌宗以為這句話就能把張說逼到了牆角，沒想到張說借力打力，反戈一擊打得他鼻青臉腫。

張說正色說道：「張昌宗、張易之這對兄弟啊，真的是不學無術，他們只知道伊尹和姬旦的名字，卻不知道實質。伊尹和姬旦古往今來都是賢相的典範，身居高位，心懷忠誠，陛下任用宰相不正期待宰相們向這兩位賢相學習嗎？陛下，其實我心裡很明白，今天我如果迎合張昌宗就能馬上升官，沒有迎合他就說我謀反，很有可能屠我全族。但我更害怕誣陷魏元忠後，他的陰魂會來糾纏我，所以我不敢作偽證。」

眼前的一幕已經演變成鬧劇，武則天壓抑不住內心的憤怒，她為張昌宗的無知感到丟臉，又為張昌宗被張說的戲弄憤憤不平，索性將怒火發到了張說身上：「張說反覆無常，把他押下去和魏元忠一起審問。」

然而心底無私的人天地總是寬的，經歷多次審問之後，張昌宗還是沒有找到魏元忠和張說謀反的證據，只能草草收場。魏元忠被貶為從九品的高要縣尉（廣東肇慶），張說和高戩則被流放嶺南，張昌宗導演的鬧劇便這樣收了尾。

魏元忠前往高要之前，他跟武則天又見了一面，如果武則天這次能聽進魏元忠的勸告，或許就會避免日後的兵變，可惜她沒有聽進去。

魏元忠不卑不亢地說：「臣已經老了，這次前往嶺南，恐怕是十死一生，不過陛下將來定有想起我的時候。」

武則天不解，問道：「為什麼？」

魏元忠指著侍立在武則天身邊的張昌宗和張易之說：「這兩個小子，遲早會惹出禍事的。」

張昌宗和張易之連忙給武則天跪下，大呼冤枉，魏元忠不為所動，站在一旁冷眼旁觀。

武則天看了魏元忠一眼，冷冰冰地說了一句：「魏元忠，你可以走了。」

兩年後，武則天果然想起了魏元忠，他的話果然應驗了。

得意忘形

窮人暴富，得意忘形。這句話非常適合用在張昌宗和張易之兄弟身上。

如果兄弟倆是有心機的人，或許還會有些許收斂，然而性格決定命運，兩個同樣張揚的人選擇了及時行樂、享受生活，於是便一步一步接近了墳墓。

在接近自己墳墓的同時，他們一度感覺良好，因為身邊圍繞著一批讓他們心情愉悅的人。然而御史中丞宋璟卻是少數幾個不願迎合張昌宗、張易之的人。

在一次宮廷宴會之上，身為奉宸令（**內宮親衛管理官**）的張易之位置在宋璟之上，不過張易之一直對宋璟比較敬畏，因而便做出禮讓的姿態，請宋璟坐自己的位子。

張易之說：「先生是當代第一人，怎麼能坐在我的下首呢？」

宋璟平靜地回應道：「我的才能和能力都很一般，張卿卻認為是第一，什麼原因？」

就在這時，天官侍郎（**文官部副部長**）鄭杲走了上來，對著宋璟說道：「宋先生怎麼能稱五郎為卿呢？」

這裡需要解釋一下，「卿」在唐代是有其特殊使用背景的，一般用於官職高的人稱呼官職低的人，而「郎」則用於身分卑微的人稱呼身分高貴的人，比如奴僕稱呼主人。

鄭杲如此問宋璟，便是覺得宋璟對張易之不夠尊重。

這時宋璟表現得依然平靜，他對鄭杲說：「就官位高低，我是御史中丞，正四品，他是奉宸令，從六品，難道我不應該稱他為卿嗎？倒是你，你不是張易之的家奴，為什麼要稱他為郎呢？」

聞聽此言，鄭杲面紅耳赤地走開了，旁邊的官員都為宋璟捏一把汗。按官位而言，宋璟確實可以稱張易之為卿，然而張易之的背後可是當今皇帝，得罪張易之便是得罪了皇帝。宋璟沒有再看張易之，自顧自地坐到了自己的位置上，張易之儘管恨得牙根發癢，也只能暫且按下不表。

也幸虧宋璟有才，武則天比較愛惜，不然幾個宋璟也不夠張易之收拾。

除了宋璟，朝中有骨氣的官員實在不多，多數官員都向張昌宗和張易之搖尾乞憐，中書令楊再思就是其中的典範。他不僅奉承張昌宗和張易之，對二人的兄弟照樣恭敬無比。

司禮少卿（**祭祀部副部長**）張同休是張易之的哥哥，曾經有一次設宴款待朝中高官，酒至半酣，張同休開起了楊再思的玩笑：「哎，我怎麼看楊先生的長相像高句麗人呢？」

高句麗在唐代被視為蠻夷，相比於唐人要顯得略低一等，張同休這麼說便是拿楊再思尋開心，正常的人是接受不了的，這相當於人格侮辱。

楊再思「騰」地站了起來。他隨即用紙剪了一個帽子扣在自己的頭上，然後把三品紫色官袍脫下來反穿，在宴會上跳起了高句麗舞蹈，參與宴會的人看到楊再思如此滑稽紛紛大笑，張同休笑得格外開心。

跳完之後，楊再思回到座位上，這時有人奉承張昌宗長得清秀，說道：「六郎面龐很像荷花。」

楊再思接過話頭：「哎，怎麼能說六郎面龐像荷花呢，要我看卻是荷花像六郎。」

怎麼會有人無恥到這個地步？

試想連中書令都無恥到這個地步，其他朝廷官員對於張昌宗張易之兄弟會奉承到什麼地步。

就此張氏兄弟產生了錯覺，他們以為眼前的一切都是應得的，他們配得上這樣的場面。

真的配得上嗎？

兵變前奏

西元七〇四年，武則天八十歲，這一年她患病了，而且病得很嚴重。

形勢就此微妙起來。

在武則天患病期間，宰相們已經連續幾個月不能見到她，只有張昌宗和張易之兄弟往來傳令，他們負責照料武則天的起居。朝中上下對此議論紛紛。

天官侍郎（文官部副部長）崔玄暐在武則天病情稍緩時上了一封奏疏，奏疏中寫道：皇太子和相王仁慈聰明，孝順友愛，他們足以侍候陛下起居，況且皇宮事關重大，還是不讓外姓人出入為好。

崔玄暐的意思很明確，就是讓武則天信任自己的兩個兒子，而不是一味寵信張昌宗和張易之，畢竟兒子比外人還是值得信任的。

然而奏疏並沒有取得實質性的結果，武則天只是淡淡地回應道：「知道了，我理解您的厚意。」就此按下不提。

武則天為什麼寧可信任張昌宗張易之也不信任自己的兒子呢？因為她心裡有鬼。

總共四個親生兒子，老大李弘莫名其妙地死掉，老二李賢被她勒令自殺，老三李顯被她拘押了十四年，老四李旦被她放在冷板凳上待了十四年，四個兒子在她的手上都過著狼狽不堪的生活，換做是你，你敢將自己晚年的生活交給兒子嗎？

在中國古代，凡是皇帝病重便是政治動盪的臨界點，現在武則天病重，張昌宗和張易之掌權，大周王朝的政治到了變革的臨界點。

洛陽城上空的空氣由此緊張了起來。

一方面張昌宗和張易之終於看到了自己末日的來臨，他們意識到武則天將要不久於人世，他們想提前有所準備；一方面擁護李顯的人也在忐忑不安，儘管李顯已經是皇太子，然而連武則天的面都見不到，誰知道將來會發生什麼？即使張昌宗和張易之不作亂，別忘了還有一個武三思呢，萬一武則天臨終變卦，把皇位傳給武三思怎麼辦？

無數種猜測，無數種結局，究竟該怎樣解決目前的困局呢？

忠於李顯的官員們開動起腦筋，他們想利用規則把張昌宗和張易之從武則天的身邊趕走。

不久他們找到了機會，有人舉報張昌宗曾經找法術師李弘泰看過相，而且準備在定州建造佛像，期待卦象靈驗。這個舉報非常致命，如果屬實，張昌宗的不臣之心已經躍然而出。

得到消息的武則天命中書侍郎韋承慶、司刑卿崔神慶、御史中丞宋璟聯合調查，沒想到這三個人分成了兩派，韋承慶和崔神慶是挺張派，宋璟是倒張派。經過調查，韋承慶和崔神慶的結論是這樣的：張昌宗確實看過相，不過已經稟告過皇上了，按照自首免刑原則免予處罰，法術師李弘泰妖言惑眾應該法辦。

這是放過閻王，拿小鬼頂罪。

御史中丞宋璟並不這樣認為，他堅決地抓住了張昌宗這個閻王，便給武則天上了一道奏疏：張昌宗已經得到陛下的寵愛還要去看相，意欲何為？根據李弘泰的交代，張昌宗卜卦的結果是純乾卦，天子之卦。如果張昌宗認為李弘泰妖言惑眾，為什麼當時不抓李弘泰送交官府？現在雖然張昌宗奏報聖上，但其依然居心叵測，需要繼續追查。

奏疏上去之後，武則天沒有反應。

宋璟繼續上奏，武則天依然維護著張昌宗，反而要調宋璟去外地查案，將張昌宗案無限期擱置。武則天的安排被宋璟拒絕了，宋璟還在頑強地堅持著。與此同時，司刑少卿桓彥範也上疏武則天，要求嚴辦張昌宗，還是被武則天拒絕了。

不久之後，在宋璟的堅持下，武則天終於同意將張昌宗下獄，接受宋璟的審問。

勝利似乎只有一步之遙。只是別高興的太早。

就在宋璟對張昌宗開始審問不久，武則天的聖旨到了，赦免張昌宗，召張昌宗進宮面聖。

鬧了半天，人家是逗你玩呢。

身為御史中丞的宋璟只能不斷歎息：只恨沒早點把那個小子的腦漿子打出來，又讓他給跑了。

事情發展到這一步，文鬥已經陷入絕境，能夠解決問題的只有兵變。

兵變

不在沉默中爆發，就在沉默中死亡。

八十歲的張柬之選擇爆發。

在張柬之的組織下，一些人為了同一個目標走到一起來，這些人包括秋官侍郎（司法部副部長）張柬之、天官侍郎（文官部副部長）崔玄暐、中台右丞（國務院右秘書長）敬暉、司刑少卿（最高法院副院長）桓彥範、相王府司馬袁恕己，他們共同組成了兵變的核心。

五個人定下兵變計畫之後，張柬之又找到了一個人，這個人對於兵變能否成功至關重要。

這個人便是右羽林軍大將軍李多祚。

李多祚其實不是漢人，他原本是一位靺鞨酋長，後來歸順唐朝，因為屢立戰功深受李治和武則天的賞識，輾轉升遷到右羽林軍大將軍，負責守衛皇宮。

在之前的接觸中，張柬之知道李多祚非常重感情，言語之中經常提及李治對自己的恩德，思慕之心溢於言表，張柬之由此認定這是一個心向李唐王朝的人。

張柬之找到李多祚，雙方交談了起來。

張柬之問道：「將軍歸唐多少年了？」

李多祚回應說：「三十多年了。」

張柬之繼續問道：「將軍鐘鳴鼎食，盡享富貴，這些富貴是誰給你的？」

李多祚感慨地說道：「當然是先帝。」

張柬之抓住機會啟發道：「現在先帝的兩個兒子受姓張的兩個小子欺負，難道你不想就此回報先帝的恩德嗎？」

李多祚頓時明白了張柬之的意思，立刻說道：「只要有利於國家，聽從宰相您的指示，不會再顧慮自己的妻子兒女。」

張柬之滿意地點了點頭，好，兵變已經成功了一半。有了李多祚的加入，再加上原來左右羽林軍中已經安插進楊元琰、敬暉、桓彥範、李湛，張柬之手中已經有了一支成形的兵變部隊。

一切準備就緒，桓彥範和敬暉秘密晉見了李顯，李顯同意了。

西元七〇五年正月二十二日，兵變正式開始，張柬之兵分兩路，一路由他以及崔玄暐、桓彥範帶領，直撲玄武門；一路由李多祚、李湛以及李顯的女婿、時任東宮內直郎的王同皎帶領，前往東宮迎接李顯。

關鍵時刻，李顯又猶豫了，他還是有些害怕。如果李顯猶豫不出，張柬之的兵變便師出無名，很有可能無疾而終，或者中途失敗，只有李顯這個皇太子出面，兵變才能師出有名，而現在他猶豫了，不想出頭。

這時李顯的女婿王同皎站了出來，對李顯說道：「先帝把江山社稷交給殿下，不料殿下被無端廢黜，對此人神共憤，至今已經二十二年了。今天禁軍和朝廷高官都行動了起來，同心協力，誅殺暴徒，光復李唐社稷，還是請殿下前往玄武門，滿足人們的願望。」

李顯還是有些為難：「暴徒是該誅殺，可是皇上身體欠安，可別驚動了她，我看各位不妨還是往後推一推吧，以後再謀劃。」

一旁的羽林將軍李湛急了，他急切地對李顯說：「各位將軍和宰相不顧家族安危冒著家族被屠的危險起事，就是為了光復李唐社稷，殿下這麼說就是要把他們往油鍋裡推。如果要阻止他們，還是陛下自己親自出面吧。」

李湛一句話點醒了李顯，箭在弦上，不得不發，現在不是你猶豫不決的時候，必須當機立斷。

李顯終於下定了決心，他也厭倦了這提心吊膽的日子，今天該做個了結了。在李湛等人的簇擁下，李顯來到了玄武門前，張柬之一直提著的心終於放下了，兵變正式開始。

張柬之一聲令下，兵變士兵向守衛玄武門的守軍發起攻擊，由於事發突然守軍猝不及防，沒費多大勁兵變部隊便衝破了玄武門，直衝武則天居住的迎仙宮。

在迎仙宮長生殿的長廊下，聞訊而出的張昌宗和張易之與兵變部隊遇個正著，張柬之不跟他們廢話，直接下令亂刀砍死，兩位傾國傾城的面首便這樣香消玉殞。

緊接著兵變部隊包圍長生殿，被驚醒的武則天坐了起來，抬眼一看，迎面走來的是張柬之等人。

武則天急切問道：「何人作亂？」

張柬之回答道：「張易之、張昌宗謀反，臣等奉太子令誅之，恐有漏洩，故不敢提前奏報。臣在禁宮中調動部隊，罪當萬死。」

武則天的心被狠狠地扎了一下，她意識到自己遭遇了逼宮，她一直擔心的事情還是發生了。

武則天往張柬之的身後一看，看到了自己的兒子李顯。

武則天對李顯說道：「原來是你啊！現在暴徒已經誅滅了，你可以回東宮了。」

武則天在作最後的掙扎，她把寶押在兒子的軟弱上，她知道這個兒子怕自己如同老鼠怕貓，如果能把他詐回去，自己還能贏得轉機。

空氣凝重了起來，武則天看著李顯，李顯也看著武則天，軟弱的李顯不知道何去何從，他又陷入到猶豫之中，到底是走，還是不走呢？

如果李顯就此返回東宮，此次政變就會徒勞無功，而參與政變的人都會遭到武則天的清算，李顯明白這個道理，旁邊的兵變士兵更是心知肚明。

千鈞一髮之際，司刑少卿桓彥範站了出來，對武則天說道：「太子不能再回東宮。昔日先帝將愛子託付給陛下，現在太子年齡已經很大，卻長久居住東宮，天下百姓都心向李家，朝廷官員更是不忘太宗和先帝的恩德，所以才擁護太子誅殺奸賊。但願陛下將皇位傳給太子，以滿足天下人的願望。」

圖窮匕見，水落石出，逼宮之意最終由桓彥範和盤托出。

武則天心裡歎息一聲，有太多不捨，但已經無可奈何，她把持多年的權柄終於要徹底交出了。她用眼掃視了一圈，她想看看究竟有哪些人參與了這場逼宮，是不是自己曾經得罪過這些人。她驚訝地看到了李義府的兒子李湛：「你也是參與兵變的將軍？我對你們父子不薄啊，今天你這樣對我。」

李湛聞言，躲到了一邊。

接著武則天又看到了天官侍郎崔玄暐：「別人都是經過他人推薦當上宰相，你可是我親手提拔的，你今天居然也在這裡。」

崔玄暐沒有像李湛一樣躲到一邊，他平靜地對武則天說：「我今天這麼做，正是為了回報陛下的恩德。」

武則天意識到自己的時代結束了，結束在自己的兒子之手。

或許也該結束了。

與武則天時代一起結束的還有張昌宗張易之兄弟的富貴，在張昌宗和張易之被亂刀砍死之後，他們的兄弟張同休、張昌期、張昌儀也被斬首，兄弟五人的頭顱被掛到洛陽的南洛水橋南岸公開示眾，曾經富貴到頂，現在落魄到家。

出來混，遲早要還的。

一天後，武則天下詔，令皇太子李顯監督國政，同時赦免天下。

兩天後，武則天下詔將皇位傳給皇太子李顯。

第三天，五十歲的李顯登基稱帝，成為中國歷史上少有兩次登基的皇帝。歲月無情，此時距離他上次登基稱帝已有二十二年，二十二年放在歷史長河中只是短短一瞬，而放在李顯身上，卻是整整二十二年的天差地別、冷暖自知。

無字碑

遭遇逼宮之後，武則天足足又活了十個月，百感交集的十個月。

兵變後第四天，武則天被從長生殿轉移到上陽宮，此時她不再是高高在上的女皇，而只是一個遭到軟禁的前任女皇，負責看守她的便是被她呵斥的羽林將軍李湛。

在武則天移宮的過程中，多數人無動於衷，冷眼旁觀，他們的精力已經集中到新任天子李顯身上，他們對於這個過期女皇已經不感興趣了。並非所有人都喜新厭舊，還是有一個人痛哭出聲，這個人就是太僕卿姚崇。

對於姚崇的痛哭，張柬之和桓彥範很不滿意，大家高興都來不及，你怎麼還哭呢？

姚崇回答說：「我曾經長時間侍奉皇帝，今天看到她這樣心裡很難過。前些日子追隨你們誅殺奸賊是做臣子的大義，今天告別昔日君主也是臣子大義，即便被認為犯罪，我也不後悔。」

姚崇很快就為此付出了代價。當天他被貶出洛陽，出任亳州刺史。然而人生的禍福其實並沒有定數，這次被貶出洛陽反而成就了姚崇，讓他躲過了武三思的清算，日後當張柬之等人遭到武三思的整肅時姚崇安然無恙，並一直挺到了李隆基的開元年間，並且成為名垂青史的名相。

福兮禍兮，福禍其實總是相依。

兵變後的第五天，皇帝李顯率領文武百官前往上陽宮，為武則天奉上尊號：則天大聖皇帝，這便是武則天的由來。

「則天」是什麼意思呢？

則天，效法於天地法則之意，其實是指武則天順應天意民意將皇位傳給李顯。

真是則天嗎？

與「則天大聖皇帝」有異曲同工之妙的還有一個，便是李淵的尊號。

唐高宗李治曾經給爺爺李淵奉上尊號：神堯皇帝。「堯」意思是說李淵有堯一樣的美德，主動禪讓了皇位，其實李淵跟武則天一樣，都是被動的。

無論是主動也好，被動也罷，武則天的時代都已經結束了，在她被逼宮到最後去世的十個月中，發生了很多事情。

在這十個月中，太子李顯繼位，然後每隔十天前往上陽宮探視；在這十個月中，李顯恢復了李唐王朝，武則天一手開創的大周王朝在無聲無息中覆滅；在這十個月中，李顯將郊外祭祀、祖廟祭祀、官員名稱全部改回西元六八三年時的舊稱，同時將首都從洛陽遷回長安。

武則天的痕跡正在漸漸消除，她也在漸漸被人遺忘。

回望來時的路，武則天的路堪稱波瀾壯闊，從西元六三七年到西元七〇五年，她用六十八年的時間在李唐王朝的上空畫了一個圈，西元六三七年她還只是十三歲的少女，西元七〇五年，她已經是風燭殘年的八十一歲老人了。

過去的一幕幕不斷在她的腦海中閃回，有西元六三七年的進宮，有西元六五〇年的二進宮，有與王皇后、蕭淑妃後宮爭寵的一幕幕，也有與李治同治天下的日日夜夜，更讓她刻骨銘心的是西元六九〇年九月九日的登基稱帝，她做到了前無古人的事情，至於是否後無來者，已經不是她關心的事情了。

該如何評價武則天的一生呢？或許一串數字可以略見一斑：

在武則天逝世這一年，全國總戶數達到六百一十五萬戶，人口三千七百一十四萬，無論是太宗的「貞觀之治」還是高宗李治統治的末年，這個數字都有大幅提高。

或許一些開天闢地的事情可以略作說明：

科考在武則天時代開始真正興旺；考試糊名防止作弊從武則天開始；殿試考生由武則天開始。

這些還只是武則天所有事蹟的冰山一角。

西元七〇五年十一月二十六日，前無古人後無來者的女皇武則天在上陽宮去世，享年八十一歲。

她在遺詔裡對後事做如下安排：去帝號，稱則天大聖皇后。王、蕭二族及褚遂良、韓瑗、柳奭親屬皆赦之。

同時武則天詔令在自己的身後要立一塊碑，無字碑。有人說武則天立無字碑是因為狂妄，她自認為自己的功績已經無法用文字書寫；有人說武則天立無字碑是因為糾結，她不知道自己的一生究竟該如何總結；有人說武則天立無字碑是因為心計，她故意留下無字碑讓千古風流任後人評說；有人說武則天立無字碑並非本意，是中宗李顯發洩對母親的怨恨，故意立碑卻不寫已經擬好的碑文。

有人說這是一個開天闢地名垂青史的女皇。

有人說這是一個蛇蠍心腸手中沾滿他人鮮血的惡毒女人。

千人千面，一千個人心中就有一千個哈姆雷特，同樣地一千個人心中就有一千個武則天。

如今洛陽的龍門石窟有一尊盧舍那佛，相傳是武則天捐資建造，相傳建造大佛時工匠在心中把武則天當成了模特兒。如果這一切屬實，有機會可以去一趟龍門石窟，看一看盧舍那佛，看一看你能看到武則天的哪張臉？

暗流湧動

第十六章

有賞有罰

兵變成功，參與的人得到了封賞。

張柬之升任夏宮尚書（**國防部部長**），崔玄暐升任內史（**最高立法長**），袁恕己參預政事，敬暉、桓彥範出任納言（**最高監督長**），以上五人全部晉封郡公。李多祚被封為遼陽郡王，王同皎升任右千牛將軍，李湛升任右羽林大將軍，封趙國公，其餘參與官員全部論功行賞。

有賞的自然便有罰的，殿中監（**宮廷總管**）田歸道便是其中的一個。說起來田歸道其實挺冤，他的冤在於對政變並不知情。

當時田歸道率領千騎衛士營駐防在玄武門，事前沒有參與預謀，他不知道兵變即將發生，也不知道兵變到底是支持誰，因此當參與政變的敬暉向他索要千騎衛士營時他拒絕了。

這次拒絕讓田歸道惹上了麻煩，兵變之後，敬暉要處死他。

田歸道心裡不服，也很委屈，便據理力爭，然而爭執到最後還是被免除官職打發回家。就在田歸道心灰意冷準備安心當一個老百姓時意外出現了，李顯居然又將他召回，委任為司僕少卿（**畜牧部副部長**），理由是他不畏強權，關鍵時刻能夠據理力爭。

從這個任命來看，李顯的腦袋有些糊塗，僅僅據理力爭就是看重田歸道的理由？

其實依我看，應該褒獎田歸道的拒絕，這次拒絕其實是一個不知情臣子的本分，這是在忠於職守，而忠於職守是應該嘉獎的。

僅僅從這次嘉獎來看，李顯是個沒有領導能力的人，一個濫好人而已。

不過即使李顯是個濫好人，有些人他還是不想放過的。

在李顯繼位後不久，鳳閣侍郎韋承慶被貶為從九品的高要縣尉，正諫大夫房融被開除官籍，流放高州，司禮卿崔神慶被流放欽州，這些人都是當年依附張昌宗和張易之的人，現在他們的樹倒了，猢猻也該散了。

模仿秀

西元七〇五年二月十四日，李顯向自己的妻子韋氏兌現了自己當初的諾言，他終於鹹魚翻身，而他的妻子也將與他共用富貴，同時不受拘牽。

這一天，李顯封韋氏為皇后，追贈韋氏的父親韋玄貞為洛王，韋氏的母親為洛王妃。

追贈詔書一出，輿論譁然，此前曾經有武則天追贈武士彠為太原王的先例，現在當朝皇帝居然又追認岳父為洛王，這本身就不符合規矩，因為歷代王朝很少封外姓為王，更何況是對王朝沒有任何功勞的韋玄貞。

對此有人上疏建議韋皇后應該主動辭讓，以增加自己謙虛的美德，然而奏疏上去了如泥牛入海，李顯不作回應，韋皇后更是心安理得。以追贈洛王為起點，心比天高的韋皇后開始了以婆婆武則天為原型的模仿秀，她不想再做平淡的女人，她也想做武則天那樣的女人。

從李顯登基之後，韋皇后便開始複製武則天的道路，而且起點比武則天高，她跳過了代為批改奏章的環節，直接「垂簾聽政」了。每次上朝李顯在前，韋皇后在後，中間設置帷帳，兩人共坐於金鑾大殿，李顯對此習以為常，韋皇后也同樣心安理得，於是兩聖臨朝在李治和武則天之後再次出現。

納言桓彥範不幹了，他首先表示反對，他給李顯上了一道奏疏：這是「牝雞司晨」，以陰御陽違反天意，以女欺男則違反人意，希望韋皇后退回後宮。

李顯照樣不理，又一頭泥牛入了海。

要說韋皇后的模仿秀也很怪，她幾乎模仿了武則天的各個環節，武則天有一位交往密切的薛懷義和尚，她同樣有一個交往密切的和尚，這個和尚叫慧范。

原本慧范投靠的是張昌宗和張易之，不過同時與韋皇后也保持著聯繫，算是腳踏兩隻船。後來張昌宗那條船沒了，慧范就認定了韋皇后，韋皇后也投桃報李，對外宣稱慧范在誅殺張昌宗的過程中有功，因功擢升為從三品的銀青光祿大夫，封上庸縣公。

桓彥範又忍不住了，他再次上疏，請求誅殺旁門左道的慧范，然而又遭到了李顯的冷處理。

隱患

論功行賞，普天同慶，眾人沉浸於成功的喜悅之中，然而在喜悅的背後其實還有隱患，最大的隱患便是武三思。

眾所周知武三思是武氏勢力的代表，雖然武則天已經交出了皇位，但是武三思還在，只要這個人在必定國無寧日。

最先看透潛在危險的是洛州長史薛季昶，早在對武則天逼宮時他就想到了武三思。在他看來武則天和武三思就是射進李唐王朝的一支箭，逼宮武則天只是將這支箭的箭桿剪斷，而武三思這個箭頭依然留在王朝的體內，如果不除遲早是禍患。

誅殺完張昌宗和張易之，薛季昶馬上找到張柬之和敬暉說：「二凶雖除，呂產、呂祿猶在，去草不去根，終當復生。」

薛季昶指的呂產、呂祿就是武三思等人，他的意思是索性一鼓作氣把武三思收拾掉。

然而他的建議沒有被張柬之和敬暉採納，張柬之他們以為大事已定，武三思不過是砧板上的肉，還能做什麼呢？再說殺的人已經夠多了，多殺沒有好處。

眼看自己的建議不被採納，薛季昶歎息說：「我不知道自己會死在哪裡了！」

還有另一個人也看出了隱患，這個人是朝邑縣尉劉幽求。在後來的歲月裡，劉幽求跟隨李隆基參加兩次政變都獲得了成功，這說明劉幽求這個人眼光很獨到，能看到別人看不到的東西。

劉幽求對桓彥範和敬暉說：「武三思還在，你們這些人就注定死無葬身之地，如果不早點動手，後悔就來不及了。」

桓彥範和敬暉依然不為所動，他們以為自己已經勝券在握，武三思這個落水狗還能折騰出什麼呢？有些事情一錯過便是永遠，對於桓彥範和敬暉而言，這次錯過就把自己的一輩子搭進去了。

在張柬之和桓彥範這些人的眼裡，武三思就是一條落水狗，失去姑姑武則天的庇護，他連條狗都不如。然而令他們始料未及的是武三思很快活了過來，然後快速地游上了岸，因為他找到了新靠山。

他的新靠山便是炙手可熱的韋皇后。

武三思搭上韋皇后這條線得益於一個人，這個人在唐朝歷史上也很有名，上官婉兒。

當年武則天誣陷上官儀謀反，上官儀和兒子上官庭芝一起被殺，而上官庭芝的女兒上官婉兒被罰沒入宮充當起宮女。由於出身世家，上官婉兒的素質明顯在眾多宮女之上，後來便得到了武則天的垂青，成為武則天面前的紅人。西元六九八年以後，武則天的很多詔書都是由上官婉兒起草。

等到李顯繼位之後，他繼續留用了上官婉兒，而且更進一步把她正式納入後宮成為自己的一名婕妤，如此一來上官婉兒又成了李顯面前的紅人。李顯不知道的是上官婉兒的心裡早有人了，這個人就是武三思，兩個人一直保持著通姦關係，因此上官婉兒也是武三思的人。

正是通過上官婉兒鋪路，武三思與韋皇后接上了頭。可能是武三思很有魅力，韋皇后不久便與武三思對上了眼，兩人關係發展迅速已經超越一般關係，最後發展到武三思、韋皇后、李顯三人和平相處的地步。

有時武三思和韋皇后一起玩「雙陸」（賭博遊戲），李顯就在一邊給他們算籌碼，明白人知道他是皇帝，不明白的還以為他是兩人的家奴。

事情發展到這一步，張柬之才意識到問題的嚴重性，再這麼發展下去吃虧的一定是自己。

張柬之開始給李顯上疏，要求李顯誅殺武三思為首的武氏勢力，然而遭到了李顯的拒絕；張柬之往後退了一步，要求李顯降低武三思等人的爵位，繼續遭到拒絕，張柬之就此束手無策。本來在兵變時可以順手把武三思殺掉，然而張柬之擔心有越俎代庖之嫌，畢竟在兵變中李顯是真正的領導者，而他只是一個執行者，如果斷然殺掉武三思，李顯會對自己怎麼看呢？

原本是為了避嫌，留待李顯自己處理，沒想到最終卻是養虎為患。

想到此處張柬之經常歎息。對於李顯，他們有些失望了，而對於自己的未來也只能走一步看一步了。

在這之後不斷有壞消息傳來，李顯居然多次前往武三思的家中以示恩寵，曾經被視為落水狗的武三思徹底活了過來。

幾個月後，一件令張柬之哭笑不得的事情發生了。

張柬之、敬暉、桓彥範、崔玄暐、袁恕己等人被認定為復辟功臣，賞賜鐵券，有此鐵券在手可以免除十次死刑。而跟他們一樣多出十條命的還有一些人，其中便有武三思和武攸暨，他們同樣被認定為復辟功臣。

黑白顛倒，是非不分。

交鋒

本來是痛打落水狗，沒想到落水狗已經爬上了岸，於是正面交鋒隨之展開。

西元七〇五年五月十五日，納言敬暉率先發難，他率領文武百官上疏李顯，要求貶低武三思等武氏勢力的官爵以維護國家利益，這個奏疏再次遭到了李顯的拒絕。

奏疏被拒絕，敬暉並不慌亂，他知道不能把寶都押在李顯身上，關鍵時刻還是需要自救。想來想去，敬暉想到了培養間諜，他希望有一個經常接近武三思的人能成為自己的間諜，從而能及時回報關於武三思的消息，也好提前準備。

把認識的人在腦海中過了一遍，敬暉最後選定了考功員外郎（文官部考核司副司長）崔湜，他決心把崔湜培養為自己的間諜。

崔湜痛快地答應了下來，然後開始比較敬暉和武三思。

經過比較，崔湜發現敬暉等人已經沒有前幾個月紅了，現在李顯明顯跟武三思更親熱，相比之下武三思更紅。崔湜當即下定決心跟更紅的人走，做一個雙面諜。

當崔湜將敬暉的用意告知給武三思時，武三思吃了一驚，不過他馬上反應過來而對崔湜許下了承諾。不久武三思兌現承諾，將崔湜由考功員外郎提升為中書舍人，算是給崔湜的見面禮，而這一切敬暉還蒙在鼓裡。

如果僅僅靠一個崔湜，武三思是對付不了張柬之等人的，不久之後，他又意外地迎來了一個怪人，這個怪人先是哭，後是笑，把武三思搞得非常詫異，這是哪來的怪人呢？

怪人的名字叫鄭愔，後來武三思全是靠他扳倒了張柬之等功臣。

說起來鄭愔此時的境遇也不好，或者可以說糟透了。原本他投靠張昌宗和張易之做到了殿中侍御史，後來張昌宗兄弟被殺，他作為黨羽就被貶到了宣州做司士參軍（工務官）。在司士參軍任上沒幹多久，他又因為受賄貪污被審查，為了逃避處罰，他就腳底抹油溜了，一溜就溜回了洛陽，然後藏起來等待機會。

不久，他敏銳地發現張柬之和武三思之間存在著不可調和的矛盾，他們之間的矛盾正是自己東山再起的機會，於是便以待罪之身來給武三思指點迷津。甫一見面，鄭愔先是悲切哀哭，後是縱聲大笑，弄得武三思心裡直發毛，哭什麼？又笑什麼？

鄭愔說：「我剛見大王時哭，是哀歎大王將被誅殺並且全族滅族。後又大笑，是為大王慶幸得到我鄭愔的相助。」

鄭愔展開了分析，他的分析讓武三思冷汗直流。

通過鄭愔的分析，武三思發現自己與張柬之等人和平相處已不可能，不是他們死就是自己亡，如果不先除去他們，自己就如同早上的露珠隨時有可能消失。由此武三思將鄭愔視為心腹，並把他擢升為中書舍人，這樣武三思同時擁有了兩個智囊，一個是雙面諜崔湜，一個是怪人鄭愔。

在鄭愔的指點下，武三思開始出招，而且一出招就很致命。

武三思的招數是隔山打牛、借力使力，隔著韋皇后這座山打李顯這頭牛，事實證明非常有效。在武三思、韋皇后、李顯三人和平相處時，武三思和韋皇后便開始構陷敬暉等人，在他們口中敬暉等人就成了有恃無恐的權臣，這正好刺中了李顯的軟弱內心。

在中國古代，兵變就是一把雙刃劍，不要以為參與兵變就能得到回報，有時得到的可能是負面的回報，並因此受到君王的猜忌。兵變本身就是非法事件，今天你能造前任皇帝的反，或許明天就能造現任皇帝的反。因此當武三思指出敬暉等人恃寵專權時正觸及李顯的最癢處，這是他一直擔心的，也是最害怕的。

那麼怎麼解決敬暉等人潛在的威脅呢？武三思給李顯支了一招：明升暗降。

五月十六日，武三思的第一次出招獲得成功。張柬之等五人一起由郡公升任為王，敬暉為平陽王，桓彥範為扶陽王，張柬之為漢陽王，袁恕己為南陽王，崔玄暐為博陵王。封王本是件高興的事，可是張柬之等人卻高興不起來，因為他們在封王的同時被剝奪了宰相資格，同時規定只有每月的一日和十五日才能進宮朝見，這就意味著他們由之前不可或缺的宰相淪為可有可無的閒人。

武三思的刀已經向他們砍下，而此時的他們已經沒有反擊機會，餘下的時間只能不斷躲閃，然而能否躲得開還得看各人的悟性和造化。

同樣參與政變的楊元琰無疑是悟性最高的，他從這次封王中已經看出了武三思的殺機，他果斷地選擇了自救——出家為僧。決定出家之前，楊元琰找敬暉讓他跟自己一起出家，沒想到敬暉卻跟楊元琰開起了玩笑。

由於楊元琰的鬍子比較密也比較長，看起來像胡人，因此敬暉打趣道：「出家？別逗了。我要早知道，一定請求皇上直接剃光你這個胡人的腦袋，那將是多有趣的一件事情。」

楊元琰看著敬暉，有些生氣地說：「功成名遂，不退則危，我是真心來做這件事的，不是鬧著玩的。」

楊元琰的這句話敲醒了敬暉，敬暉呆在原地，不知所措。

不久之後，楊元琰毅然決然地走了，從此跳出三界外，不在五行中。

升級

交鋒已經開始，升級隨之而來。

在張柬之等五人封王之後，武三思的殺招繼續進行，他要將五王一個一個剪除。

首先被打壓的是博陵王崔玄暐，他被武三思調到梁州（陝西漢中）出任梁洲刺史；接下來是漢陽王張柬之，他是自己走的，八十歲的他請求退休回襄州（湖北襄樊），李顯順水推舟將張柬之委任為襄州刺史，只拿俸祿，不需管事。

時間進入西元七〇六年，武三思的打壓繼續進行，他把敬暉、桓彥範、袁恕己都貶出了洛陽，一一趕到了滑州、洺州、豫州擔任刺史。

值得一提的是桓彥範此時已經叫韋彥範了，韋皇后將他列入族譜以示恩寵。然而所謂的恩寵都是虛的，注定抵擋不了武三思的殺招。

不久之後武三思繼續出招，除張柬之之外，其餘四王再次遭到貶黜。

敬暉被貶為郎州（湖南常德）刺史，崔玄暐被貶為均州（湖北丹江口）刺史，韋彥範被貶為亳州刺史，袁恕己被貶為郢州（湖北京山縣）刺史，四個人去的地方有一個共同特點：都是欠發達地區。

這會是四王的終點嗎？

不，遠遠不夠。

不久洛陽城發生的一起謀反未遂案成了武三思打壓五王的理由。

這起謀反未遂案由曾經參與過兵變的駙馬都尉王同皎而起，王同皎是李顯的女婿，此時正擔任光祿卿（**宮廷膳食部長**），按說王同皎應該對現狀很滿足，不會與謀反沾邊，可惜他偏偏沾了邊。其實嚴格論起來王同皎是忠臣，他策劃的不是謀反，而是貨真價實的「清君側」，他想清理的是武三思和為虎作倀的韋皇后。

正是因為武三思和韋皇后不斷有緋聞傳出，王同皎起了「清君側」之心，便關起門來策劃清理武三思。本來是神不知鬼不覺的事情，王同皎卻大意了，他忘了約定一起起事的張仲之家裡多了兩條流浪狗，一條叫宋之問，一條叫宋之遜，兩人是親兄弟，剛從嶺南逃回洛陽，被他收留在家中。

隨後宋之問將王同皎告發，王同皎最終被處死，而宋之問和宋之遜卻由此平步青雲。

本來王同皎的「清君側」跟五王沒有任何關係，然而還是被武三思扯上了關係，五王被誣告與王同皎暗中勾結，針對五王的貶黜再次升級。

西元七〇六年六月六日，敬暉被貶為崖州（海南瓊山）司馬，韋彥範被貶為瀧州（廣東羅定）司馬，張柬之被貶為新州（廣東新興）司馬，袁恕己被貶為竇州（廣東信宜）司馬，崔玄暐被貶為白州（廣西博白）司馬，同時被剝奪了王爵。

在被貶的同時還有附加條件，五人此時的官職均屬於編制外，永遠不享有調遷的權利，也就意味著他們的人生就將在這五個地方定格。

同時韋彥範被剝奪了姓韋的權利，又改回來了，還姓桓。

這會是五王的最後結局嗎？還不是。

幾個月後，武三思又出招了。

他偷偷地命人將韋皇后的醜聞寫到一張紙上，然後又把這張紙貼到了最熱鬧的洛陽城南洛水橋上，在這張紙的最後還要求將韋皇后廢黜。

這一下觸到了李顯的炸點。在被拘禁的歲月裡，正是韋皇后的支持才讓他挺了過來，現在他已經是君臨天下的皇帝，他不能容忍任何人對韋皇后的侵犯。

氣急敗壞地李顯下令追查，不久就得出結論：以張柬之為首的五王幹的。

真的是張柬之等人幹的？

如果張柬之真的能做出那樣的事，武三思的腦袋早就搬幾回家了。

殺招

韋皇后的醜聞曝光後不久，司法部門匆匆結案，最終認定以張柬之為首的五王需要對此次事件負責。

原本在武三思的授意下，主審此案的官員主張將五人滅族，然而新的問題來了，張柬之他們有免死鐵券，足足有十條命。

李顯恨得牙根發癢，但是礙於已經頒發過鐵券，只能放棄了處死五人的念頭，將他們全部判為「無期流刑」，然後通知五人繼續搬家。敬暉被流放到瓊州（海南定安縣），桓彥範被流放瀼州（廣西上思縣），張柬之被流放瀧州（廣東羅定），袁恕己被流放環州（廣西環江縣），崔玄暐被流放得最遠，去了古州，古州位於今天的越南諒山市。

與此同時，五家十六歲以上子弟全部流放嶺南。

這會是五王的最後結局嗎？

還不是，武三思還有招沒出完呢。

武三思和智囊鄭愔又想出了徹底的斬草除根之策：矯詔殺人。

不是有免死鐵券嗎？好，那就先繞過皇帝，殺了再說。

隨後武三思物色到一個人，此人正擔任大理正（**最高法院大法官**），而且與五王有著深仇大恨，這個人叫周利貞。

原來周利貞曾經與五王不睦，並有過從洛陽貶到嘉州（四川樂山）當司馬的經歷，因此與五王勢不兩立。現在武三思將屠刀交到他的手裡，他毫不猶疑痛痛快快地接了過去。不久周利貞出任攝右臺御史（**地方監察官**）前往嶺南視察，就此拉開了報復之旅。

當周利貞抵達五個人的貶所時他有些失望，他來晚了。

在他到來之前，八十一歲的張柬之已經去世了，六十八歲的崔玄暐也去世了，他們躲過了周利貞復仇的屠刀。然而桓彥範沒躲過，敬暉沒躲過，袁恕己也沒躲過。

周利貞走到貴州（廣西貴港市）時正好遇到了桓彥範，周利貞的獸性頓時發作，命左右將桓彥範綁了起來，然後放在竹刺上來回拖，桓彥範的肌肉被一片片撕下，露出了白骨，這時周利貞才停下了手，然後將桓彥範亂棍打死。

接著被逮捕的是敬暉，他也很慘，他被周利貞一刀一刀剮死。

最後一個是袁恕己，他被逼喝下了有毒的野葛汁，這種東西喝下去有如鐵鉤鉤入咽喉，痛苦萬分。然而即便喝下數升野葛汁，袁恕己還是沒有死，痛苦至極的他用手不斷抓地，指甲全部脫落，最後被周利貞亂棍打死。

至此五王各得其所，各有各的歸宿，張柬之和崔玄暐算是善終，而另外三人則是慘死。

在這五人之外，還有一位，這位就是曾經提醒張柬之斬草除根的薛季昶，他不斷地被貶，最後被貶作儋州（海南儋州）司馬，心灰意冷的薛季昶最終選擇了服毒自盡。

此時距離那場光復李唐王朝的兵變，還不到兩年。

五狗

將五王一一收拾完畢，擢右臺御史周利貞圓滿完成自己的任務。返回洛陽之後，他被李顯擢升為御史中丞，算是對他此次行動的獎賞。

從這個結果來看，周利貞誅殺五王其實不是矯詔，而是在李顯的默許之下。只要李顯動了殺心，所謂的十次免死鐵券其實就是五塊廢鐵。

究竟是什麼樣的動機讓他最終拋棄了五王？要知道如果沒有五王，他能否順利登基還是個未知數，那麼他為什麼這麼快就恩將仇報呢？

只能歸結為智商太低，人品太次。

細心的讀者可能會發現，五王被整肅的過程幾乎與長孫無忌、褚遂良、韓瑗被整肅的過程如出一轍，都是不斷被貶，然後被痛下殺手。

然而痛下殺手的武則天跟長孫無忌等人是有仇的，因為他們擋過自己的路，而張柬之等對李顯是有恩的，是張柬之為他鋪平了道路。

說到底，李顯是個比父親李治更無能的人，李治最起碼恩怨分明，即使有處死舅舅長孫無忌的污點，但他是出於維護皇權的考慮，而李顯卻沒有最基本的是非觀，如果張柬之可以重新選擇，他還會擁立李顯這個無能皇帝嗎？

然而失望也好，痛心也罷，五王的時代轉瞬即逝，現在已經進入五狗的時代。

什麼是五狗？

五狗便是武三思手下的五條狗，其中包括御史中丞周利貞、侍御史冉祖雍、太僕丞李俊、光祿丞宋之遜、監察御史姚紹之，這都是忠於武三思的人，因此當時的人將他們稱為「五狗」。

在五狗之外，宗楚客、宗晉卿等人都是武三思的黨羽，他們圍繞著、奉承著武三思。曾經的落水狗武三思在不知不覺中產生了錯覺，他以為又回到了無所不能的時代，他甚至口出狂言：「我不知道世間什麼是好人，什麼是壞人，我只知道對我好的就是好人，對我不好的就是惡人。」

王朝亂象

第十七章

亂

西元七〇五年的那場兵變漸行漸遠，轉眼李顯登基已有幾年的光景，按照人們本來的預期李顯繼位應該能給國家帶來新氣象，畢竟他代表著正統的李唐王朝。

然而人們漸漸地發現李顯辜負了他們的期望，不僅跟太宗李世民無法相提並論，就是跟武則天比也相去甚遠。武則天雖然心狠、雖然手黑，但是她眼光獨到、用人奇準，李顯的眼光跟她比近似盲人。

李顯不僅用人不準，而且用人氾濫，僅僅幾年的光景就多出了數千名編制外的官員。更為可怕的是原本宦官在唐朝後宮沒有地位，經他之手已有近千名宦官得到了七品以上的編制外官職，唐朝中後期的宦官之禍從此時便埋下伏筆。

這是一個不按常理出牌的皇帝，這是一個家國不分的皇帝。李顯愛國如家，把國徹底當成了家，國家的所有一切在他看來都是家庭的私有財產。看來這個皇帝已經沒救了。

西元七〇六年四月，李顯讓天下人見識了他的淺薄。

事情由一個叫韋月將的人而起，他出於義憤向朝廷舉報武三思與韋皇后通姦，將來必定叛亂。話是實話，李顯卻偏偏聽不進這樣的實話，他近乎偏執地袒護著韋皇后，同樣也偏執地對待告發韋皇后的每一個人。

「把這個人斬了！」李顯冷冷地下令。

令李顯沒想到的是，他的命令遭到了拒絕，拒絕他的是黃門侍郎宋璟。

李顯有些急了，不就是斬個人嗎？你宋璟卻說還需要調查，調查什麼呢？

李顯一下跳了起來，連鞋都沒有顧上提、頭巾也沒有顧上戴就這樣跑了出來，衝宋璟吼道：「我以為人頭都已經砍下來了，你怎麼到現在還沒有動手。」

宋璟的心涼了半截，皇帝怎麼如此淺薄呢？

宋璟回應說：「韋月將舉報皇后淫亂，陛下一句話都沒問就要處死他，我怕天下人會對此議論紛紛。」

李顯繼續怒吼道：「議論什麼？斬了就完了。」

宋璟搖搖頭，他堅持應該先行調查。李顯依然不依不饒。

宋璟堅定地說道：「如果陛下一定要斬韋月將，請先斬臣。不然臣終不敢奉詔。」

李顯被噎住了，這時他才意識到自己的失態，只好暫且放棄了將韋月將斬立決的念頭。

隨後御史們上奏，以時值夏日不宜處斬為由請求放過韋月將，李顯同意了，最後將韋月將打了一頓然後流放嶺南。

大家以為這件事情就這麼過去了，他們都高估了李顯的心胸。

這一年秋分過後的第二天，天剛濛濛亮，韋月將就被處死了，處死他的是廣州都督周仁軌。誰下的令？當然是皇帝李顯。

富有四海的皇帝，心胸窄到如此程度。

不久李顯的小心眼登峰造極，為了韋皇后他不惜生靈塗炭。

事情還得從韋皇后的母親崔女士說起，當初李顯被廢黜後，崔女士和丈夫韋玄貞也跟著倒楣被發配到欽州（廣西欽州），不久韋玄貞去世，崔女士帶著兒子和女兒一起艱難生活。

這時一段姻緣從天而降，蠻夷酋長甯承基的兄弟看上了崔女士的女兒韋七娘，想娶韋七娘為妻。然而那個年代蠻夷低人一等，像崔女士這樣的家庭是看不上蠻夷酋長的，因此就拒絕了這段姻緣，禍事就此而起。惱羞成怒的甯承基遷怒於崔女士，索性將崔女士斬首，順便還斬殺了她的四個兒子。

家族慘劇從此深深埋在韋皇后心底，她發誓有朝一日一定要讓甯承基血債血還。

西元七〇五年秋天，韋皇后通過李顯下詔，命廣州都督周仁軌率軍兩萬討伐甯承基，兩萬大軍浩浩蕩蕩上路，前去為韋皇后公報私仇。甯承基這個蠻夷酋長哪裡見過這個陣勢，他只能想盡一切辦法開溜，他乘船逃入大海，以為有大海的庇護就能躲過一劫，然而還是沒有躲過，周仁軌追了上來將他斬首，用他的頭祭奠韋皇后的母親崔女士。

事情到這一步也說得過去，畢竟血親復仇在封建時代是永恆的主題，然而接下來的事情就有些慘不忍睹，周仁軌一鼓作氣將甯承基所在的蠻夷部落殺得幾乎一人不剩，歷史悠久的欽州甯家蠻夷勢力就這樣因為私仇在歷史上徹底消失。

以一人恩怨連累萬千無辜，這就是母儀天下的韋皇后作為。

更荒唐的事情還在後面，接到周仁軌奏報，李顯大喜，隨即封周仁軌為鎮國大將軍，封汝南郡公，同時委任為五府大使，主管廣州、桂州、邕州、容州、瓊州五個軍區。唐朝原本沒有鎮國大將軍這個職位，李顯為了表示恩寵特意增設。

不久周仁軌進京面聖，韋皇后隔著珠簾向他致謝，此後更是以韋家叔叔的禮節相待。周仁軌以為自己找到了靠山，從此富貴無憂。然而周仁軌高興地太早了，他的富貴有效期其實只有四年。四年後韋皇后被誅，他作為韋氏同黨伏誅。

沉默

桃李不言，下自成蹊。

皇帝就是一個王朝社會風氣的風向標，只要皇帝做出某種舉動，臣子就會做出各自的選擇。

面對李顯的家國不分，很多人做出了自己的選擇，宋璟選擇孑然獨立，周仁軌等人選擇飛蛾撲火，而老資格的魏元忠則選擇了沉默自保。

在李顯登基伊始，魏元忠的命運就有了轉機，李顯派出朝廷的驛馬車前往高要（廣東肇慶）把魏元忠接了回來，隨即委任為衛尉卿（**軍械供應部長**），參預政事，成為宰相團的一員。

原本在李治和武則天的時代，魏元忠是公正嚴明的典範，這次重新出任宰相，天下人對他寄予厚望，期待他能扭轉李顯朝中的不正之風。然而這一次魏元忠讓人失望了，他不再是公正嚴明的典範，他不但親附權豪，拋棄寒門俊士，同時也不再賞罰分明。

最讓人詬病的是一次回鄉祭掃。

為了這次回鄉祭掃，李顯特意賞賜魏元忠錦袍一領、白銀千兩，並給配備了千騎衛士四人以壯行色。李顯的用意很明顯，便是讓魏元忠衣錦還鄉，而賞賜銀子一千兩則是讓魏元忠回鄉當散財童子，既長魏元忠的臉，也散播天子的恩德。

令李顯沒想到的是魏元忠把這一千兩銀子私吞了，愣是回鄉當了一次一毛不拔的鐵公雞。

重新為相的魏元忠就是只顧沉默、只顧自保，或許是宦海多次浮沉讓他變得庸俗起來，或許是人到老年便把富貴看得比名聲更重了。總之這是一個陌生的魏元忠，一個讓天下人深深失望的魏元忠。

不久之後，酸棗縣尉袁楚客給魏元忠寫了一封信，這封信讓魏元忠羞愧地無地自容。信是這樣寫的：

皇帝最近接受天命，正應推廣恩德，引進君子，清退小人，振興政治教化，在這個重要時刻，你怎麼能只顧安享富貴，沉默不言呢？

今不早立太子，選擇師傅進行輔佐，一錯；

公主也開府任用官僚，二錯；

和尚尼姑遊走權門，借勢納賂，三錯；

戲曲歌舞演員當官，枉取國家俸祿，四錯；

有關部門選拔幹部，全看對方賄賂多少，五錯；

宦官升官的，已有千人，必定是將來禍亂的前奏，六錯；

王公貴戚，賞賜無度，競為侈靡，七錯；

大量設置編制外官員，傷財害民，八錯；

先朝（李治時期）宮女，在外隨便居住，隨意出入皇宮，結交權貴，九錯；

旁門左道之人，蠱惑皇上，枉領俸祿，十錯。
凡此十錯，您不去糾正，誰去糾正！

公平的說，我們應該感謝寫這封信的袁楚客，他的這封信一下子就把李顯時期的政治現狀揭露得淋漓盡致，由此不難發現李顯這個皇帝相當低能。袁楚客把相當大的責任歸結到魏元忠不去糾正其實是不對的，只要李顯這個根子不正，這個王朝就不可能有希望。

魏元忠也是滿腹委屈，有韋皇后和武三思這樣的人在，魏元忠除了自保還能做什麼呢？難道起兵清君側不成？

李重俊起兵

說起兵還真有人起兵了，不過起兵的不是魏元忠，而是太子李重俊。

李重俊是李顯的第三個兒子，正常情況下輪不到他當太子，由於他的兩個哥哥都發生了變故，便輪到他當太子。

李重俊的大哥叫李重潤，李重潤是李顯和韋皇后所生，也是李顯和韋皇后最中意的兒子，不出意外的話，李重潤將繼承李顯的帝位，然而意外發生了。西元七〇一年，李重潤、李仙蕙、武延基因為議論二張專權被武則天下詔處死，這樣李顯就失去了第一個太子人選。

在李重潤之下是李重福，他是李顯的第二個兒子，但是並非韋皇后所生，不知道出於什麼原因，韋皇后對李重福非常忌恨，李顯剛登基，李重福就被趕出洛陽，前往均州（湖北丹江口）出任均州刺史，說是刺史，其實就是被軟禁的囚犯。

這樣洛陽城中只剩下李重俊和李重茂，他倆都不是韋皇后親生，只不過相比之下李重俊更年長，因此李重俊被冊立為太子。

就本性而言，李重俊聰明、做事果斷，如果有良師輔佐，或許能成為一代有為君主，遺憾的是李顯給李重俊配備的官員良師寥寥，貴族子弟居多。

李重俊的太子賓客有這麼兩位，一位是秘書監楊璬，一位是太常卿武崇訓，秘書監是皇家圖書院長，太常卿則掌管宗廟禮儀，按照常理這兩個人當太子賓客便是教太子禮儀，然而李顯所託非人。楊璬和武崇訓都是青年貴族子弟，兩人都是皇室駙馬，能力一般、性格孟浪，以這麼兩個人陪伴太子能陪出什麼好結果呢？

眼見太子成天不務正業，太子左庶子姚珽數次上疏進諫，太子右庶子平貞慎又獻上《孝經議》、《養德傳》諷諫，結果李重俊一概不理，拒諫派頭與老爹李顯如出一轍。

不過除了拒絕納諫以外，李重俊的性格與李顯有著天壤之別，相比於李顯的一生軟弱，李重俊的性格就是一個火藥桶。

說起來李重俊這個火藥桶也是被逼出來的，誰把李重俊逼成火藥桶呢？

名單很長，有韋皇后、有武三思、有上官婉兒、有安樂公主李裹兒、有安樂公主的丈夫武崇訓（**武三思的兒子**），他們一起打造了李重俊的火藥桶性格。

因為李重俊不是親生，韋皇后看他很不順眼，甚至十分厭惡；因為李重俊是太子，武三思對李重俊很忌憚，同時也很厭惡；因為上官婉兒與武三思私通，便站在武三思一邊，而且在上官婉兒起草的詔書裡「挺武貶李」經常埋在字裡行間，這讓李重俊很氣憤。

至於李裹兒和武崇訓則是仗勢欺人，李裹兒自認為自己是韋皇后的親生骨肉，因此就比李重俊高貴，在她口中李重俊甚至成了「家奴」。讓李重俊更加無法忍受的是安樂公主的丈夫武崇訓甚至唆使李裹兒動員李顯廢黜李重俊，改封李裹兒為皇太女。

是可忍，孰不可忍。多種欺辱糾結在一起，李重俊選擇了爆發。

西元七〇七年七月六日，距離李重俊當上太子正好一年，李重俊調集羽林軍起兵。

這一次他依仗的是曾經參與過逼宮武則天的李多祚，他們假傳聖旨，調動了羽林千騎衛士營三百餘人先衝進了武三思家，將武三思父子以及相關親戚朋友十多人全部砍死。武三思做夢也不會想到自己居然會被李重俊活活砍死於家中，就這麼結束了輝煌的一生，太冤了。

砍死了武三思，李重俊下一個目標是上官婉兒，他一定要處理掉這個武三思的情婦，不然會成為後患。李重俊兵分兩路，一路由左金吾大將軍成王李千里率領守衛皇宮各城門，一路由自己和李多祚率領從肅章門砍門而入，進入後宮，擊鼓捉拿上官婉兒。

聞聽鼓聲的上官婉兒渾身一個激靈，她意識到必須與李顯捆綁到一起，否則只有死路一條。

上官婉兒高聲喊道：「看他的意思一定是先抓我，然後抓皇后，最後就是皇上。」

一句話嚇傻了一群人。

本來李顯和韋皇后還有拋棄上官婉兒自保的念頭，現在聽她一說，馬上意識到自己的危險，一群人趕忙連滾帶爬地登上了玄武門城樓，而在城樓下面留下一百多人進行抵擋。與此同時，兵部尚書宗楚客等人則率領兩千餘人守護在太極殿前，緊閉城門進行固守。

形勢對李顯相當不利。

這時李多祚先抵達了玄武門下，他想登上城樓卻遭到了守軍的阻攔。李多祚猶豫了，上還是不上呢？

隨後李重俊也抵達了玄武門，他也猶豫了。

如果李多祚和李重俊想捉拿李顯是完全有可能的，只是他們心存幻想還想跟李顯對話，他們天真地以為殺武三思和上官婉兒是在清君側。然而是不是清君側，他們說了不算，李顯說了才算。

李多祚和李重俊的猶豫和天真注定了他們失敗的結局。

玄門城樓上的李顯被這一幕嚇得瑟瑟發抖，這時一位宦官站了出來，他建議向叛軍發動攻擊。李顯看了一眼宦官，知道他的名字叫楊思勗，李顯壯著膽子點了點頭。

楊思勗瞬間出刀，在場的人還沒有看清他如何出刀，他就已經將叛軍前鋒的腦袋砍了下來，在場的叛軍全驚呆了，他們從來不知道後宮還有這樣一個勇猛的宦官。

就在叛軍士兵面面相覷時，李顯把身子俯在城樓欄桿上開始對叛軍士兵喊話：「你們不都是我的宿衛士兵嗎？怎麼會跟隨李多祚謀反呢？只要你們能斬殺叛亂者，就不用擔心自己的富貴。」

形勢就此急轉直下，看到富貴餡餅的叛軍士兵瞬間倒戈，將領頭的李多祚等將領砍落馬下，兵變部隊就此瓦解。幾乎如此同時，另外一路由成王李千里率領的兵變部隊也失敗了，他們原本想殺死宗楚客等人，結果是被殺死。

李重俊的兵變就這樣剛開頭就結了尾，他則是在一百多名騎兵的護衛下逃往終南山，一路上人越跑越少，跑到今天的陝西戶縣時身邊只剩下幾個人。

窮途末路，人心思變。在李重俊還想往前跑時，他已經再也跑不了了，身邊的士兵起身將他誅殺，為他的短暫人生劃上了一個休止符。

早知如此，何必當初。

李重俊死後，在宗楚客的建議下他的頭顱被割下，放到武三思和武崇訓的靈柩前祭祀。

太子宮的所有官員都自動與李重俊劃清了界限，他們都怕惹禍上身，只有一個小人物走上前去，脫下自己的衣服包住了李重俊的頭顱，放聲大哭。這個人叫甯嘉勗，時任永和（山西永和）縣丞。隨後甯嘉勗被貶，從永和縣丞被貶為興平（廣東高明）縣丞。

古往今來，做一個有情有義的人真難。

李重俊的起兵匆匆而起，又匆匆而終，唯一的收穫就是讓不可一世的武三思提前退出歷史舞臺，而李重俊自己卻落得兵敗身死的結局。

在李重俊起兵失敗之後有兩個人成為受益者，一位就是快刀宦官楊思勗。

楊思勗是第一個出任三品高官的宦官，也是第一個率軍出征的宦官。原本在貞觀年間，李世民對內侍省做出明確規定，宦官中不設三品官，最高只能是四品，這個傳統一直延續到武則天時代，到李顯時傳統被打破了，而打破傳統的就是楊思勗。因為平定李重俊叛亂有功，楊思勗被越級擢升為從三品的銀青光祿大夫，成為唐朝歷史上第一位官居三品的宦官。

楊思勗本姓蘇，後來被宮中一位姓楊的宦官收養，便改姓了楊，這一點跟高力士有點像，高力士原來也不姓高，而是姓馮。

不管姓蘇還是姓楊，總之楊思勗開了唐朝宦官擔任高官的先河，在隨後的歲月裡，他又開了宦官領兵的先河，跟後來宦官監軍不同，楊思勗出征，他自己就是主將。在李隆基的開元年間，楊思勗先後四次作為主將外出平叛，全部大獲全勝，他不僅打仗很猛，而且下手很黑，凡是落到他手裡的俘虜只有一個結局：慘死。

開元年間，牛仙童接受賄賂，李隆基命楊思勗將牛仙童處死，楊思勗把牛仙童綁起來晾了幾天，然後探取其心，截去手足，割肉而食之，其殘酷由此可見一斑。

開元二十八年，楊思勗病卒，時年八十餘。

說完楊思勗該說下一個受益者了，這個人是誰呢？時任兵部尚書的宗楚客。

宗楚客

宗楚客這個人在前面已經多次提及，這個人在《全唐詩》中還有一席之地，《全唐詩》收錄了他的六首詩，詞藻華麗，對仗工整，功底不俗。

宗楚客另外一個身分值得一提，其實他還算外戚，他的母親是武則天的堂姐，因此武則天對宗楚客以及宗楚客的哥哥宗秦客、弟弟宗晉卿都高看一眼。

不過宗楚客步入仕途還是靠自己的努力，他通過進士考試步入仕途，然後輾轉升遷成為宰相的一員。但是他的仕途並非一帆風順，先是因為跟兄長宗秦客一起貪贓被流放嶺南，宗秦客不久就死在那裡，而宗楚客一年後回到洛陽開始第二次奮鬥，不久升任吏部侍郎成為宰相團的一員。

好景不長，宗楚客又犯事了，因為與武懿宗不和，再加上建造府邸時有奢侈過度之嫌，被貶為播州司馬，然後又開始了三次奮鬥。經過奮鬥，宗楚客又做回了吏部侍郎，同時出任宰相，然而沒過多久又出事了，因為娶妻的問題又被貶為原州都督。後來宗楚客搭上了武三思這條線，總算再次東山再起，在李重俊起兵時，他已經官居兵部尚書。

李重俊殺死了武三思，就此給了宗楚客機會，本來就依附於韋皇后的宗楚客迅速上位，頂替了武三思留下的空缺，成為韋皇后最得力的幹將，再加上太府卿（庫藏部長）紀處訥，他們一起成為韋皇后的死黨，時稱「宗、紀」。

哲學上說，矛盾無處不在，這句話用在李唐王朝身上再合適不過。僅從武則天執政開始矛盾就如影隨行，先是武承嗣與李顯的皇嗣之爭，後是李顯與張昌宗張易之的明爭暗鬥，李顯登基之後又是武三思和五王的矛盾。

現在武三思死了，矛盾消失了嗎？不，又轉移了，轉移到韋皇后與李旦、太平公主之間。

宗楚客向韋皇后獻的一份大禮就是陷害相王李旦。

在審查李重俊兵變時，有人的口供提到過相王李旦，只不過負責審查的官員認為並不屬實也就放了過去，現在這份口供被宗楚客和李裹兒利用了，他們想藉此扳倒李旦和太平公主。在宗楚客的授意下，侍御史冉祖雍給李顯上了一封奏疏：相王李旦和太平公主與李重俊通謀，請收付制獄。矛頭直指李旦和太平公主。

李顯這個低智商皇帝居然一看奏疏就相信了，他把調查李旦和太平公主的任務交給了吏部侍郎兼御史中丞蕭至忠。如果蕭至忠是周興和來俊臣那樣的酷吏，李旦和太平公主難逃一劫。好在蕭至忠對李唐皇室很有感情，他容不得別人離間皇帝的骨肉親情。

蕭至忠哭著對李顯說：「陛下富有四海，不能容一弟一妹，而使人羅織害之乎！相王昔為皇嗣，固請於則天，以天下讓陛下，累日不食，此海內所知。奈何以祖雍一言而疑之！」

李顯聽了蕭至忠的話這才醒悟，便把這件事擱置下來。

眼看陷害相王李旦出師不利，宗楚客調轉了矛頭，他把矛頭對準了資格很老的魏元忠。

窮追不捨

魏元忠做夢也不會想到，自己韜光養晦、沉默自保，還是有人要置他於死地，或許他這一生注定了就是一隻被人追逐的梅花鹿。

原本宗楚客是沒有機會陷害魏元忠的，不料李重俊起兵過程中的一個插曲讓宗楚客抓住了把柄。在李重俊起兵時，魏元忠的兒子太僕少卿魏升正好與李重俊的兵變部隊撞個正著，李重俊順手脅迫魏升一起參與兵變。等到李重俊兵敗身死，魏升也被亂兵殺死，魏元忠因此也被牽連了進來。羈押了幾天之後，李顯念及魏元忠以往有功將他無罪釋放。

魏元忠以為這件事就這麼完了，但在宗楚客看來，這事沒完。

不久宗楚客和死黨太府卿紀處訥一起作證：魏元忠與太子通謀，請夷其三族。然而這次作證並沒有得到李顯的認可。

事情發展到這一步，魏元忠意識到宗楚客和紀處訥要對自己下手了，與其被人背後下黑手，不如以退為進，索性退休回家吧。在魏元忠的請求下，李顯批准魏元忠辭去尚書右僕射職務，仍舊保留特進、齊公爵，每月一日、十五日仍進宮晉見。

事情到這一步結束了嗎？還早。

幾天後，宗楚客又命人彈劾魏元忠，這次彈劾很致命。

這個人在彈劾奏疏中寫道：侯君集是社稷元勳，及其謀反，太宗就群臣乞其命而不得，竟流涕斬之。其後房遺愛、薛萬徹、齊王祐等為逆，雖都是皇親，皆從國法。魏元忠功不及侯君集，身又非國戚，與李多祚等謀反，兒子名列逆徒名單，就應該全族屠滅。但是他的朋黨編造理由營救，蠱惑聖聽，陛下仁慈寬厚，就想遮掩他的過錯。臣所以犯龍鱗、忤聖意的原因，正是因為此事關係到帝國命脈。

奏疏一上，果然致命，魏元忠先是被關進大理寺監獄，然後被貶為渠州（四川省渠縣）司馬。

到這裡算結束了嗎？還早。

不久宗楚客又指使給事中冉祖雍上奏：「魏元忠既犯大逆，不應再到渠州上任。」

這一次李顯總算有了主意，沒有同意。不過李顯這個人不經誇，沒過多久他又沒有主意了。

宗楚客又指使監察御史袁守一彈劾魏元忠：「重俊乃陛下之子，依然根據刑法加刑；元忠既非功勳又非外戚，怎麼能讓他漏網呢。」

這次彈劾得到李顯的批准，魏元忠隨後又從渠州司馬貶為務川（貴州沿河土家族自治縣）縣尉。

到這裡算結束了嗎？還早。

監察御史袁守一再次彈劾魏元忠：「則天皇后昔日在三陽宮身體一度不好，狄仁傑奏請陛下監國，元忠密奏以為不可，這就證明魏元忠心懷不軌已經很久，請加嚴誅！」

事實證明，宗楚客指使的彈劾一次比一次致命，如果這一次彈劾被李顯認可，魏元忠將難逃一死。幸好李顯的智商在最後關頭經住了考驗，他反倒認為狄仁傑是在樹立自己的私恩，而魏元忠的做法並無過失。就此給魏元忠謀反事件劃上一個句號。

其實給魏元忠劃上句號的還是他自己，他給自己的一生劃上了句號。當魏元忠走到重慶涪陵時他的生命走到了盡頭，在涪陵去世，享年七十餘歲。

得意忘形

解決掉魏元忠後，宗楚客跟當年的武三思一樣產生了錯覺，他以為自己可以掌控一切，不久在錯覺的指引下他收了一筆賄賂，然後引爆了一場邊境之戰。

這場邊境之戰發生在突騎施部落與大唐王朝之間，起因便是宗楚客收受賄賂，然後對突騎施部落言而無信。

事情的起因是這樣的，突騎施部落（伊犁河中下游）新任酋長娑葛繼承了父親的酋長之位，而父親的舊部闕啜忠節心中不服，兩人之間的征戰連年不斷。闕啜忠節漸漸落於下風，不能抵抗，索性轉頭投靠唐朝。鎮守邊境的唐軍統帥認為闕啜忠節可以用於皇宮侍衛，便把他推薦到京城擔任皇宮侍衛，另外則對突騎部酋長娑葛進行安撫。

原本一切就這樣平穩進行，沒想到臨近唐朝邊境時，闕啜忠節經人指點又變卦了，他不滿足於僅僅擔任一個皇宮侍衛，他想藉助唐軍的勢力對突騎施部酋長娑葛發動攻擊，這樣既能公報私仇又能搶回自己的失地。

按道理說，這種替別人打工的活唐朝是不會幹的，然而有宗楚客和紀處訥在，就接下了替別人打工的活。收到賄賂的宗楚客和紀處訥上疏李顯，力主對突騎施部進行討伐，李顯同意了。

事有湊巧，就在唐朝上下決定出兵對突騎施部進行討伐時，突騎施部的使節正在長安出訪，原本他的任務是向唐朝獻馬。現在馬也顧不上獻了，使節馬不停蹄地返回了突騎施部，將這個驚人的消息傳遞給了部落酋長。酋長娑葛馬上調兵向唐朝邊境的守軍發動攻擊，守軍猝不及防，傷亡慘重，隨後娑葛派使節攜帶奏章前往長安，索要宗楚客的項上人頭。

宗楚客栽到泥裡了。

隨後娑葛給唐朝邊境守將寫了一封信：「我與貴國本無仇恨，只是恨闕啜忠節那個傢伙，而宗楚客接受闕啜忠節的黃金，竟要發兵攻打我，可恨。」

後來邊境守將把這封信轉給了李顯，宗楚客受賄就成了天下人皆知的秘密。

然而即便如此，李顯還是信任宗楚客，不久上演了更加荒唐的一齣。

西元七〇九年二月九日，監察御史崔琬上疏彈劾兵部尚書宗楚客、侍中紀處訥收受賄賂導致邊境戰事，懇請李顯給予處罰。按照慣例，官員在受到彈劾時需要低頭哈腰退出金鑾大殿，以保證彈劾的效果，然而這一次宗楚客卻沒有遵從慣例，他反而挺胸抬頭，口中念念有詞地表白自己的功勞，死不認錯。

這時李顯做出了一個讓人大跌眼鏡的決定：你倆都別吵了，我看你們就結為異性兄弟，以和為貴吧！

和事天子李顯，你把自己當成調解群眾矛盾的居委會大媽了嗎？

自此以後宗楚客的勢頭不可阻擋，他的紅一直持續到李隆基的第一次兵變，然後戛然而止。

第十八章

如此母女

出身

在中國歷史上有一個現象值得注意，一個王朝如果開國皇帝是窮苦出身，那麼這個王朝的開國皇帝一般為人很苛刻，對待功臣會痛下殺手，比如西漢的劉邦、明朝的朱元璋；而厚待大臣的皇帝往往是貴族出身，比如東漢光武帝劉秀、唐朝開國皇帝李淵、北宋宋太祖趙匡胤等等。

由此是否能得出結論：一個皇帝的出身或許就能決定他的執政風格。

細想一下也可以理解，像劉邦和朱元璋這樣的苦出身，他們的內心已經在歲月的磨礪中成為鐵板一塊，因此在捍衛王朝利益時就會不擇手段，而劉秀和趙匡胤這些人出身相對不錯，而且受過良好教育，在內心深處反而留有仁慈的一面，兩相比較，執政風格便是千差萬別。

由皇帝說到皇后，如果說開國皇帝的出身影響一個王朝的執政風格，那麼皇后的出身是否也會對這個王朝有所影響。

令人印象最深刻的是明朝的萬曆皇帝，他的外祖父原本是自耕農，後來為了生計跑到北京當泥瓦匠，這個人最大特點就是貪財，後來貪財的習慣就通過萬曆皇帝的母親傳給了萬曆皇帝。終萬曆皇帝一生他都是一個貪財的皇帝，而他的子孫多數也跳不出這個圈。

由此可見，皇后的出身真的會影響一個王朝。韋皇后的出身同樣影響了李顯的王朝。

從韋皇后的出身來看，她的出身跟之前的幾位皇后沒法比，竇皇后出身貴族，長孫皇后出身貴族，王皇后出身豪門大族，武則天的父親也官至工部尚書，而韋皇后呢？

她的祖父不過當過貞觀年間曹王府典軍，父親韋玄貞之前不過是普州參軍，如果算是地主階級，也頂多算寒門地主，連武則天的出身都沒法比。

當然並不是唯出身論，只是從出身來分析韋皇后，從其出身以及之後的表現來看她是一個目光短淺急功近利的淺薄女人，同時她把這種淺薄遺傳給了安樂公主。

李顯為什麼會有後來的禍事？在我看來這就是窮人乍富的結果，沒有受過良好教育的韋皇后和安樂公主承受不了從天而降的富貴，就像有些人承受不了從天而降的彩票巨獎一樣，民間一直有「坐不住福、壓不住財」的說法，儘管有些迷信，其實有一定的道理。

總而言之，韋皇后的出身決定了她的眼界，而她的眼界又決定了她的命運。

邯鄲學步

武則天是歷史上唯一的女皇帝，她的成就太過耀眼，以至於她的兒媳亦步亦趨，向著她的高度邯鄲學步。

西元七〇五年十一月二日，文武百官向李顯奉上尊號：應天皇帝，向韋皇后奉上尊號：順天皇后，隨後李顯與韋皇后一起祭祀了宗廟。

這是韋皇后學習武則天的開始，她也試圖走出一條屬於自己的路。

西元七〇七年八月，尊號再次升級，這次上尊號非常有意思，程序如下：

韋皇后率領文武百官向李顯奉上尊號：應天神龍皇帝，之後宗楚客率領文武百官上韋皇后奉上尊號：順天翊聖皇后。

整體過程如同拋磚引玉，用李顯這塊磚引出韋皇后這塊玉，而這一切的總導演則是韋皇后。

到了西元七〇八年，韋皇后登峰造極，她的胃口再次調高，已經開始追求祥瑞了。

這一年的二月二十七日，後宮傳來消息：韋皇后衣櫃的裙子上有五色雲冉冉升起。得知消息後，李顯命令畫師將這一幕記錄下來，然後拿給文武百官參觀。不久李顯昭告全國，這下子天下百姓都知道皇宮裡出現祥瑞，韋皇后的裙子上有五色雲彩冉冉升起。

真的有五色雲彩嗎？上墳燒報紙——糊弄鬼唄。

不久右驍衛將軍、知太史事（**代理天文臺長**）迦葉志忠也來湊熱鬧，他上奏說：「昔日高祖未受命時，天下歌《桃李子》；太宗未受命時，天下歌《秦王破陣樂》；高宗未受命時，天下歌《側堂堂》；天后未受命時，天下歌《武媚娘》。應天皇帝未受命時，天下歌《英王石州》；順天皇后未受命時，天下歌《桑條韋也》。這說明上天認為順天皇后最適合當國母，主持桑蠶大計以安天下，謹奉上《桑條歌》十二篇，請編入樂章之中，待皇后祭祀蠶神時演奏。」

忽悠死人不償命。

看完奏疏，李顯非常高興，高興之餘對迦葉志忠加以賞賜，看來在母親的影響下，他已經完全接受了皇后干政的現實。

相比於父親李治的「妻管嚴」，李顯更嚴重，而且病入膏肓、無藥可醫。在他的縱容下，韋皇后在王朝政治中越陷越深，不能自拔。

一年後，一場關於韋皇后應不應該參加祭天儀式的爭論在朝堂上展開。

爭論由國子祭酒（**國立貴族大學校長**）祝欽明和國子司業（**國立貴族大學副校長**）郭山惲而

起，他們建議李顯應該讓皇后參加祭天儀式並擔任助理。由此可以推測在以往並沒有皇后參與祭天儀式的慣例，否則祝欽明不必專門建議，只需要按照慣例執行。

祝欽明的建議遭到了一些大臣的反對，他們認為祭天儀式並不需要助理，因而皇后不能參加。爭論到最後，由尚書右僕射韋巨源做出裁定：皇后可以參加祭天儀式，擔任第二梯次的主祭。

隨後祝欽明趁熱打鐵，準備由安樂公主李裹兒擔任祭天儀式最後主祭，這個建議遭到了反對。沒有辦法，李顯只能和稀泥，由尚書右僕射韋巨源擔任最後主祭。

看似一場平常的爭論，實際卻是韋皇后政治欲望的反映，連只應該由皇帝參加的祭天儀式都要摻和，還有什麼她不想摻和呢？

安樂公主

在韋皇后追求權力的過程中，有一個人一直與她並肩作戰，這個人就是她最小的女兒安樂公主李裹兒。

韋皇后一共為李顯生下一個兒子、四個女兒，其中李裹兒最小，也是李顯和韋皇后最疼愛的。

李裹兒一出生就成了囚犯，由於出生時沒有衣服，李顯就用自己的衣服把她包裹了起來，這就是乳名裹兒的由來。李裹兒出生於西元六八五年，她跟隨父母一直被監禁到西元六九八年，在監禁中度過了整整十三年，即便西元六九八年父親得立為皇太子，她的際遇也沒有得到徹底改變，依然只能夾著尾巴做人。

就這樣一直壓抑到西元七〇五年，李裹兒的生活翻天覆地，此時她已經二十一歲了，到這時才真正享受到當一個公主應有的快樂。有的時候人就像一根彈簧，壓抑得越久，反彈就越大，於是窮人乍富的安樂公主在生活中肆意反彈，要把過去失去的東西全找回來。

西元七〇六年閏正月一日，李顯下了一道詔書：允許太平公主、安樂公主等七公主開府。這在唐朝的歷史上是開天闢地的，因為此前從來沒有公主開府的先例。這次下詔允許公主開府，其實主要是為了安樂公主，其餘六個公主都是陪安樂公主讀書。

在所有開府公主中，安樂公主的采邑排名第二，排名第一的是太平公主，采邑五千戶，安樂公主采邑三千戶，長寧公主二千五百戶，宜城公主、定安公主非韋后所生，采邑只有二千戶。與親王府略有不同的是公主府不設長史（**政務秘書長**），其餘配置完全一樣。

至此安樂公主已經成為擁有采邑三千戶的公主，較之前的公主已是天壤之別，她還會不滿足嗎？當然會。她還想當皇太女。

自古有皇太子、皇太弟，皇太女在歷史上非常罕見，而安樂公主就想當那個開天闢地的皇太女。然而皇太女的請求一經提出就遭到了魏元忠的反對，這讓安樂公主非常不高興：「魏元忠他能談論什麼國事？阿武子尚為天子，天子女有不可乎？」

在她的口中，祖母武則天被叫成「阿武」。

儘管不情願，安樂公主還是識時務地放棄了「皇太女」的想法，轉而做起了生意：賣官。賣官從她的公主府開始，公主府的很多官員原來都是屠夫販卒，後來交了錢就搖身一變成了公主府的官員。公主府的職位不夠賣了，她就開始賣朝中的職位，只要肯花錢就能買到一個官職，由她經手賣的委任書有一個特點，都是用黑筆書寫，然後將委任書斜封，這樣方式的詔書叫做「黑詔」，這樣委任的官叫「斜封官」。經過安樂公主、韋皇后、上官婉兒等人的努力不懈，李顯朝中的「斜封官」每年達到了數萬人，平均每個「斜封官」的售價為三十萬錢。

為什麼安樂公主賣出的「斜封官」如此之多呢？這是因為她有獨特的法寶：有時她寫完詔書，然後找李顯簽署，李顯簽署時她用手捂住詔書，不讓李顯看到詔書的內容，即便如此李顯也只是笑笑，然後簽署同意意見。

在李顯的「關愛」下，安樂公主的銷售事業越做越大。

不久她又向李顯索要一件東西，這一次卻遭到了拒絕。

這一次她要的是昆明池。當時的昆明池非常大，附近的老百姓全靠到昆明池打漁過活，李顯考慮到昆明池負載著這麼多百姓生活便拒絕了。安樂公主有些生氣，她沒想到父親這麼小氣，索性不要了，自己再挖一個。

隨後她圈起了大片農田，然後在這片農田上生生挖出了一個池塘，她把這個池塘叫做定昆池，取「超越昆明池」之意。在她的指揮下，定昆池果然規模龐大，據記載定昆池方四十九里。

安樂公主總算出了一口氣。

除了定昆池給安樂公主掙足了面子，安樂公主的一條裙子也驚豔絕倫，這條裙子純粹手工編織而成，價值一億錢，上面的花鳥魚蟲小得像米粒，從正面看、側面看、白天看、晚上看顏色都不一樣，如果能傳至後世必定是稀世珍寶。

至此一個窮奢極欲、素質低下的「富二代」躍然而出。

荒唐一家

西元七〇八年十一月二十一日，皇宮中舉行了一場盛大的婚禮，從規模來看應該是皇后的婚禮，因為這等規模的婚禮儀仗按照慣例只有皇后才能使用。

其實使用這套皇后儀仗的是安樂公主李裹兒。而且這一次她是二婚。

原本她嫁給了武三思的兒子武崇訓，不料武三思父子在李重俊兵變中都掛掉了，李裹兒一下子就成了寡婦。不過李裹兒並不孤獨，她心中早就有人了，這個人就是武承嗣的兒子武延秀。李裹兒與武延秀在宮廷宴會中經常相見，武延秀的容貌和風姿都深深吸引著她，武崇訓健在時她就對武延秀情有獨鍾，現在李重俊兵變讓她實現了換夫的夢想。

在盛大的儀仗隊的護送下，李裹兒開始了與武延秀的幸福生活，也就此開始了縱容家奴搶奪平民當奴僕的步伐。沒過多久安樂公主和姐姐長寧公主縱容家奴搶奪平民當奴僕的事情曝光，御史將她們的家奴繩之以法，全部判刑。

然而判了也是白判，不久李顯手令到了：「放人。」

御史不服，上疏李顯：「陛下縱容家奴搶奪平民子女充當奴僕，何以治理國家？」

李顯照舊不理，人照放不誤。只要公主們高興就行，其他的不重要。

其實李顯不僅放縱公主，同樣也放縱自己。

西元七〇九年二月二日，皇宮玄武門前的空地上，一場別開生面的宮女拔河比賽正在進行。李顯和韋皇后親臨現場，興致勃勃地觀看了這場拔河比賽，這場比賽有可能是李唐王朝有史以來的第一場宮女拔河比賽，從活躍後宮氣氛而言無可厚非，然而在很多大臣眼中是不成體統的。

如果說拔河比賽還可以理解，接下來李顯的舉動就讓人有些捉摸不透。

他下令在內宮中設立街道，開設商店，由宮女經營，朝中高官充當買家前往交易，在交易的過程中要有討價還價、要有爭議、要有吵鬧，如果有點市井粗話那就更好了。商街開辦以後，李顯和韋皇后前去觀光，喜悅之情溢於言表。

從這些表現來看，只能說李顯進錯了門、投錯了胎，在錯誤的時間、錯誤的地點，從事了一個錯誤的職業。如果他不是皇帝，或許他是一個不錯的生活家。如果他不是皇帝，或許他能與自己的家庭成員一起品味著其樂融融的親情。只可惜他是皇帝。

他的諸多行為放在一般人身上都可以理解，然而放在一個皇帝的身上便是荒唐。而歷來荒唐皇帝的結局一般都是不好的。

李顯能逃過這個宿命嗎？

疑案

西元七一〇年，李顯五十四歲，感覺良好的他絲毫沒有意識到這一年是他人生的最後一年。

在這一年裡，李顯的生活情趣依舊盎然，正月十四，他與韋皇后微服出宮，前往長安城的大街小巷觀賞花燈，與此同時他還放出數千名宮女外出觀燈，讓她們也能體會到節日的快樂，結果很多宮女一去不回。

三個月後，李顯前往長安的隆慶池，他是為了隆慶池的王氣而來。隆慶池原本在長安並不存在，到了武則天的周王朝，一戶居民家中的水井突然湧出了水，水源源不斷無法堵塞，漸漸地便淹沒了附近的居民區，成為一個數十公頃的小湖。因為這個湖位於隆慶坊以南，因此稱為隆慶池。

在西元七一〇年這一年，會望氣的術士告訴李顯：隆慶池那個地方王氣很重，最近愈發強烈。

李顯由此動了前往隆慶池的念頭，於四月十四日到達隆慶池，在池上搭了一個平臺，設宴款待文武百官，然後在池中泛舟，並且觀看了大象表演。李顯此舉便是想應驗此地的王氣，他以為這裡的王氣屬於自己，其實他並不知道他已經沒有王氣了。

那麼隆慶池的王氣究竟屬於誰呢？

在隆慶池北的住宅裡住著五個王，分別是壽春王李成器，衡陽王李成義，臨淄王李隆基，巴陵王李隆範，彭城王李隆業，你說王氣屬於誰？當然屬於李隆基。

古往今來到底有沒有王氣呢？從唯物主義角度說，沒有；從唯心主義角度說，這個可以有。每一個成就輝煌大業的人，其背後一定有一種不可抗拒的力量，或許這就是王氣。

現在李顯的王氣用到了盡頭。

巡幸隆慶池後，李顯的心情原本非常不錯，然而好心情沒有持續多長時間，不久他又被煩惱包圍了。

定州人郎岌給李顯上了一道奏疏，奏疏中寫道：「韋皇后、宗楚客將叛逆作亂。」

又是針對韋皇后，又是即將叛亂，李顯心中的火氣又上來了，為什麼這些人總是針對皇后呢？亂棍打死！

打死郎岌之後，李顯以為自己清淨了，沒想到又來了一個人，這個人是許州（河南省許昌市）司兵參軍（朝廷軍務官），名字叫燕欽融，他也給李顯上了一道奏疏。李顯一看奏疏，又是針對韋皇后的，奏疏寫道：「皇后淫亂，干預國政，家族強盛；安樂公主、武延秀、宗楚客陰謀危害國家。」

李顯的頭又大了。

不過這一次李顯壓住了怒火，他把前後兩封奏疏聯繫了起來，為什麼這麼短時間內會有兩封彈劾皇后和宗楚客的奏疏呢？難道這其中真的有隱情？

不妨把燕欽融叫來問問。

燕欽融來到李顯面前跪了下來，表情平靜，言談有理有據。一番交鋒下來，燕欽融依然有說不完的話，而李顯卻默然了，他不知道該如何處置燕欽融。他比誰都清楚，燕欽融說的話很多都是事實，皇后和宗楚客這段時間確實有些過分，他們的很多行為在外人看來就是謀反的前兆。

李顯陷入了兩難。

如果強詞奪理駁斥燕欽融，自己就是睜著眼說瞎話，而如果認可燕欽融，那就等於承認皇后和宗楚客謀反的事實。就在李顯還猶豫不決時，宗楚客走了上來，聲稱奉皇帝旨意撲殺燕欽融。宗楚客一聲令下，飛騎營衛士衝上來將燕欽融抬了起來，然後一下扔向庭院的石頭上，燕欽融脖子折斷，當場身亡。

這時宗楚客大喊一聲：「痛快！」

李顯被眼前這一幕驚出了一身冷汗，他沒想到宗楚客居然敢當著自己的面矯詔殺人，而且殺完人還大喊痛快，這個人實在是太放肆了。李顯當即沉下了臉，宗楚客這才發現皇帝的臉色不對，宗楚客也出了一身冷汗，他意識到自己把皇帝得罪了。

李顯沉著臉離開了，宗楚客的心裡開始打鼓，隨後他忐忑不安地把事情的來龍去脈告訴了韋皇后，韋皇后的心裡也開始打鼓，韋皇后知道自己這個丈夫雖然軟弱，雖然能力不強，但他是一個正常人，同樣心明眼亮，有些事瞞不過他的眼睛。

自此韋皇后開始暗自擔心，她擔心自己會像當年的王皇后一樣被廢黜，雖然李顯承諾過對她百依百順，但是君心似海，誰能保證皇帝的內心不起風浪呢？韋皇后的憂愁情緒逐漸在同黨中傳染，她的同黨們有了末日來臨的感覺，散騎常侍馬秦客、光祿少卿楊均也體會到了這一點。

原本馬秦客和楊均都是泛泛之輩，只是憑藉特長贏得了李顯的賞識，馬秦客精通醫藥，楊均燒得一手好菜，他們因此可以自由出入皇宮，在受到李顯賞識的同時，也受到韋皇后的寵愛，緋聞就在所難免。

除了馬秦客和楊均之外，還有兩個人也被憂愁的情緒感染，這兩個人就是安樂公主和她的丈夫武延秀，他們在聽說李顯不悅的消息後也非常擔心，他們擔心韋皇后被廢從而波及到自己。憂愁，無邊的憂愁，但憂愁和欲望交織到一起，邪念就此產生。

在韋皇后的心裡，一直有一個比肩武則天的夢。

在宗楚客的心裡，一直有一個位極人臣登峰造極的夢。

在安樂公主的心裡，一直有一個皇太女的夢。

在武延秀的心裡，卻深藏著一個光復大周王朝的夢。

現在四個人的四個夢想糾纏到一起，他們把矛頭對準了一個人——李顯。

在四個人的手下，恰好還有兩個天然人選，精通醫藥的馬秦客和燒得一手好菜的楊均，如果把兩個人的特長合二為一呢？會是什麼效果？

西元七一〇年六月二日，李顯神秘死於神龍殿，享年五十四歲，這個能力平平甚至低下的平庸皇帝就這樣告別了自己的皇帝生涯。

李顯是怎麼死的？《舊唐書》、《新唐書》、《資治通鑑》在前後細節上有所區別。

> 《舊唐書》：時安樂公主志欲皇后臨朝稱制，而求立為皇太女，自是與后合謀進鴆。六月壬午，帝遇毒，崩於神龍殿。
>
> 《新唐書》：六月，皇后及安樂公主、散騎常侍馬秦客反。壬午，皇帝崩。
>
> 《資治通鑑》：散騎常侍馬秦客以醫術，光祿少卿楊均以善烹調，皆出入宮掖，得幸於韋后，恐事洩被誅；安樂公主欲韋后臨朝，自為皇太女；乃相與合謀，於餅中進毒。六月，壬午，中宗崩於神龍殿。

無論哪一種說法，「李顯不是善終」是鐵一般的事實，無論哪種說法都提到韋皇后和安樂公主，由此可見李顯應該死於惡妻孽女之手。

或許有人會說，李顯可能是突然暴病身亡，這個說法有沒有道理呢？我認為沒有，我堅定地認為李顯是死於惡妻孽女之手，這一點可以從改年號的細節中看出端倪。

在李顯死後兩天，他的年號被改了，由景龍改為唐隆。

改年號就意味著不正常嗎？

對，不正常，很不正常。

我們不妨看看李顯之前的一些皇帝是如何對待先帝年號的：

隋煬帝楊廣於隋文帝仁壽四年繼位，次年改元大業。

唐太宗李世民於唐高祖武德九年繼位，次年改元貞觀。

唐高宗李治於唐太宗貞觀二十三年繼位，次年改元永徽。

李顯於唐高宗弘道元年繼位，次年改元嗣聖。

李顯於武則天神龍元年繼位，光復唐朝之後非但沒有立即更改年號，而且還沿用了兩年。

而在李顯死後，他的年號被火速改為唐隆，這又意味著什麼呢？

歷史總是有驚人的相似，在一些歷史懸案裡面，年號扮演著相同的角色。

與這一次改年號相似的還有一起：宋太祖開寶九年十月十九日，太祖趙匡胤去世，兩天後趙光義繼位，隨即改年號為太平興國，而此時距離年末只有七十天。匆忙改元的背後，隱藏著一起千古謎案：燭影斧聲。

那麼李顯之死是否也是疑案呢？答案在每個人的心中。

布局

日子就是一個問題接著一個問題，只要日子繼續，問題就不斷出現。

這時韋皇后也發現了問題，本來她以為解決了李顯就解決了問題，現在她發現解決了李顯是解決了一個問題，但是新的問題隨之而來，她要如何控制住局勢？

李顯在時她從來沒有考慮過這個問題，因為李顯就是為她擋風的牆，現在牆不在了，她就要獨自在窗口受風。

想來想去，只有利用外戚這一條路可以走，幸好她早有準備。在這之前她已經把自己的哥哥、族弟、族侄安排進了朝廷，同時還把兩個家族子弟發展為自己的女婿，現在到了啟用他們的時候。

西元七一〇年六月三日，韋皇后對外封鎖李顯的死訊，同時召集宰相到內宮開會，會議決定徵召全國府兵五萬人進入長安戒備，這五萬人全部交給韋氏子弟掌管。

駙馬都尉韋捷（娶成安公主）、韋濯（娶定安公主）、衛尉卿韋璿、左千牛中郎將韋錡、長安縣尉韋播、郎將高嵩在這個時候走上前臺。當然還有一個重要人物，禮部尚書同時也是宰相之一的韋溫，他是韋皇后的親哥哥。

或許有人要問，裡面怎麼還有一個高嵩？

高嵩也不是外人，他是韋溫的外甥，也算韋皇后的自己人。

這樣五萬府兵部隊就牢牢掌控在韋皇后的手裡，這是她的底牌，有了這張底牌，穩定局勢看起來並不難。

與此同時，李顯的遺詔也在緊急的起草中。

詔書的起草工作由上官婉兒承擔，太平公主在一旁協助，經過兩人的商議，詔書的草稿擬成，大體內容如下：立溫王李重茂為皇太子，韋皇后主持政事，相王李旦參謀政事。

這個權力布局比較對太平公主和上官婉兒的胃口，她們都想把相王李旦拉進後李顯時代的權力格局，太平公主出於親情和自己的利益考量，而上官婉兒則是向李旦示好為將來留條後路。

然而兩個人的如意算盤並沒有如願，詔書的草稿很快被宗楚客否決。

宗楚客看完詔書草稿馬上找到禮部尚書韋溫，口氣嚴重地跟他說：「相王輔政，於理不宜；且他跟皇后是叔嫂關係，按照古禮，叔嫂不能說話，那麼他們同時出現在朝堂之上該怎麼相處呢？」

所謂的「叔嫂不能說話」只是宗楚客的說辭，他有自己的私心，把李旦排除出去，那他跟韋溫就有了輔政的機會。說到底是為他們自己。

在宗楚客和韋溫的遊說下，韋皇后把相王李旦從輔政的位置上拉了下來，改為閒職：太子太師，相當於顧問，顧得上就問，顧不上就不問。

事情到了這一步，韋皇后認為差不多了，該是向天下公布李顯死訊的時候了。

六月四日，李顯的靈柩從神龍殿遷往太極殿，韋皇后召集文武百官向天下公布了李顯的死訊，然後登上金鑾寶殿，臨朝攝政，赦免天下，改年號為唐隆，在六月四日之前為景龍四年，六月四日之後為唐隆元年。

歷來改年號都是皇帝的事情，而臨朝攝政的韋皇后卻自作主張改了年號，這只能證明這是一個淺薄至極愚蠢到家的女人。她想用改年號的方式將李顯這一頁快速翻過去，卻沒有意識到有些事情太過刻意了便是欲蓋彌彰。

改完年號後，韋皇后開始收買人心，她將相王李旦委任為太尉，這是位列三公的職位，不過也是虛職，形式大於內容。與相王李旦一起被任命的還有李守禮和李成器，李守禮是現存的武則天年齡最大的孫子，而李成器則是相王李旦的長子，兩人都被封王，李守禮為邠王，李成器為宋王，他們跟相王李旦一起陪韋皇后讀書。

在這三項任命之外，韋皇后還有一項重要任命，任命韋溫為全國警備及武裝部隊總監，這才是所有任命中最關鍵的，這樣韋皇后就把全國的兵權抓在了手中。

抓緊了嗎？看上去抓緊了。

在韋皇后改元三天後，十五歲的太子李重茂登基稱帝，尊韋皇后為皇太后，此時的他已經無年號可改，因為三天前韋皇后已經改過了。

別的皇帝都是先登基後改年號，唯獨韋皇后導演下的皇帝先改年號後登基，因此怎麼看這個皇帝都像是山寨版。

在一般情況下，山寨版的壽命都不長。

現在韋皇后已經是高高在上的皇太后，她該滿意了吧？

不，她還不滿意，她還想比肩武則天。

歷史經驗證明，君子在某些朝代可能不多，而小人在所有朝代遍地都是。

在武則天進行朝代更替時，君子不多，小人遍地，現在也是有一群小人開始為韋太后敲鑼打鼓。

小人的名單很長，核心人員有兵部尚書宗楚客、太常卿武延秀、司農卿趙履溫、國子祭酒葉靜能以及諸多韋氏子弟，他們一起勸說韋太后仿效武則天的先例，在南北禁軍和朝廷機關中任用韋氏子弟掌管，同時發展黨羽，京城內外連成一片。

韋太后馬上點頭同意，這正是她想要的結果，既然大家都這麼說，那就開始執行吧。

隨後宗楚客又給韋太后上了一道奏疏，在奏疏中他引用了一個圖讖，這個圖讖表明韋太后應該革唐命開創新的王朝。

要了親命了。

如果韋太后成功，李唐王朝就被腰斬兩次，前一次是武則天，這一次則是韋太后。

在宗楚客的奏疏中同時提到了三個人，一個是登基稱帝的李重茂、一個是相王李旦，另外一個是太平公主，這三個人是韋太后前進道路上的絆腳石，而絆腳石最終是要被搬開的。不久宗楚客、韋溫、安樂公主又糾纏在一起，他們開始密謀，針對的便是三塊絆腳石，只有搬開這三塊絆腳石，他們才能達到自己的目的。

隨後安樂公主的丈夫武延秀也加入了進來，他也想清除這三塊絆腳石，不過他還有更深層目的，因為有人跟他說過：你應該中興大周王朝。

同床異夢，各懷鬼胎。

螳螂捕蟬，黃雀在後。

那麼黃雀的背後又是什麼呢？

唐隆政變

第十九章

李隆基

西元七一〇年的李隆基，已經是二十五歲的有志青年了。

從小他就讓祖母武則天刮目相看。

在一次進宮晉見時，六歲的李隆基裝束整齊，莊重威嚴，正當紅的武懿宗想殺殺他的威風，故意擋住了李隆基的路。李隆基知道武懿宗正當紅，但是他依然沒有給武懿宗面子，大喝一聲：「我家朝堂，干你什麼事，竟敢擋我的馬！」

武懿宗被小孩子大喝很沒有面子，正想反駁，武則天走了過來正好看到了這一幕。武則天非但沒有怪罪李隆基，反而對這個孩子刮目相看。

事實證明，武則天看人的眼光一向精準。

不過這次刮目相看並沒有給李隆基帶來太大的好處，他跟父親李旦在武則天統治的時代都活得非常憋屈，八歲那年親生母親被武則天處死，而他和父親都是敢怒不敢言。

在武則天統治的後期，李隆基的境遇有所改觀，他開始步入仕途，並且曾經外放到潞州（山西長治）出任潞州別駕（朝廷總秘書長）。此時的李隆基在官場並不得意，但這並不影響他廣交朋友。年輕的李隆基非常會籠絡人，每到一地都會結交很多朋友，在潞州時他的朋友很多，回到長安朋友更多。

一個仇人就是一堵牆，一個朋友就是一條路，李隆基的眾多朋友成就了他日後的道路。在李隆基的朋友之中，有一些朋友他很看重，這些朋友就是京城的萬騎衛士。

說起萬騎衛士，歷史就悠久了，需要追溯到太宗李世民時代。貞觀年間，李世民特意從被判刑的犯罪人家以及外族人家挑選了一些精銳子弟，這些子弟的共同特點就是感恩而且忠誠。經過訓練，李世民讓他們身穿畫有老虎的衣服，跨坐畫有豹子的馬鞍，每次李世民外出打獵他們都一起跟隨，護駕的同時還負責射殺飛禽走獸，後來李世民把他們命名為「百騎衛士」。

到了武則天時代，「百騎衛士」擴編到一千人，於是就改稱「千騎衛士」，隸屬於左右羽林軍。到了李顯時代，「千騎衛士」改成「萬騎衛士」，而這些萬騎衛士中就有很多與李隆基交心的朋友。日後正是這些萬騎衛士朋友，為李隆基贏得了一生的榮耀。

事變

命有三尺，難求一丈。然而欲壑難填的韋皇后卻不這樣認為，她已經得到了三尺，還想追求一丈。在韋皇后的指使下，宗楚客開始密謀，他順手拉了一批人一起從事這項有意義的密謀，這批人中就包括兵部侍郎崔日用。

宗楚客把崔日用當成知己，崔日用也把宗楚客當成知己，然而時間一長，崔日用發現宗楚客的膽子太大了，他做的都是冒險的事。如果密謀成功，那麼富貴無憂，然而一旦失敗，所有參與的人必定死無葬身之地。

瞻前想後，崔日用怕了，他害怕遭遇失敗的結局，於是開始思考自救的辦法。

把認識的人在腦海中過了一遍，崔日用決定把寶押在李隆基身上，他知道這個人雖然在仕途上還不顯山露水，但在關鍵時刻這個人可以做大事。崔日用派寶昌寺和尚普潤秘密拜見李隆基，通報了宗楚客的密謀，這下宗楚客的密謀提前洩露了，給了李隆基準備兵變的時間差。

李隆基的第一反應並不是向自己的父親李旦彙報，而是找姑姑太平公主商量，太平公主一聽密謀也嚇了一跳，她馬上意識到，韋家與李家已無和平相處的可能。既然不能和平共處，那就兵戎相見吧。

在太平公主的支持下，李隆基開始了小規模的串聯，經過他的串聯，太平公主的兒子衛尉卿薛崇簡、苑總監鍾紹京、尚衣奉御王崇曄、前任朝邑縣尉劉幽求、利仁府折衝麻嗣宗都加入到李隆基的小圈子裡，他們都準備跟李隆基起兵。

然而即便這些人都支持李隆基起兵，李隆基依然沒有足夠的底氣，他知道他們這些人說白了就是一群遊兵散勇，如果真刀真槍與禁軍對抗，根本沒有勝算。

到哪裡找一批管用的兵呢？

李隆基正盤算著，管用的兵自己送上門來了。

上門拜訪李隆基的是徵兵府果毅（副司令）葛福順和陳玄禮，他們是來找老朋友李隆基訴苦的。原來這兩天葛福順和陳玄禮正處於鬱悶之中，起因是新上任的長官韋播和高嵩經常無緣無故打人。打人沒有理由，就是想樹立自己的權威，想以此鎮住禁軍的局面。

李隆基靜靜地聽著葛福順和陳玄禮的抱怨，他知道千載難逢的契機正從天而降。等葛福順和陳玄禮訴完苦，李隆基陪著他們抱怨了一番，然後話裡話外透出誅殺韋家勢力的意思，聰明人說話一點就透，葛福順和陳玄禮一對視，頓時明白了李隆基的意思。

其實如果韋播和高嵩一直鎮守禁軍，葛福順和陳玄禮這些人並不敢輕舉妄動，因為對方根基已深，然而韋播和高嵩偏偏都屬於韋皇后臨時任命的空降幹部，在禁軍之中沒有根基，根本就無法服眾。

聽完李隆基的策劃，葛福順和陳玄禮一下子跳了起來，李隆基說出了他們一直想卻不敢做的事情，以前只是在心裡盤算有朝一日狠狠毆打韋播和高嵩一頓，現在要做就做個徹底。

在策反完葛福順和陳玄禮之後，李隆基趁熱打鐵又策反了萬騎衛士營的朋友，萬騎衛士營副司令李仙鳧也加入到李隆基起兵的陣營。

萬事基本具備，這時有人提醒李隆基：是否應該通報相王？李隆基搖了搖頭，不用了。

李隆基說：「我們發動兵變是為了江山社稷，事成了，大福歸相王，不成，我們自己承擔，也不連累他。今天如果通報給他，就是連累他，如果他不同意，反而破壞我們的大計。」

李隆基說得冠冕堂皇，其實在心中他早就把父親李旦看透了。在李隆基眼中，父親守成可以，冒險卻難，以父親的性格必定做不了這種冒險的事情，那麼就索性不通知他。

想想也很諷刺，一代天驕李世民選擇李治繼承自己的帝位，卻沒有想到李治軟弱，同時又把軟弱傳遞到下一代，李治的八個兒子除李賢外都是能力平平之輩，唯一一個出眾的李賢反而被武則天處理掉了。前面我們已經說過，武則天處理李賢就是因為他有能力，危險性大；不除掉李顯和李旦是因為他倆過於平庸，沒有多大危險性。李顯和李旦也被武則天看扁了。

幸好李旦還有李隆基這麼一個兒子，不然李唐王朝可能被再次腰斬。

西元七一〇年六月二十日中午，李隆基開始行動，他和劉幽求等人一起來到了皇家林苑，皇家林苑位於皇城以北，這裡離皇城北門玄武門非常近，同時還非常隱蔽，而且這裡還是宮苑總監鍾紹京的地盤。

然而就在這千鈞一髮之際，鍾紹京反悔了，他想打退堂鼓。

李隆基站在鍾紹京的宿舍外面，鍾紹京則在裡面來回踱步，猶豫不決。他有些害怕，萬一起兵失利呢？那麼自己不但將失去現有的一切，而且還會死無葬身之地。猶豫不決的不僅僅是鍾紹京，李隆基的家奴王毛仲做得更徹底，他索性腳底抹油跑了，到起事的時候死活找不到他。

李隆基可以不理會王毛仲，但是他必須爭取鍾紹京，按照他的計畫他們將在這裡潛伏到夜裡二更時分，如果鍾紹京變卦，他們不僅無法潛伏，甚至有可能提前暴露。幸好鍾紹京的妻子站了出來，古人總說女人頭髮長見識短，然而鍾紹京的妻子頭髮很長，見識卻不短。

鍾紹京的妻子說道：「捨身救國，神靈也會保佑，況且你已經參加了預謀，你以為今天不參加起事，將來就能免禍嗎？」

這句話一下子點醒了鍾紹京，是啊，此時就算反悔也無濟於事，將來如果追查還是難逃一死，那就不如索性搏一把。鍾紹京這才打開房門把李隆基迎了進來，李隆基用力地握了握他的手，他要用這個方式把自己的信心傳遞給鍾紹京。

夜色來臨，葛福順和李仙鳧如約來到皇家林苑與李隆基相見。他們告訴李隆基，一切正跟李隆基預想的一樣，葛福順和李仙鳧所在的左右羽林軍正好駐守在玄武門，今晚從這裡他們可以攪動天下。

眾人在等待中熬到了二更時分（**晚上九點到十一點**），李隆基抬頭看天，他發現今夜的星空有些特別，天上的星星向四周散落，一片潔白，明明是夏夜卻有著冬季雪夜的感覺。

這時劉幽求說話了：「看來天意如此，我們機不可失。」這句話在關鍵時刻很提氣。

李隆基向葛福順和李仙鳧使了個眼色，兩人心領神會飄然而去，看著兩人的背影，李隆基心中暗暗祈禱。

葛福順和李仙鳧熟門熟路回到玄武門，一直闖入羽林軍大營，手起劍落，韋播、韋璿、高嵩三顆人頭應聲落地，就此拉開兵變的序幕。葛福順拿起三顆人頭，衝著驚起的羽林軍士兵說道：「韋后毒害先帝，危害社稷。今晚一同誅滅韋家勢力，比馬鞭高的韋家人一個不留！事成後擁立相王以安天下。敢有三心二意助逆黨者，罪及三族！」

和事先設想的一樣，羽林軍士兵群起響應。這一切還是因為韋皇后根基太淺，她以為將韋氏子弟安插進羽林軍就抓住了兵權，其實她什麼都沒抓住。

堡壘就這樣從內部攻破。

在皇家林苑等候消息的李隆基看到了韋播等人的人頭，他知道葛福順已經得手了。一聲令下，李隆基和劉幽求等人一起衝出了皇家林苑的南門，在他們的身後是鍾紹京調集的二百多名園丁和工匠，他們操著斧子和鐵鋸也參加了兵變。

李隆基等人逼近了玄武門，他們在等待葛福順的下一步消息。

玄武門內，葛福順等人將羽林軍兵分兩路，一路攻打玄德門，一路攻打白獸門，雙方約定最後在凌煙閣前會師。

三更時分，李隆基聽到宮城內喊殺聲起，隨即帶領人馬從玄武門入宮，此時駐守玄武門的羽林軍早已都站在李隆基一邊，李隆基如履平地一般進入宮中。與此同時，在太極殿為李顯守靈的士兵也披上鎧甲參加戰鬥，他們也被李隆基事前策反了。

被驚醒的韋皇后一路飛奔跑到了萬騎衛士營，以為逃進了避風港，卻沒想到背後就遭羽林軍士兵的飛起一刀，就此結束了她心比天高命比紙薄的一生。

韋皇后的一生是悲劇的一生、淺薄的一生，李顯的第一次皇帝生涯戛然而止就是因為她的淺薄，若不是她急於火箭般提拔自己的父親，武則天一時間還找不到廢黜李顯的藉口。正是因為她的淺薄、她的急於求成，結果導致了李顯的被廢，也導致了自己與李顯長達十四年的監禁生活。

遺憾的是，十四年的監禁生活非但沒有增加她的生活閱歷，反而讓她更加淺薄。如同一個曾經挨過餓的人，當遭遇美食便止不住暴飲暴食，在暴飲暴食的同時卻忘記了，餓可以餓死人，而撐同樣也會撐死人。

韋皇后的前半生被物質和權力餓壞了，所以她想在自己的後半生拼命補償，她看到了武則天的高高在上，卻忽略了武則天在高高之上之前已經有數十年蟄伏與醞釀。從皇后到女皇，武則天走了三十五年，而韋皇后從二度皇后到李顯駕崩前後不過五年。以自己的五年想比肩武則天的三十五年，這似乎是一場大躍進，看起來似乎追上了，其實下面全是泡沫。

武則天的聰明在於即使已經大權在握，但她依然保留著李治這道擋風的牆。韋皇后的愚蠢在於大權還沒有真正在握，卻急沖沖地拆掉了李顯這道看似多餘的牆。

在韋皇后之後，接著遭殃的是她的女兒安樂公主，兵變士兵衝進她的房間時，她還在對著鏡子描眉。兵變士兵手起刀落，安樂公主從此只能在另外一個世界做自己的「皇太女」夢了。隨後遭殃的是安樂公主的丈夫武延秀，他聽到兵變的消息後不知所措，結果在肅章門外被兵變士兵結束了他的一生，中興大周王朝的夢也隨之破滅。

接下來倒楣的是上官婉兒，原本她有求生的機會。

其實上官婉兒倒向太平公主和相王李旦已經有些日子了，在李重俊兵變之後，上官婉兒意識到自己的危局。從李重俊起兵來看，他對自己恨之入骨，或許李唐皇族中還有很多人仇恨自己，這可不是一個好現象。現在武三思已經不在了，自己也沒有必要再站在武家一邊了。

從此之後，上官婉兒倒向了太平公主這一邊，與韋皇后也若即若離，她想用這種方式為自己的將來留一條後路。在起草李顯遺詔時更是不遺餘力，竭力想把相王李旦推到輔政的位置上。然而天不遂人願，上官婉兒的努力被宗楚客無情地扼殺，最終還是沒有送上這份人情。

不過上官婉兒早有準備，她把遺詔的草稿一直保留著以備將來不時之需。現在草稿真的派上了用場。李隆基和劉幽求一起查看了草稿，發現正如上官婉兒所說起初遺詔確實有讓相王李旦輔政的意思，說明上官婉兒確實心向相王，只是最終沒有成功而已。

劉幽求看著李隆基，眼神變得柔和了一些：要不，就把她放了？

李隆基搖搖頭，不行，她以前做的壞事太多了。斬！

到頭來上官婉兒還是沒有躲過被斬的結局。

各得其所

宮城中的刀光劍影漸漸平息了下來，在太極殿守靈的皇帝李重茂心情卻無法平復，一幕幕慘劇在他面前上演，時時衝擊著他那只有十五歲的心靈，原本他不應該承受這一切，是韋皇后非要把他推上皇位，然後讓他來面對這一切。

劉幽求走了進來，看到了呆在原地的李重茂，心直口快的劉幽求大喊一聲：「咱們今晚不是說好擁立相王嗎？為什麼不早點擁立？」

話音剛落，李隆基走了過來，衝他使了個眼色：「著什麼急，追查餘黨要緊。」

劉幽求是聰明人，一看李隆基的眼神就明白了，轉身出去繼續追殺韋皇后的餘黨。

一夜在不平靜中度過。

六月二十一日一早，李隆基出宮向父親李旦報告了兵變的消息，李旦第一反應是震驚，第二反應是欣慰，他早知道這個兒子能做大事，沒想到昨晚真的做了大事。

李隆基流下了眼淚，請求老爹原諒自己沒有提前通報，李旦心裡很明白，換作自己是沒有膽量做這件大事的。他安慰李隆基說：「國家和朝廷都沒有支離破碎，這還不都是你的功勞嗎？」

父子二人簡短交談之後隨即一起進宮，他們知道還有殘局等待他們收拾。

李隆基這邊勝券在握，韋氏一黨則是大禍臨頭，在大禍臨頭來臨之際，韋氏餘黨各有各的表現，他們的表現演繹了人性百態。

最先倒楣的是宰相、太子太保韋溫，兵變之前他還高高在上，手握全國兵權，然而僅僅一個晚上過去，他的兵權就作廢了，結果被公開處斬。

韋溫之後，倒楣的是之前跳得最歡的宗楚客。由於李隆基已經下令關閉城門，宗楚客便進行了一番喬裝改扮，穿上一身喪服，騎著一頭青驢，扮成奔喪的人晃晃悠悠向長安城的通化門走去。

如果是一般人，或許在喪服和青驢的掩護下就能混出城，然而宗楚客演砸了，守門的士兵居然把他認了出來。

士兵大喊一聲：「你是宗尚書！」隨即一把扯掉了宗楚客用來偽裝的頭巾。

就在通化門前，紅極一時的宗楚客和弟弟宗晉卿被斬首示眾，結束了自己向「更高更快更強」奮鬥的腳步。

接著倒楣的是司農卿趙履溫，在鼓動韋皇后改朝換代的名單中有他的名字。

說起這個趙履溫，這是小人中的小人，極品中的極品。

原本他跟五王之一的桓彥範有親戚關係，他是桓彥範的大舅哥。由於這層姻親關係，桓彥範在短暫得勢期間拉了他一把，聲稱他曾經參與過誅殺二張的行動，把他列入功臣名單。因為這次並不存在的功勞，趙履溫由易州刺史升任司農少卿。

為了感謝桓彥範，趙履溫給桓彥範送了兩個婢女以示感謝，然而好景不長，桓彥範落難了，從宰相的高位上摔了下來。這時趙履溫又來了，向桓彥範提了一個要求：把我送給你那兩婢女還給我吧！就這樣，送出去的婢女又被趙履溫要了回來。

桓彥範倒臺之後，趙履溫投靠了安樂公主，安樂公主的宅邸、定昆池都由他經手。為了打造宅邸和定昆池，趙履溫幾乎掏空了國庫。為了表示對安樂公主的效忠，身為三品高官的他把自己的紫袍掖到腰間，然後抻著脖子給安樂公主拉牛車。

現在安樂公主倒了，趙履溫馬上意識到自己的危機，和當年桓彥範倒臺時一樣，他緊急行動了起來，抓緊一切時間補救。

聽說相王李旦和皇帝李重茂登臨安福門，趙履溫一溜小跑跑到安福門下，隨即三拜九叩高喊萬歲。然而萬歲還沒喊完，相王李旦就命令萬騎衛士砍下他的人頭，他只能到另外一個地方接著喊了。

這時平常受趙履溫奴役從事勞動的百姓圍了上來，他們恨透了這個為非作歹欺壓百姓的傢伙，不一會兒，這些老百姓把趙履溫的肉割光了，他們真的把他吃掉了。

與趙履溫相比，另外兩個韋后餘黨的表現更讓人不齒。

秘書監李邕原本娶韋皇后的妹妹崇國夫人為妻，御史大夫竇懷貞娶韋皇后的乳娘為妻，曾經他們無比陶醉於自己的政治婚姻之中，現在則到了跟這段婚姻一刀兩斷的時候。李邕和竇懷貞不約而同地向自己的妻子舉起了刀，然後把妻子的首級送給了李隆基。戰國時白起殺妻求將，現在這兩個人殺妻求解套。

相比於這些人的無恥，尚書左僕射韋巨源的表現倒是很有風範。

韋巨源也是韋后餘黨，聽到事變他沒有跑，反而主動走了出來，他還想盡自己的職責收拾殘局，他對家裡人說：「我位列大臣，怎麼能聽到朝廷有難不去救援呢？」

說完，韋巨源從容走出家門前往宮廷，可惜走到半路就被兵變的士兵殺害，享年七十九歲。

儘管他是韋后餘黨，但他忠於職守，而每一個忠於職守的人都應該受到我們的尊重，無論他是我們的同伴還是對手。

在韋巨源之後，韋后的餘黨一一遭到了清算，精通醫藥的馬秦客、燒得好菜的楊均、國子祭酒葉靜能，與宗楚客合稱「宗紀」的紀處訥，這些曾經紅極一時的人全部追隨韋皇后而去。

之前紅極一時的武家和韋家全部遭遇滅頂之災，武姓家屬幾乎全部被誅或流放，而韋姓更慘，在雙面諜崔日用的帶領下，韋姓所居住的韋曲（韋家莊）連懷抱的嬰兒都沒有躲過這場劫難。值得一提的是，與韋曲相鄰的杜曲也跟著遭殃，因為有一部分韋氏子弟住進了杜曲，結果他們的鄰居也被當成了姓韋的遭遇橫禍。

皇位更迭

經過一天的整肅，長安城終於平靜了下來，這時皇帝李重茂遵從李旦的意思下詔：「逆賊首領已經伏誅，自此餘黨一概不問。」這紙詔書算是為兵變劃上了句號。

兵變雖然結束，然而還有很多事情需要處理。

六月二十二日，正在太極殿鎮守的劉幽求接待了一些宦官和宮女，他們是來替李重茂的生母說情的，他們求劉幽求幫忙，讓皇帝李重茂冊立生母為皇太后。這個請求被劉幽求斷然拒絕，劉幽求說道：「國有大難，人情不安，先帝還沒有安葬，怎麼能急於冊封太后呢。」

話音剛落，李隆基再一次制止了劉幽求：「這些話不要輕易說出口。」

劉幽求一看李隆基的眼神，馬上意識到自己又說錯話了，本來說好要擁立相王李旦，一旦擁立相王李旦還有李重茂什麼事啊？還有太后什麼事啊？因此剛才自己說的話有大毛病。劉幽求在心裡暗罵自己一聲，以後還是少說話吧。

六月二十三日，兵變後的第三天，此時的局勢已經與兵變之前有著天壤之別，李隆基父子以及太平公主將兵權牢牢抓在自己手中。

在徹底執掌兵權之前，相王李旦先是辭讓了一件東西：皇位。

皇位是太平公主帶來的，她說奉皇帝李重茂之命將皇位禪讓給相王李旦。聞聽此言，李旦奮力擺了擺手堅決辭讓，太平公主一看哥哥辭讓得如此堅決也不再勉強，還是先把兵權抓到手再說吧。

隨後，兵權在李隆基父子和太平公主的主持下進行了分割：

平王李隆基出任宮廷總管兼任宰相。

宋王李成器出任左衛大將軍。

衡陽王李成義出任右衛大將軍。

巴陵王李隆範出任左羽林大將軍。

彭城王李隆業出任右羽林大將軍。

光祿少卿李微出任攝理右金吾衛大將軍；

太平公主的兒子薛崇簡出任右千牛衛大將軍。

至此禁軍中的兵權全部被李隆基父子和太平公主分割，李重茂成為名副其實的光桿皇帝，以前他的背後還有韋皇后，現在他的背後還有誰呢？

看到這個布局，很多人已經心知肚明，參與了兵變的劉幽求比別人更明白，他意識到是時候把相王李旦推上皇帝的寶座了。

劉幽求找到了宋王李成器和平王李隆基說：「相王以前就曾經當過皇帝，眾望所歸，現在人心未安，家國事重，相王怎麼還能拘泥於小節，不早點登基以安天下之心呢？」

李隆基回應道：「相王生性淡定，本來是皇帝還要讓出去，況且現在的皇帝是他兄長的兒子，他怎會取而代之？」

劉幽求依然沒有放棄：「人心不可違背，就算相王想獨善其身，那麼江山社稷怎麼辦？」

李隆基和李成器相互看了一眼，他們知道應該敦促父親登基稱帝了。經過李隆基和李成器的勸說，李旦答應了，他也要跟兄長李顯一樣第二次登基稱帝。

時間進入六月二十四日，一切已經準備就緒。

太極殿上，皇帝李重茂在東廂，面對著西方，李旦則站在兄長李顯的靈柩之前，太平公主和李隆基等人則在一旁站立。

這時太平公主先開口了，她朗聲說道：「皇帝想把皇位讓給叔叔，可不可以啊？」

話音剛落，劉幽求站了出來，跪下說道：「國家多難，皇帝仁孝，效仿聖人堯舜，把皇位讓給叔父是出於一片誠心，相王登基之後，對侄子的關愛也必定會非常深厚。」

太平公主讚許地點了點頭，再看眾人也沒有反對意見，於是便把李重茂的讓位詔書交給李旦。

一切的一切都是在演戲，李隆基是演員、李旦是演員、太平公主是演員、劉幽求更是演員，他們都在演戲給李重茂這個小孩子看。世上從來沒有免費的午餐，同樣也沒有免費的戲，既然李重茂看了這場戲，他就必須為這場戲買單，買單的代價就是他的皇位。

戲演完了，每個人都應該回到自己生活中的角色，這時李重茂偏偏還沒有回過味來，他還坐在金鑾寶座上。姑姑太平公主走了上來對他說道：「天下已經歸心相王，這個位置不是你這個小孩子坐的。」

沒等李重茂反應，太平公主揪著李重茂的衣領把他拉了下來，李重茂的皇帝生涯到此時宣告結束。如果從韋皇后改元算起，他當了二十天皇帝，如果從他登基算起，他的皇帝生涯不過十七天。從始至終他最無辜，十七天前他被當成木偶放上了皇帝的寶座，十七天後他被當成木頭從皇帝的寶座被搬了下來，十七天對他而言如同做了一場夢，而他卻需要為這十七天用自己的一生買單。

在「被禪讓」之後，李重茂就過上了被拘禁的生活，即便這樣的生活也沒有持續多久，四年後李重茂出任房州刺史，不久就將自己短暫的人生定格在那裡。

李重茂後來的人生被定格，而李旦的皇帝人生才剛剛開始，這個前半生兩讓皇位的皇帝終於當上了真正的皇帝。在他的前半生中，他先是把皇位讓給了自己的母親武則天，當然不讓也不行。後來在當皇嗣的過程中，他又主動讓出了皇嗣的位置，等於讓出了未來的皇位，當然不讓可能也不行。

生活注定要跟李旦開一個玩笑，明明已經安排了他當皇帝，然而卻又讓他的皇帝生涯一波三折，前半生兩讓皇位已經夠傳奇，不過他的傳奇還沒有結束。

我們還是先來隆重記錄下李旦的第二次登基稱帝吧。

西元七一〇年六月二十四日，李旦登基稱帝，成為與兄長李顯一樣的兩次登基稱帝的皇帝。

冊立太子

李旦登基稱帝時已經四十八歲，如果說別的皇帝登基之後可以不急於立太子，那麼李旦這個年紀是必須要立太子了。古代人的平均壽命都短，古語說人生古來七十稀，具體到李唐王朝的前幾位皇帝，平均壽命更是不長。

開國皇帝李淵活了六十九歲，太宗李世民活了五十一歲，高宗李治活了五十五歲，中宗李顯活了五十四歲，他們的壽命都不算長。

現在李旦也在無形中意識到自己的壽命問題，因而冊立太子顯得尤為關鍵。

問題隨之而來，冊立誰呢？

如果按照立嫡立長的原則，嫡長子宋王李成器是天然人選，然而李旦心裡很清楚，自己的皇位不是順理成章水到渠成的，而是三子李隆基冒著天大的風險換來的，不立他為太子合適嗎？

就在李旦左右為難之際，宋王李成器先表態了，他辭讓道：「國家安定，則遵照嫡長子優先的原則，國家危難，則要先考慮立有功勳的皇子，此次如果處置不當，必定會失去天下人心，臣不敢居於平王李隆基之上。」

別人對於皇位搶都來不及，李成器卻堅決辭讓，而且一連幾天痛苦流涕，辭讓的態度非常決絕。看到李成器如此決絕，朝中的諸多高官也認為應該立李隆基為太子，畢竟他在兵變中的功勞最大，太子非他莫屬。

這時劉幽求又出現了，這段時間他實在是非常活躍。

劉幽求對李旦說：「臣聽說能剷除天下大禍者，就應當享天下之福，平王李隆基拯救社稷，同時又讓君王免於危難，論功最大、論德最厚，陛下就不須再猶豫了！」

聽完劉幽求的話，李旦點了點頭，劉幽求的說法正代表了諸多大臣的想法，看來他們都站到了李隆基一邊。

西元七一〇年六月二十七日，李旦下詔立李隆基為太子。李隆基隨即上疏，請求將太子之位讓給大哥李成器，李旦沒有批准，由此李隆基被冊立為太子。

如果不了解歷史，很多人會對李成器和李隆基的「兄友弟恭」大加讚賞，那麼我要告訴你，別急著讚賞，這一切也是在演戲。

李成器真的看著皇位不眼熱嗎？當然不是。

他同樣眼熱，但是他很清楚自己的實力，跟羽翼已經豐滿的弟弟相比，自己就是一個光桿司令，即便也出任了左衛大將軍，但那也只是一個頭銜而已，真正的兵權已經抓在弟弟李隆基的手中。如果說李成器曾經還有幻想，那麼看到劉幽求出面後，他就知道自己的幻想該破滅了，那些刀尖上飲血的將領眼中只認李隆基一個主子，而不會認自己這個主子的哥哥。

那為什麼李隆基要推辭呢？

因為他要顧忌禮法，同時要顧忌那些潛在的支持李成器的人，李成器看似孤零零一個人，但是他的背後還是會隱藏著一些拘泥於禮法，熱衷於「嫡長子繼位」的人。

所謂禮讓，所謂「兄友弟恭」，其實都是政治遊戲。

只要記住下面這句話，我們就能隨時揭開皇族親情的偽裝。

親情，對皇族而言是奢侈品。

暗礁出沒

第二十章

平反

西元七一〇年六月二十四日，李旦登基稱帝，李唐王朝從此恢復正統。

雖然在西元七〇五年李顯二次登基稱帝，但李顯依然活在武則天的陰影下，武則天引進的武氏勢力雖然受到削弱，但依然分享著李唐皇族的權力，再加上後來居上的韋氏，李顯的朝廷更像是李家、武家、韋家三家的聯合朝廷。

現在李旦稱帝，猖狂一時的武家和韋家徹底退出歷史舞臺，李唐王朝的正統正式恢復。登基不久，李旦便把母親武則天的「則天大聖皇后」恢復為舊有稱號「天后」，由此拉開平反的序幕。

「則天大聖皇后」、「天后」，看起來差別不大，其實相去甚遠。

如果一直保留「則天大聖皇后」，那就等於承認武則天的周朝也是正統，武則天的所作所為是合法的，而回歸「天后」則是把武則天的人生後期歸零，她在此期間的所作所為已經不再被後人認可。

邁過了這道坎，李旦著手給一些人平反。

他首先平反的是二哥李賢，他追贈李賢為章懷太子，這便是「章懷太子」的由來。

接著是起兵失敗的李重俊也被恢復了位號追贈為節湣太子，而被武三思迫害致死的敬暉、桓彥範、崔玄暐、張柬之、袁恕己全部恢復名譽，參與李重俊起兵的成王李千里、左羽林大將軍李多祚也得以在身後恢復名譽。

在這些人之後，還有一個悲劇人物在時隔二十六年後終於被恢復名譽和生前官爵，這個人就是李治的託孤重臣裴炎。

裴炎的案子一度被武則天辦成了鐵案，在數次赦免中都特別強調裴炎一族不在赦免之列，現在裴炎終於得見天日，而此時他已經長眠地下二十六年。

如果說裴炎被恢復名譽讓人感慨，那麼裴炎侄子裴伷先的經歷則讓人唏噓。裴伷先原本受裴炎牽連流放嶺南，他趁看守官員不注意從嶺南跑回了洛陽，裴伷先以為就此躲過了處罰，沒想到不久之後就被抓獲，被打了一百棍後又被流放到北庭，北庭位於今天的新疆吉木薩爾縣。在北庭，裴伷先開始經商，由於他頭腦靈活，交際廣泛，買賣做得很不錯。不過在經商的同時，裴伷先經常派人到洛陽打探消息，身為驚弓之鳥的他比誰都關心朝廷的動態。

不久他得到一個驚人的消息：朝廷要大規模處決像他這樣的流放犯人，裴伷先的汗毛頓時立了起來，他意識到不能在這裡等死，隨即開始向北逃命，一直逃到了游牧部落。普天之下莫非王土，跑到天邊也能把你抓回來，不久裴伷先被抓了回來，等待他的只有死路一條。

鑒於他的經歷比較特殊，北庭官員成立了裴伷先專案組，在裴伷先供認不諱後，專案組專門上疏武則天請示如何處理這個特殊的犯人。

這時負責處決流放犯人的欽差已經到達北庭，除裴伷先之外，其餘流放犯人基本都被處決了，裴伷先因為等待女皇批示，因此暫且羈押暫緩處理。

這一緩就緩出了裴伷先的一條命。沒過多久，武則天向全國下達新的詔書，還沒有處決的流放犯人一律赦免，這樣裴伷先又撿回了一條命，他被釋放回洛陽，重新當起平頭百姓。

現在裴炎被恢復名譽，李旦主持的朝廷開始尋找裴炎的後人，找來找去只剩下裴伷先一人，李旦就把恩寵落在裴伷先一人頭上，委任他為太子詹事（**太子總管府主任秘書**），品級正六品，正處級。

此時的裴伷先經歷了二十六年的沉浮，也經歷了二十六年的人間冷暖，所謂寵辱、所謂去留，都不過是生命中的匆匆過客，在他的心中或許早有一副對聯：寵辱不驚，看庭前花開花落；去留無意，望天空雲卷雲舒。

李重福起兵

天下之大，千差萬別，南方春意盎然，北國千里冰封，自然界如此，人類社會同樣如此。就在天下人感受李旦的恩澤時，卻有人不領他的情，相反在暗中謀劃推翻李旦然後自立。這個人是誰呢？李顯的次子——譙王李重福。

說起來李重福也是個可憐孩子，他的一生就是諸多皇子悲劇的縮影。

李重福剛出生時和其他皇子皇孫一樣，含著金鑰匙出生，四歲那年他的父親登基稱帝，他由皇孫升級為皇子。然而皇子的生涯僅僅持續了幾十天，不久他的父親被廢黜，他又由皇子變成囚犯，從此在囚禁中度日。直到李顯被立為皇嗣，李重福兄弟幾個才解除監禁，過上了正常的日子。五年後時來運轉，他的父親李顯終於被扶上了帝位，他再度成為皇子。然而好日子注定與他無緣，他還沒有來得及分享父親登基的喜悅就被貶出了洛陽，成為有名無實的均州（湖北丹江口市）刺史。

李重福知道這一切都是韋皇后搗的鬼，這個女人非要把大哥李重潤被害算在自己的頭上，非要說是自己向張昌宗和張易之告的密。

誣衊，無邊的誣衊。

西元七〇九年，李顯在長安南郊祭天，隨後大赦天下，然而李重福卻不在此列，他依然只能待在均州做那個可有可無的刺史。為此李重福專門給李顯上了一道奏疏，懇請父皇允許自己回到長安，然而奏疏上去如泥牛入海。

從此二十九歲的李重福對韋皇后充滿了仇恨。

事有湊巧，也是在西元七〇九年，一位同樣懷恨韋皇后的人出現在李重福面前，這個人就是武三思迫害五王時的智囊——鄭愔。

鄭愔因為收受賄賂、貪贓枉法由吏部侍郎貶為江州司馬，鄭愔心裡知道所謂收受賄賂只是表面原因，真實原因是自己被韋皇后拋棄了，如今在韋皇后面前當紅的是宗楚客，而自己則是可有可無的人。可有可無的鄭愔開始仇恨韋皇后，路過均州時便專程拜訪了李重福，兩人相約起兵，討伐以韋皇后為首的韋家勢力。

與鄭愔和李重福一起謀劃起兵的還有一個人，這個人叫張靈均，洛陽人。相比於鄭愔，他更加積極，而且更有謀略。

計畫總是趕不上變化，沒等李重福起兵，韋皇后就被李隆基收拾了，聽到長安兵變的消息，李重福比誰都失落，為什麼自己起個大早卻趕了個晚集呢？

鬱悶！

鬱悶中的李重福迎來了調令，李旦將他由均州調往集州（四川省南江縣），李重福歎了口氣，準備接受調令前往集州。

這時洛陽人張靈均來了，他的一席話改變了李重福一生的命運。

張靈均對李重福說：「大王您是先帝的嫡長子，自應繼位為天子，相王雖然有討平韋氏的功勞，但怎麼能越次佔據皇位呢？如今東都洛陽的百官和百姓都期待著大王到來，大王您如果秘密前往洛陽，就如從天而降，派人殺掉東都留守即可擁有大軍，向西可以佔據陝州，向東可以佔據黃河以北，天下大事，揮旗可定！」

李重福被張靈均描繪的前景深深打動，身上的血頓時熱了起來，三十歲的他已經厭倦了仰人鼻息的日子，現在他想按著張靈均的藍圖奮鬥一回。

然而他似乎忘了一句話，衝動是魔鬼。

隨後張靈均與鄭愔取得了聯繫，同時又招募了幾十位勇士，這些勇士將跟隨李重福前往東都洛陽，去開創爭奪天下的基業。

得到消息的鄭愔沒有閒著，此時的他又倒楣了，剛升任秘書少監（皇家圖書院副院長），屁股沒坐熱就被貶為沅州刺史，現在他下定決心與李重福一起開始自主創業。鄭愔原本應該從長安趕往沅州（湖南省洪江市）上任，然而走到洛陽，鄭愔停了下來，他要在這裡等待李重福的到來。等待的過程中，鄭愔草擬了兩份詔書，一份是李顯的遺詔，一份是李重福登基昭告天下的詔書，同時把要改的年號都想好了，就叫中元克復。

在鄭愔的策劃中，李重福登基之後的權力布局是這樣的，尊李旦為「皇季叔」，封已經退位的李重茂為皇太弟，任命鄭愔為左丞相，掌管全國文官，任命張靈均為右丞相，掌管全國武官，權力劃分就這麼簡單。

乍一看像小孩過家家，仔細一看，其實還是小孩過家家。

在鄭愔準備詔書的同時，李重福和張靈均已經從均州來到了洛陽，一路上憑藉偽造的朝廷文書，坐著朝廷的驛馬車一路暢通地來到了洛陽。

在李重福進入洛陽之前，鄭愔已經給他安排好了落腳點，這個落腳點就是駙馬都尉裴巽的家。

裴巽這個人在歷史上並沒有多少作為，不過倒留下一個關於他被老婆宜城公主整蠱的段子。

宜城公主是李顯的女兒，不過並非韋皇后所生，不如安樂公主受寵，但這也不影響宜城公主在家裡扮演悍婦的角色。

有一次裴巽在家裡與婢女偷情被宜城公主捉姦在床，這下麻煩大了。

宜城公主一不做二不休從宮裡找來了最好的刀手，生生把與裴巽偷情的婢女毀了容，本來她還想順手把裴巽閹了，考慮到裴家也是望族，這才免去了這一刀。事情到這一步還沒完，宜城公主又看了裴巽一眼：好吧，就讓他享受跟曹操一樣的待遇吧，順手把裴巽的頭髮割了，算是割髮代首。

後來宜城公主還把這起家務事鬧到了父親李顯面前，結果夫妻倆雙雙被貶，過了好一陣才恢復了原來的地位。

現在李重福就是進入這個裴巽和宜城公主家裡，他以為自己做得神不知鬼不覺，然而還是走漏了風聲。

西元七一〇年八月十二日，洛陽縣令帶領衙役前往裴巽家，他們想驗證一下傳言的真偽，看看李重福是否真的已經到了洛陽。在裴巽的家中搜了一圈，沒有發現李重福的身影，看來是誤傳。

就在縣令準備放棄搜捕打道回府時，李重福突然出現在裴巽家門口，縣令當即打了一個寒戰，趁李重福的人還沒有反應，縣令一不做二不休——奪門而逃。

逃跑的縣令並非急著逃命，而是急著去報官，他一口氣跑到了洛陽留守府，報告了留守長官，聽到他的報告後，幾乎所有的官員都做了同一種反應——奪路而逃，唯獨洛州長史崔日知挺身而出，帶著一隊人馬前去迎戰李重福。

幾乎與此同時，李重福帶領著人馬向洛陽屯軍大營趕去，他的身後已經有數百人，一旦這些人進入屯軍大營，李重福再拿出先帝遺詔，形勢將一發不可收拾。

李重福還是晚了一步，有人比他提前一步到了屯軍大營。

比李重福提前一步趕到的是殺妻解套的李邕，此時他正擔任留台侍御史，他恰巧在洛陽城南洛水橋看到了李重福，隨即飛奔，比李重福提前一步進入了屯軍大營。

李邕氣喘吁吁地對士兵說：「李重福雖然是先帝之子，然而在先帝健在時已經犯過罪，這次無故進入洛陽必定是作亂。我們受朝廷委派在這裡鎮守，自當盡職盡責平定叛亂以期富貴。」

李邕一句話就給李重福定了調，再想調動屯軍大營的士兵已是癡人說夢。不久李重福抵達屯軍大營，正想公布李顯遺詔，卻發現自己受到了屯軍大營的熱烈歡迎，他們居然用熱情洋溢的箭雨來招待自己。

屯軍大營沒戲了，只能再到洛陽留守府碰碰運氣，如果能夠調動那裡的部隊還可以起兵。

人到走背運的時候，喝水都能嗆個半死，李重福很快發現洛陽城的城門都已經關閉，想去留守府已經沒門了。氣急的李重福衝到了左掖門下，想用火燒開左掖門的城門，然而還沒等他燒，城門自動打開了，一隊凶神惡煞的騎兵向他衝了過來。

李重福知道自己的起兵夢就此破滅，只能先保住命再說。他撥轉馬頭從防守不甚嚴密的上東門衝出了洛陽城，一路飛奔跑進附近的山谷，藉著夜色的掩護躲藏起來。戰戰兢兢熬過一夜之後，李重福本來以為會迎來第二天浪漫的日出，卻沒想到映入眼簾的是密密麻麻的搜山部隊。

結束了，一切都結束了，夢想是奪取東都底定天下，現實是天地之大卻已無藏身之處，或許這就是夢想與現實的差距。心灰意冷的李重福縱身跳入河中，將自己的一生交給了無情的河水，時年三十歲。

李重福隨水而逝後，他的盟友鄭愔和張靈均的路也走到了盡頭。

原本鄭愔還在尋求自救，起兵失敗後他更換髮型，然後換上一套女裝，夢想用男扮女裝的方式蒙混過關。然而這個方法沒有奏效，搜捕的士兵還是把鄭愔揪了出來，跟張靈均一起拘押審問。相比之下，張靈均倒是很有風度，他不慌不忙從容應對，絲毫看不出起兵失敗的窘迫，而此時的鄭愔卻已經嚇得直哆嗦，連一句完整的話都說不出來。

張靈均不屑地看了鄭愔一眼，歎息一聲：「跟這樣的人一起起兵，活該我失敗！」

隨後兩人被公開處斬，結束了開創天下基業的春秋大夢。

在人生的最後時刻，張靈均是從容的，而鄭愔卻是心有不甘，他在仕途浮沉幾十年，像一個小蜜蜂一樣飛來飛去，結果卻是這樣的結局。

鄭愔不斷回想著自己的仕途，自己先是投靠來俊臣，憑藉來俊臣的推薦走上仕途；來俊臣倒臺之後，又投靠張易之；張易之倒臺後，又投奔韋皇后；韋皇后倒臺後，又投奔李重福。而現在，兩手空空，一刀兩斷。

皇子的悲劇

李重潤被處斬，李重福跳河，李重俊起兵被殺，李重茂被禪讓，中宗李顯名下總共四個兒子，結果四個兒子的人生都是悲劇。

其實李顯名下皇子的悲劇並非個例，這樣的悲劇早已在李唐皇室蔓延，無論是李淵的皇子，還是李世民的皇子，抑或是李治的皇子，悲劇都是永恆的主題。

或許有人會說，怎麼會呢？不都是金枝玉葉嗎？

要命就要命在金枝玉葉上。我們不妨花一點時間，理順一下前幾任皇子的人生命運，看一看他們各自的人生結局，相信會不勝唏噓。

李淵二十二個兒子，命運如下：

鄂隱太子建成，高祖長子，死於玄武門之變。

次子李世民，高祖次子，登基稱帝。

衛王玄霸，高祖第三子，早薨無子。

巢王元吉，高祖第四子，死於玄武門之變。

楚王智雲，高祖第五子，太原起兵時，李建成和李元吉逃走時沒有通知他，結果被官府扭送長安公開問斬，時年十三歲。

荊王元景，高祖第六子，永徽四年，捲入房遺愛謀反被賜死。

漢王元昌，高祖第七子，貞觀十七年，捲入李承乾謀反，被勒令家中自殺。
酆王元亨，高祖第八子，貞觀六年薨，無子。
周王元方，高祖第九子，貞觀三年薨。
徐王元禮，高祖第十子，咸亨三年薨。
韓王元嘉，高祖第十一子，垂拱四年被牽連謀反，伏誅。
彭王元則，高祖第十二子，永徽二年薨。
鄭王元懿，高祖第十三子，咸亨四年薨。
霍王元軌，高祖第十四子，垂拱四年，被牽連進李貞起兵事件，徙居黔州，坐著囚車行至陳倉而死。
虢王鳳，高祖第十五子，永隆二年薨。
道王元慶，高祖第十六子，麟德元年薨。
鄧王元裕，高祖第十七子，麟德二年薨。
舒王元名，高祖第十八子，永昌年，為丘神勣所陷，被誅。
魯王靈夔，高祖第十九子，垂拱四年，被牽連進李貞起兵事件，配流振州，自縊而死。
江王元祥，高祖第二十子，永隆元年薨。
密王元曉，高祖第二十一子也，上元三年薨。
滕王元嬰，高祖第二十二子，文明元年薨。（江南名樓滕王閣正是由他所建）

如果把早薨也算作正常去世，李淵二十二個皇子中，有九位皇子非正常死亡。

再來看李世民的十四個皇子命運：

李承乾，太宗長子，貞觀十七年太子身分被剝奪，兩年後卒於黔州。

楚王寬，太宗第二子，早薨。

吳王恪，太宗第三子，永徽四年，被誣會同房遺愛謀反，被誅。

濮王泰，太宗第四子，永徽三年，薨於鄖鄉，年三十有五。

庶人祐，太宗第五子，貞觀十七年謀反伏誅。

蜀王愔，太宗第六子，永徽四年，坐與恪謀逆，黜為庶人，徙居巴州，後改為涪陵王。乾封二年薨。

蔣王惲，太宗第七子，上元元年，有人誣告李惲謀反，惶恐中自殺。

越王貞，太宗第八子，垂拱三年七月起兵失敗，飲藥而死。

高宗李治，太宗第九子，登基稱帝。

紀王慎，太宗第十子，垂拱年間被牽連進李貞起兵事件，被改姓虺氏，載以檻車，流放嶺南，至蒲州而卒。

江王囂，太宗第十一子，貞觀六年薨。

代王簡，太宗第十二子，貞觀五年薨。

趙王福，太宗第十三子，咸亨元年薨。

曹王明，太宗第十四子，永隆元年，因與庶人李賢交往降封零陵王，徙於黔州，後被逼迫自殺。

如果把爭儲失敗鬱悶一生的李承乾和李泰也算善終的話，李世民十四個皇子，非正常死亡六人。

再來看李治的八個皇子命運：

燕王忠，被許敬宗誣告與上官儀謀反，賜死，時年二十歲。

悼王孝，早薨。

澤王上金，載初元年，被誣告謀反，獄中自殺。

許王素節，載初元年，被誣告謀反，在洛陽城門南被縊死。

孝敬皇帝弘，上元二年，從幸合璧宮，中毒薨，時年二十三歲。

章懷太子賢，文明元年，武則天授意酷吏迫令自殺。

中宗李顯，兩次登基稱帝，西元七一〇年被毒身亡。

睿宗李旦，兩次登基稱帝，三讓皇位，讓母、讓兄、讓子。

對於李治皇子的命運，我的總結是七個悲劇加一個準悲劇。

當然相比於李顯的皇子，李治還是有驕傲資本的，至少自己還有李旦這個兒子，至少自己還有李隆基這樣的孫子。

李顯呢？

四皇子命運如下：

長子李重潤，因議論二張專權被武則天處死。

次子李重福，西元七一〇年起兵失敗，投河身死。

三子李重俊，西元七〇七年起兵失敗，被殺身死。

四子李重茂，西元七一〇年被禪讓，四年後卒於房州。

四個皇子，四齣悲劇，經歷不完全相似，悲劇的主題卻一脈相連。

到這時，你還羨慕皇子的身分嗎？

當個平凡人挺好！

暗礁

西元七一〇年十一月二日，皇帝李旦將兄長李顯安葬於定陵，奉上廟號：中宗。自此李顯蓋棺定論，無論是委屈還是不服，他的一生就定格在「中宗」這個廟號之上。

心比天高的韋皇后沒能隨葬定陵，她已經被廢為庶人，沒有資格陪葬，混了一輩子到最後連陪葬的資格都混丟了，這輩子真是白混了。

那麼誰來頂替韋皇后的空缺呢？大臣們想到了當年被武則天活活餓死的王妃趙女士，她可以光明正大地陪葬。

新的問題隨之而來，沒有人知道趙女士埋在哪裡，就像李隆基不知道自己生母埋在哪裡一樣。

沒有辦法，大臣們只能用衣服替代，他們找出了趙女士當年參加祭祀時穿過的衣服，然後舉行了招魂入棺儀式，中宗李顯就這樣與趙女士的衣服長眠於地下。

從這時起，李唐王朝完全走進李旦時代，太子李隆基也在享受著太子的生活，對於眼前的一切他很滿意。

如果不是祖母武則天打亂了李唐王朝的正常秩序，父親李旦這個排行最小的兒子怎麼會繼承大統呢？如果不是祖母顛覆了正常的綱常，自己這個排行第三的皇子怎麼可能成為太子呢？看來生活中的變化也未必是壞事，至少自己和父親就是受益者，只是受益的背後，付出的代價太大了。

過去了就過去了，人還是要活在當下。

在李旦和李隆基的努力下，李唐王朝的秩序基本恢復，而李旦起用的姚崇和宋璟已經表現出良相的潛質，短短幾個月內他們已經清退了大量的「斜封官」，官場風氣大為改觀。

一切的一切都在向好的方向發展，李隆基只是有些隱隱擔憂，父親這個皇帝當的還是沒有底氣，每逢宰相向他彙報，他居然先問與太平公主商量沒有，然後再問與三郎（李隆基）商量過沒有，完全沒有自己的主見。

想到這裡，李隆基歎息一聲，性格真的是與生俱來，靠後天的改變實在太難。

李隆基不再去想父親，他轉而想起了姑姑太平公主，自從父親登基以來，姑姑在朝中越來越紅，朝中宰相甚至都由她指定，七個宰相有五個出自她的推薦，她是不是對朝政太熱衷了？

或許姑姑身上有祖母的遺傳，所以她想學習祖母，然而畢竟時代不同了，祖母和韋皇后的時代已經過去了，難道姑姑還想還原那個時代？

不行，絕不行！

天下是李家的天下，天下是高祖太宗底定的天下，李唐王朝的皇權絕不允許他人染指。

或許我應該做點什麼了，李隆基暗自對自己說。

（請看下部《開元盛世》）

大地叢書介紹

作者：司馬東西

定價：320 元

以日本歷史為經，從天皇律令到幕府封建；從王政復古到君主立憲；從閉關鎖國到脫亞入歐；從武士精神到軍國主義；從政黨政治到金權派閥；從殖產興業到泡沫經濟……透過對日本的歷史、政治、經濟、文化、人物、國民性等方面深入剖析，讓讀者了解在一些重大的歷史關頭，為什麼是日本做出了那樣的選擇。

大地叢書介紹

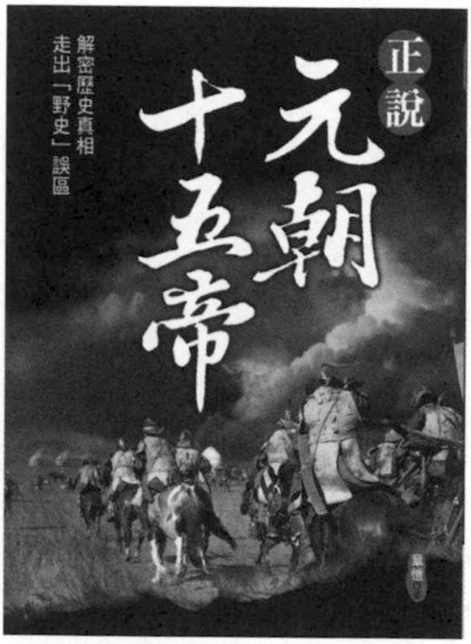

作者：章愷
定價：280 元

解密歷史真相・走出「野史」誤區

蒙古地區自古以來是諸游牧部落的活動場所，自夏、商以來大大小小的部族和部落出沒在這塊廣闊的草原地帶，各部族和部落興衰、更替的歷史直到十三世紀初才告結束，最終形成了穩定的民族共同體——蒙古民族，而在這個偉大的民族中也產生了一個偉大的黃金家族。

蒙古人建立了中國第一個少數民族統一的政權，大元帝國的疆域在中國歷史上是空前絕後的。成吉思汗在蒙古族統一中國的歷史進程中發揮了重要的作用並產生了重大的影響，而了解蒙古起源的歷史對於了解人類歷史上版圖最大的王朝——元朝有重要的意義。

本書詳述元朝十五位皇帝，對於想了解元朝歷史的讀者，本書是絕佳讀本。

大地叢書介紹

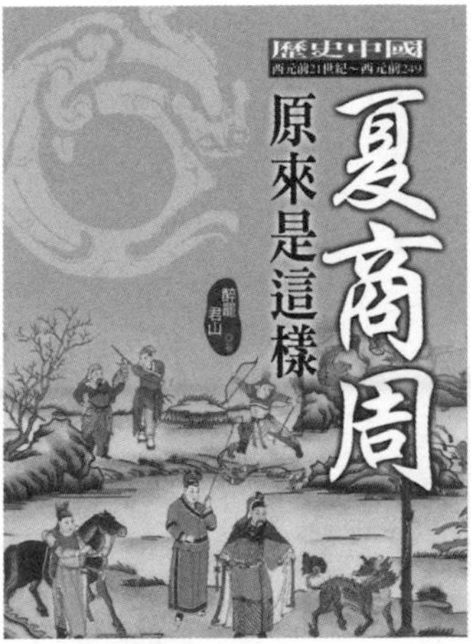

作者：醉罷君山
定價：300 元

夏商周三代奠定中華文明之基礎，然而三代歷史卻是撲朔迷離。史料原本有限，加上歷朝散佚，徒令後人有霧裡看花之歎。本書力求從有限的線索中，以嚴謹、求實的態度挖掘出那段光輝歷史年代的真相，透過對《史記》、《竹書紀年》、《尚書》以及先秦諸子文獻互為參比，去偽存真，對許多歷史上傳統結論提出質疑。譬如少康中興，如何向竊國者復仇？夏桀與商紂，真的是歷史上最暴虐的君主嗎？權謀大師伊尹是賢相，還是叛臣？本書把零散分布於各史料的記載，整合為比較完整的故事。時間順序清晰，歷史事件連貫，脈絡有序，集知識性與故事性於一身。可讀性強，足見作者傾注之心血。

大地叢書介紹

作者：張嶔
定價：280 元

戰國，這是個以戰爭為中心的年代。無論是計謀、變法，還是用人、改革，為的只有一件事：打贏！

名噪一時的七國：韓國、趙國、魏國、楚國、燕國、齊國、秦國，七國之間鬥智鬥勇、殊死較量，政治人物如何掌握機遇，又如何推進變法改革……

作者以通俗的文筆詳細講述了諸侯國爭霸到秦國大一統的歷史進程，重大歷史事件背後的政治起因、決策者精妙冷酷的謀略等等，將這段充滿跌宕起伏、征伐血氣的時代完整地呈現在讀者眼前。

大地叢書介紹

作者：姜狼
定價：360 元

唐失其鹿，群雄逐之。盛世繁華的大唐，已在歷史的烈火中化為一堆殘墟廢燼，霓裳羽衣的風流，早成不堪回首的傷痛。天下洶洶，誰得其鹿？唯兵強馬壯者能為爾。五代十國常被認為是殘唐之餘，枯燥乏味，遠不如相同歷史軌跡的三國。任何一個歷史時代都是悲壯的，都有自己與眾不同的魅力，愛與恨、刀與火、絕望的吶喊，五代十國同樣擁有。本書力求從涉及五代十國的《舊唐書》、《新唐書》、《舊五代史》、《新五代史》、《宋史》、《遼史》、《資治通鑒》等亂如麻團的史料中分析辯駁，尋找挖掘出最接近時代的歷史真相。

五代十國能絕世風流者三：帝王中柴榮、大臣中馮道、詩詞中李煜。柴榮才是結束唐末以來戰亂的最關鍵人物，可惜天不假年，否則必將成為唐太宗那樣的千古一帝。馮道在亂世中王朝扶杖入相，天下禮敬，他的處世之道對於今人生存大有裨益。李煜的人生悲劇，那一篇篇和著血淚的詞文，觸動著每一顆柔軟的心靈。柴榮、馮道、李煜，書寫著五代十國最為華麗的時代篇章，但五代十國的風流人物何止千百。鐵血朱溫、風流李存勗、仁厚郭威、狡黠王建、瘋狂劉巖、志大才疏李璟以及無數名臣名將，他們用自己的人生悲喜劇，共同打造五代十國這一絕美的歷史大戲。五代十國的精彩歷史，扣人心弦，在他們的熱血風流中，後世的人們可以從中品味出人性的真實。

唐史並不如煙. 參, 武后當國 / 曲昌春著. -- 一版.-- 臺北市：大地, 2018.07
面：　公分. --（History：105）

ISBN 978-986-402-297-7（平裝）

1. 唐史　2. 通俗史話

624.1　　107009927

唐史並不如煙(參)武后當國

作　　者	曲昌春
發 行 人	吳錫清
主　　編	陳玟玟
出 版 者	大地出版社
社　　址	114台北市內湖區瑞光路358巷38弄36號4樓之2
劃撥帳號	50031946（戶名：大地出版社有限公司）
電　　話	02-26277749
傳　　眞	02-26270895
E - mail	vastplai@ms45.hinet.net
網　　址	www.vastplain.com.tw
美術設計	普林特斯資訊股份有限公司
印 刷 者	普林特斯資訊股份有限公司
一版一刷	2018年7月

HISTORY 105

大地

定　　價：320元

本書繁體中文版經由「丹飛經紀」授權大地出版社獨家出版發行